満月交遊《ムーンサルトレター》

上

鎌田東二
一条真也

まえがき

わたしは、「バク転神道ソングライター」の異名を持つ宗教哲学者の鎌田東二先生と満月の夜にウェブ上の文通を交わしている。この文通は「ムーンサルトレター」と名づけられ、二〇〇五年十月十八日に開始された。そして、二〇一五年六月七日にめでたく第一二〇信がアップされた。

第六〇信がアップされたとき、『満月交感　ムーンサルトレター』が上下巻で出版された。それぞれの巻は三〇〇ページを優に超え、その過密な文字組みは業界に衝撃をもたらし、多くの出版社の編集部で回覧されたという。あれから五年、ついに『満月交遊　ムーンサルトレター』上下巻が刊行される。まことに感無量である。

第六六信にも書いたが、前作の『満月交感』はとにかく本のカバー・デザインがインパクト大であった。満月に向って吠える二匹の狼が描かれているのだが、わたしは上巻の「まえがき」の最後に、「満月に吠える二匹の狼が世直しめざす人に化けたり」という歌を詠んだ。じつは、鎌田先生もわたしも大の月狂いだが、これはどうやら干支と関係があるように思える。つまり、二人ともウサギ年生まれなのだ。ということは、わたしたちは狼の皮をかぶった二羽のウサギなのかもしれない。今回の『満月交遊』では、表紙にウサギが描かれていて、「やっぱり!」といった感じである。

この上巻には、第六一信から第九〇信までのわたしたちの往復レターが収められている。話題は相も変わらず多岐にわたっているが、この間に起こった最大の出来事は二〇一一年三月十一日に発生した「東日本大震災」である。発生直後から被災地に赴いてさまざまな支援活動を展開された鎌田先生に比べ、わたしは被災地に入る直前に足を骨折するという体たらくで、まことに忸怩たる思いであった。

それでも、わたしが経営するサンレーや冠婚葬祭互助会の業界団体を通じて、出来る限りのことをさせていただいた。また、第八五信に書いているように、二〇一二年七月十一日には、鎌田先生が教授を務められる京都大学こころの未来研究センター主催のシンポジウムで、わたしは「東日本大震災とグリーフケア」について報告させていただいた。まことに良い思い出となった。

このシンポジウムは京都大学の稲盛財団記念館で開催された。財団理事長の稲盛和夫氏は、わたしの最も尊敬する経営者だが、第八〇信に書いたように、わたしは一般社団法人世界孔子協会から、第二回「孔子文化賞」をなんと稲盛氏と同時受賞させていただくという栄誉に浴した。わたしは孔子の重んじた「礼」の精神を世に広める「天下布礼」を固く誓い、その想いもレターに綴っている。

さて、前作のタイトルには「交感」の文字が入っていたが、本書は「交遊」である。わたしは、「遊」という文字が非常になつかしい。わたしの処女作は『ハートフルに遊ぶ』であり、第二作は『遊びの神話』であった。「遊び」とは、魂を自由にすることである。文化の基幹をなす哲学・芸術・宗教のめざすところも、結局は「魂の自由」であろう。そして、それは「葬儀」という人類最古の営みにも通じているように思う。

古代の日本において、天皇の葬儀を司る人々を「遊部《あそびべ》」と呼んだ。「葬式は必要!」とか「永遠葬」とか「唯葬論」などと唱えているわたしは徹底的に「遊び」にこだわりたい。そして、わたしは「ムーンサルトレター」を書いているとき、心を遊ばせ、魂を自由にしているのかもしれない。

世直しをめざす兎が二羽跳ねり　月を見上げて今宵も遊ぶ

一条真也

目次

満月交遊　ムーンサルトレター　上巻

第六一信

● 先祖供養

● 火・水（ＫＡＭＩ）

鎌田東二ことＴｏｎｙさんへ

Ｔｏｎｙさん、お元気ですか? 毎日、本当に暑いですね。これほどの猛暑は、今までのわたしの記憶にはないです。しかしながら、気温の高さとは逆に、この夏、わたしの心が凍りつくような悲惨な二つの事件が相次ぎました。

一つは、大阪市西区に住む二三歳の女性が、三歳の長女と一歳の長男を自宅マンションに置き去りにし、衰弱死させたという事件です。母親のネグレクト（育児放棄）が問題だといわれていますが、母親は当初、熱心に子育てをしていました。ところが離婚をきっかけに風俗店で働きはじめ、そのうちに子供の存在を疎ましく感じた末の事件だそうです。

若い母親は親に相談することもなく、社会に頼ることなく、子供を邪魔者として排除するという最悪の道を選んでしまったのです。母親はけっして初めからネグレクトであったわけではありません。数年前なら、娘が実家の親に子供を預けて都会で働く、あるいは施設に預ける。そんな選択によって、子供たちの命は救われていたことでしょう。

もう一つは、東京都足立区において、生存していれば一一一歳となる男性の白骨死体が発見された事件です。その後、連日のように全国の自治体などの公共機関において表彰対象となる高齢者の行方不明事例が相次いで報道されています。

子供が死ぬことがわかっていながら、家族にも、社会にも頼らず死なせてしまう親の存在、自分の親の生死さえもわからずに生きている子供たちの存在……いま、日本がわたしの想像を超える地獄と化してきたように思います。

わたしは、柳田國男のことを思いました。柳田の名著『先祖の話』は、敗戦の色濃い昭和二十年春に書かれました。柳田は、連日の空襲警報を聞きながら、戦死した多くの若者の魂の行方を想って、『先祖の話』を書いたといいます。日本民俗学の父である柳田の祖先観の到達点です。

柳田がもっとも危惧し恐れたのは、敗戦後の日本社会の変遷でした。具体的に言えば、明治維新以後の急速な近代化に加えて、日本史上初めてとなる敗戦によって、日本人の「こころ」が分断されてズタズタになることでした。

柳田の危惧は、それから六〇余年を経て、現実のものとなりました。

日本人の自殺、孤独死、無縁死が激増し、通夜も告別式もせずに火葬場に直行するという「直葬」も増えています。家族の絆はドロドロに溶け出し、「血縁」も「地縁」もなくなりつつあります。そして、日本社会は「無縁社会」と呼ばれるまでになりました。この「無縁社会」の到来こそ、柳田がもっとも恐れていたものだったのではないでしょうか。

いま、柳国國男のメッセージを再びとらえ直し、「血縁」の重要性を訴える必要があります。わたしはそのように痛感し、このたび現代版『先祖の話』を書き下ろしました。タイトルを『ご先祖さまとのつきあい方』として、双葉新書より上梓いたします。

晩年の柳田の視点は、日本人の原点ともいえる沖縄へと向かい、名著『海上への道』を著しました。柳田とともに「日本人とは何か」を追求し、日本民俗学を創りあげた折口信夫も、最後は沖縄を見つめていたといいます。やはり、「無縁社会」を「有縁社会」へと変える鍵は、日本で最も先祖とくらしている沖縄にあるようです。わたしの著書でも、日本人が魂の原郷である沖縄に復帰すること、すなわち「沖縄復帰」を唱えています。

そして、いま、わたしは「先祖」に続いて「隣人」についての著書を執筆中です。

毎日のように、新聞には一〇〇歳以上の高齢者の所在不明に関する記事が出ており、まさに老人大国が揺れに揺れています。本来、高齢者の安否確認は家族、親族といった血縁者の責任でした。その血縁が希薄化した今、その役割は同じ地域に住む地縁者、つまり隣人に課せられていると思います。その意味でも、わが社が開催をサポートしてきた「隣人祭り」の重要性が高まっています。地域に住む高齢者とその他の住人たちを、ぜひ「隣人祭り」で顔合わせすればよいと思います。新聞の見出しには「大都市圏ほど把握困難」とありましたが、ならば大都市圏であればあるほど、「隣人祭り」を活発に開催すべきです。

人間には、家族や親族の「血縁」をはじめ、地域の縁である「地縁」、学校や同窓生の縁である「学縁」、職場の縁である「職縁」、趣味の縁である「好縁」、信仰やボランティアなどの縁である「道縁」といったさまざまな縁があります。わたしは思うのですが、その中でも「地縁」こそは究極の縁ではないでしょうか。なぜなら、ある人の血縁が絶えてしまうことは多々あります。かつての東京大空襲の直後なども、天涯孤独となった人々がたくさんいたそうです。また、「学縁」「職縁」「好縁」「道縁」がない人というのも、じゅうぶん想定できます。

しかし、「地縁」がまったくない人というのは基本的に存在しません。なぜなら、人間は生きている限り、地上のどこかに住まなければいけないからです。地上に住んでいない人というのは、いわゆる「幽霊」だからです。そして、どこかに住んでいれば、必ず隣人というものは存在するからです。それこそ、「地球最後の人類」にでもならない限りは……。

わたしは、高齢者の安否確認は、地域住民の役割だと思います。わが社の営業エリアでもある宮崎県延岡市では、独居老人は毎朝、自宅の玄関先に黄色いハンカチを掲げます。それを地域の人々が見て、安否確認をするのです。ハンカチが掲げてあれば、「今日も元気だな」と安心します。掲げていなければ、「何かあったのでは?」と思って、すぐに駆けつけるのです。映画「幸せの黄色いハンカチ」から着想を得た素晴らしいアイデアだと思います。今後、独居老人と地域とをつなぐ「隣人祭り」の重要性は高まるばかりです。

全国には、まだまだ一〇〇歳以上の所在不明者が多くいると思います。わが社のような冠婚葬祭互助会の会員さんも高齢者の方が多いですし、所在不明会員の問題は業界にとっても最重要問題だと思っています。所在不明者の多くは、一〇〇歳以上とまでいかなくても一人暮らしの、いわゆる「独居老人」が多いようです。

いずれにしろ、昨今の高齢者不明問題、そして幼児置き去り死事件はいずれも同根であると思います。柳田國男が恐れていた無縁社会の到来による、血縁と地縁の崩壊。そして、日本人の「こころ」の崩壊。そして、最近脱稿した『ご先祖さまとのつきあい方』の内容を思い浮かべました。一般に、日本人は世界的に見ても子供を大切にする民族だとされてきましたが、それは先祖を大切にする心とつながっていました。

柳田國男は『先祖の話』で、輪廻転生の思想が入ってくる以前の日本にも生まれ変わりの思想があったと説いています。そして、柳田は、その特色を三つあげています。第一に、日本の生まれ変わりは仏教が説くような六道輪廻ではなく、あくまで人間から人間への生まれ変わりであること。第二に、魂が若返るためにこの世に生まれ変わって働くという、魂を若くする思想があること。第三に、生まれ変わる場合は、必ず同じ氏族か血筋の子孫に生まれ変わるということ。柳田は「祖父が孫に生まれてくるということが通則であった時代もあった」と述べ、そういった時代の名残として、家の主人の通称を一代おきに同じにする風習があることも指摘しています。この柳田の先祖論について、Ｔｏｎｙさんは著書『翁童論』（新曜社）で次のように述べられています。「この柳田のいう『祖父が孫に生まれてくる』という思想は、いいかえると、子供こそが先祖であるという考え方にほかならない。『七歳までは神の内』という日本人の子供観は、童こそが翁を魂の面影として宿しているという、日本人の人間観や死生観を表わしているのではなかろうか。柳田國男は、日本人の子供を大切にするという感覚の根底には、遠い先祖の霊が子供の中に立ち返って宿っているという考え方があったのではないかと推測しているが、注目すべき見解であろう」。

子供とは先祖である。いや、子供こそが先祖である！

この驚くべき発想をかつての日本人は常識として持っていたという事実そのものが驚きです。しかし、本当は驚くことなど何もないのかもしれません。

自分自身が死んだことを想像してみたとき、生まれ変わることができるなら、そして新しい人生を自分で選ぶことができるなら、見ず知らずの赤の他人を親として選ぶよりも、愛すべきわが子孫の子として再生したいと思う。これは当たり前の人情というものではないでしょうか。いま、わたしが死んだとしたら、二人いる娘のどちらかの胎内に宿る確率は非常に高いように思います。

子供を大切にするということは、先祖を大切にするということです。そして、先祖とは何か。それは、未来の自分です。つまり、かつてＴｏｎｙさんが言われたように、先祖供養とは自分供養であり、子孫供養でもあるのですね。この、いわば「魂のエコロジー」を失ってしまったことに、現代の日本社会の不幸があるように思えてなりません。

今こそ、よみがえれ、翁童思想による魂のエコロジー！

それでは、Ｔｏｎｙさん、次の満月まで、オルボワール！

二〇一〇年八月二十五日

一条真也拝

Ｓｈｉｎこと一条真也様へ

確かにこの暑さは異常ですね。わたしも五九年生きてきて、この夏が一番暑いと思います。昨日、東京に来ていて、国立博物館の「中国文明の誕生」をじっくりと鑑賞したのですが、東京でタクシーに乗った際、わたしとほぼ同年齢くらいに見える運転手さんが、「わたしはけっこう夏は好きなんですけどね。でも、今年の夏は、そんな夏好きのわたしでも『生命の危機』を感じるくらい暑いですね。ちょっと、こわいくらい」と言っていましたが、まったく同感です。知り合いの一人は、さらに怖いですが、「殺意を抱きたくなるような暑さ」と、この夏の暑さを表現していました。この凄まじい猛暑は、地球のメッセージではないかと思います。

つい先ごろ、天河大辨財天社発行の「天河太々神楽講社通信」第一二号に、「天気と天機と転機」という題のエッセイを書きました。そこでわたしは、この夏の「異常気象」について触れました。わたしは、「平成」時代になってから「兵政」時代だとか「兵制」時代だとか、語呂合わせ的にこの時代の「乱世」的状況の到来を予告し続けてきましたが、その「乱世」の特徴は「天変地異」が相次いで、人間が翻弄されるということです。まさに、「祇園精舎の鐘の声、諸行無常の響きあり」という『平家物語』や、「行く川の流れは絶えずして、しかも元の水にあらず」という鴨長明の『方丈記』的な無常思想の具現化時代の到来です。

その時代は、Ｓｈｉｎさんが指摘されるとおり、「地獄の思想」が口を開けている時代でもあります。まさに、「地獄の釜の蓋が開いた」時代。それが二十一世紀平成時代です。それをわたしは二〇年以上前から「現代大中世時代」と言ってきました。中世的な時代状況と問題状況が螺旋構造的に拡大間歇遺伝的に発現してきた時代といえるでしょう。

ともかく、その天河の講社通信のエッセイで、この夏の異常気象例をいくつか挙げました。まず第一に、一番身近なところから。

わたしの住んでいる京都左京区に屏風のように聳え立つ東山連峰に、カシナガキクイムシによるナラ枯れが異常発生したのです。ブナ科のコナラ、ミズナラ、クヌギの大木が、この夏、一挙に大量枯死し、東山連峰は一瞬目には紅葉かと思うような緑と茶色の斑風景となっています。

京都大学理学部植物園でも一〇数本、京大すぐ東の吉田山でも六〇本ほどのナラ類が枯れています。そのいくつかを見に行きましたが、樹幹から塩を吹き出したようになっており、その根元にはキクイムシの食い荒らした木屑のような残骸が大量に落ちていました。

枯死してしまったこれらのナラ類からは新芽は出てきません。このまま行けば、数年のうちに、山紫水明の麗しい京都の山々は、虫食い状態から禿山になってしまうのでしょうか。もちろん、生態系のめぐりの中では主木が遷移するだけともいえるでしょう。ナラに変わって、他の樹木や草木が繁殖してくることでしょう。しかし、そうだとしても、その森に生息していた虫や鳥や哺乳類などの動物相が、この激烈で超高速の変化に対して、どんなリアクションをしてくるのでしょうか。生態学者や動物学者に聞いてみるつもりですが、この変化は予想を超える破局的変化の予兆にすぎないのではないかとも思えます。

先日、八月十六日の夜八時、京都の風物詩である「五山の送り火」が行われました。しかし今年は、枯れたナラの木に延焼する危険があるとのことで、観光客の大文字山（如意ヶ岳）入山が禁止になりました。このナラ枯れは二〇年ほど前から京都府北部や福井県などの日本海側から広がり始め、今や近畿一円、北陸・山陰・東海地方にも広がってきたとのことです。京都の花背など、北山の方にはナラ枯れは迫っていたそうですが、それがこの夏、一挙に東山連峰や西山まで大津波のように押し寄せたのです。

ロシアやポルトガルやスペインでも四〇度を越す猛暑で森林が自然発火して山火事となりました。ロシアの旱魃や山火事での農産物の被害総額はおおよそ一〇〇〇億円といいます。これを世界的に見れば、何兆円もの被害がこの夏に発生したといえるでしょう。経済だけでなく、人への被害も大きく、何万人もの方々が亡くなっています。中国甘粛省甘南チベット自治州の洪水・土石流の被害、北朝鮮の洪水被害。日本での熱中症。

一九七〇年六月に、わたしは大阪の心斎橋で、「ロックンロール神話考」という自作のアングラ・ロックミュージカル風の芝居を一ヶ月間上演しました。その冒頭で、「みなさん、天気が死にました」と告げる狂言回し役の天気予報官が登場します。これはもともと、和歌山出身の知人の詩の言葉だったのですが、それを借りて、「天気の死」から始まる世界の、神代からのイザナギ・イザナミの「子供探し」の旅と、現代からの少年少女探偵団の「まことの親探し」の旅が交錯して時空融合分裂しながら、人類が絶滅するけれども、ある超越的な力がはたらいて甦るかもしれないという予感が示されたところで芝居が終了し、そして暗転した中で、わたしが「見つめる前に飛んでみようじゃないか」というフレーズで始まるJACSの歌を歌って幕を閉じるというものでした。

六〇年代の終わりに、わたしは末法というか、終末を意識していました。「みなさん、天気が死にました」というのは、それまでのあらゆる「秩序」がリセット不能な状態に陥って、その中でわたしたちはどう生きるのか、どのように神代からの先祖代々の流れを受け止めながら次代につなげていくことができるのか、という問いでもありました。でもその時に、わたしの中では「絶滅」というか、「滅亡」というか、一回、そのようなリセット不能な状態が訪れるのではないかという漠たる予感があり、それがずっと今にち今もわたしの中に底流しつづけていると思います。

こんな、「天気」が「転機」を迎えている時代を「天機」として捉えて、新しい時代のヴィジョンとライフスタイルを提示することができるでしょうか。「これまでの生き方を変えろ！」という地球自然界からのメッセージに、大量生産と大量消費の資本主義的産業文明・消費生活のあり方をどう変えることができるでしょうか？　もう後はないところまで来ている、わたしにはそう思えます。この時、わたしたち自身が変わらなければならない、そう思います。

Ｓｈｉｎさんにも見てもらったように、天河に、二〇〇九年秋にわれらの義兄弟の近藤高弘さんが設計した「世界一美しい窯」が完成しました。その「天河火間」と、伊豆大島での野焼きワークに始まる「天河護摩壇野焼き講」のこの間の一五年間の軌跡を、近藤高弘さんとの共著『火・水（ＫＡＭＩ）――新しい死生学への挑戦』（晃洋書房、二〇一〇年九月二十二日刊行予定）にまとめました。今日、再校が出たところで、九月二十二日に天河で行う第二回目の「天河火間」の火入れ式にぜひ間に合わせたいと必死で校正をしているところです。

その中に、Ｓｈｉｎさんが『葬式は必要！』（双葉新書）の中で紹介してくれた「解器《ホドキ》ワーク」のことも詳しく書きました。この現代の自他の骨壷づくりを「ホドキワーク」として進めるわたしたちの活動は一つの「死生学的実践」であると思っています。それは、末法や終末とも言え、「現代大中世時代」を生き抜いていくための一つの模索であり、実践事例です。

Ｓｈｉｎさんも次著『ご先祖さまとのつきあい方』をまもなく上梓するのですね。わたしたち、世直し・心直し義兄弟は、この激動の時代を愚直三兄弟として、人に何と思われようとも、少しでも世のため人のため、すべての生きとし生けるもの、存在するすべてのモノたちのためになるようなことをして死んで生きたいですね。

今年は、柳田國男が『石神問答』や『遠野物語』や『時代ト農政』などの本を出版して一〇〇年の年になります。「白樺派」結成一〇〇年でもあり、日韓併合一〇〇年でもあり、大逆事件一〇〇年でもあり、東京帝国大学心理学助教授の福来友吉の千里眼（透視）や念写実験一〇〇年でもあります。そして、何よりも、ハレー彗星到来一〇〇年であります。その「ハレー彗星インパクト」の時代の地球史的危機の自覚の芽生えのことなども含め、『神奈川大学評論』第六六号（神奈川大学、二〇一〇年七月刊）に、「一九一〇年と柳田國男と『遠野物語』」を題する論考を寄稿しました。

Ｓｈｉｎさんが指摘してくれたとおり、わたしは一九七〇年代の終わりから「翁童論」というコンセプトやイメージを伝統社会の思想文化でありながら未来社会のヴィジョンともなるものと考えて、『翁童論』四部作（新曜社）を世に問うてきました。それは、わたしなりの、世直し・心直しのヴィジョンの発信でした。子供と老人をうまくリンクさせ、サイクル（つなぎ・環をつくること）させること、それがいのちと社会の行き詰まりを打開する生命サイクルだと信じてきましたし、今でもそう思っています。

しかし、それを個人としても社会としても実践し構造化し制度化していくことは簡単ではありません。わたしも「マスオさん」として、妻の両親と三世代家族を一〇数年営みました。その中で、介護の問題にも直面してきました。この「介護」も、ほんとうに、簡単ではありません。子供と老人をつなぐには、たいへんな底力とサポート体制が必要だと心底思います。

そこに、中間社会の媒介項として、Ｓｈｉｎさんが経営しているような「互助会」組織や、わたしたちがＮＰＯ法人東京自由大学としてやっている「ＮＰＯ」組織などの、公共性のある中間者的・

媒介者的活動が重要な意味と役割を持ってくると思います。財団法人天河文化財団などの「財団」や「社団法人」もそうです。それらの団体や機関が持っている本来の「互助性・協働性」をどう実現させていくことができるかが、末法・終末の「現代大中世時代」を生き抜いていくための処方箋であり、秘鑰だと思います。

Ｓｈｉｎさんは、前回のレター（第六〇信）で、七月二十七日に、大塚のホテルベルクラッシック東京で、「孤独死に学ぶ互助会の使命《ミッション》」という講演を行うと書いていましたね。それは、冠婚葬祭互助会の全国団体である社団法人「全互協」の総会イベントとして開催されたもので、Ｓｈｉｎさんは、全国の互助会経営者の前で、「無縁社会」を乗り越えるために何をすべきか情熱的な話をされたことと思います。

「無縁社会」を乗り越えるために、われら「現代の縁の行者」たちが実践すべきことは何か。それをたゆまず、たくましく、クリエイトしていこうではありませんか。近藤高弘さんとの共著『火・水（ＫＡＭＩ）――新しい死生学への挑戦』は、わたしたちにできるそんな小さな実践報告です。まだ、もっともっと、いろんな方法、方策、知恵の活用があるはずです。それを再発掘・再活用、リサイクル、リニューアルしていきましょう。

二〇一〇年八月二十五日　　　　鎌田東二拝

第六二信

● 愛犬の死
● なんまいだー節

鎌田東二ことＴｏｎｙさんへ

昨夜、小倉に帰ってきました。Ｔｏｎｙさんと天川にご一緒できて、たいへん楽しかったです。二十二日の夜、京都駅でＴｏｎｙさんと待ち合わせましたね。ご自身の主義により携帯電話を持たないＴｏｎｙさんとの待ち合わせは毎回ハラハラするのですが、昨夜も度重なるアクシデントによって、二時間以上も遅れた末に無事に会うことができました。京都駅から近鉄特急に乗って橿原神宮駅へ、そこで乗り換えて下市口駅まで、そこから四〇分ほどかけてタクシーで天川へ向いました。

天河大辦財天社の観月祭に参加したかったのですが、残念ながら、すでに観月祭は終わっている時間です。途中、丹生川上神社の下社に参拝しました。そのとき空は曇っていましたが、拝殿に向って二人で拍手を打った瞬間、雲が晴れて見事な満月が顔を出しました。

周囲には一つの街灯もなく漆黒の闇が神社を覆っていましたが、満月の光が煌々と吉野の山々を照らし出しました。わたしは、こんなに美しい満月を見たことがありません。しかも中秋の名月です。満月の横には金星まで明るい光を放っています。完璧なる中秋の名月に出会うことができ、わたしは猛烈に感動しました。

さて、深夜近くに天川に到着したわたしたちは、まず、天河大辦財天社の近くにある天河火間に直行しました。まるで宇宙船のような窯です。ここで新時代の骨壷である「解器」が焼かれるのですね。天河火間の隣には、最近完成したという工芸美術家の近藤高弘さんによる「行者」シリーズ三部作が闇に浮かび上がっており、いきなり国宝級の存在感を放っていました。しばらくは、窯の中で燃えさかる火を見つめながら、Ｔｏｎｙさんやスタッフの方々、取材に来られている雑誌記者の方などと語り合いました。満月の下で、Ｔｏｎｙさんとリアル・ムーンサルトレターです！

　夜も更けて日付も変ったので、わたしたちは天河火間から民宿まで歩きました。月夜のナイト・ウォークです。天川村には、その名も「天ノ川」という川が流れていますが、そこには天上の「天の川」が写し絵のように投影されると言われています。

早朝の天河大辨財天社

　民宿に戻ると、隣室に寝ておられる「東京自由大学」の御婦人たちに気を遣いながら、わたしたちは仲良く布団を並べて寝たのでありました。明け方、五時過ぎに、ものすごい雷の音がして、続いて部屋が揺れました。おそらく近くに落雷したのでしょう。直後には、集中豪雨が降りました。まことに天川では自然の驚異を思い知らされます。

　それにしても、ここ数日でめっきり涼しくなりました。「暑さ寒さも彼岸まで」とはよく言ったものですが、この夏は本当に暑かったですね。そして、歴史的猛暑だったこの夏、わが家では悲しい出来事がありました。愛犬というより、家族の一員であったハリーが、亡くなったのです。八歳でした。オスのイングリッシュ・コッカースパニエル犬でした。

　八月二十五日、ちょうど前回の満月の日で、ムーンサルトレターの第六一信をTonyさんにお送りした日です。

ちょうど夏休みで、娘たちも家にいましたが、家族みんなで泣きました。わたしもずっとハリーと一緒にいてあげたかったのですが、その日は会社の大事な会議が予定されており、どうしても出なければなりませんでした。泣きながら会社に向かう前、みんなでハリーを棺に納めて、たくさん花を入れてあげました。ハリーは、わが家の庭に咲く花が大好きだったからです。

長女はハリーを出棺までずっと優しく撫でてやり、次女はハリーの似顔絵付きのお手紙を書いて棺に納めていました。妻はたくさんの花を、わたしはハリーが一番お気に入りだったフリスビーを棺に納めてあげました。ハリーの死によって、わたしたち家族の「こころ」は一つになりました。

ハリーは、自らの死をもって、「家族みんなで助け合って、いつまでも仲良くしてね！」ということを伝えたかったような気がしてなりません。

ハリーの棺が自宅を出るとき、家族全員で合掌し、見送りました。そして、わたしは「ハリー、また会おうね！」と呼びかけました。今度生まれ変わっても、ハリーとまた家族になりたいです。ハリーのお骨は、生前、彼が住んでいた「ハリーズ・ハウス」と名づけた家に納めています。ハリーによく似た犬の人形、お気に入りだったフリスビー、おやつのビーフジャーキー、そして水も一緒にお供えしています。「四十九日」を迎えたら、庭の中の彼が気に入っていた場所にお墓をつくってあげようと思っています。

ハリーが亡くなってから十八日経ったとき、ガーデニング・ショップで天使像を二体買ってきて、「ハリーズ・ハウス」の入口に置きました。きっと、この天使たちがハリーを天国で守ってくれるでしょう。「四十九日」とか「天使」とか、仏教とキリスト教が混在していますが、そんな宗教の違いなどわたしには関係ありません。ハリーがあの世で幸せになれるなら、「何でもあり」なのです。

天使といえば、子供の頃、テレビアニメの「フランダースの犬」の最終回で、主人公のネロと愛犬パトラッシュが一緒に天使に導かれて天国へ旅立つ場面を思い出しました。天使とは、魂を自由にして、天国に連れていってくれる存在なのですね。ならば、いつもわたしの魂を自由にしてくれたハリーこそは、わたしにとっての天使だったのかもしれません。「ハリーズ・ハウス」に向かって合掌しながら、わたしは言いました。「おーい、ハリー！　今どこにいるんだい？　元気でやってるか？」。

さて、今日は九月二十六日。父の七五回目の誕生日です。わたしは、妻と二人の娘と一緒に実家へ行って、父に「誕生日おめでとうございます！」と言いました。父は、今日から後期高齢者になります。しかし、父自身は「高貴高齢者」、さらには「光輝好齢者」になりたいと語っていました。また、老いには「老入」「老春」「老楽」「老遊」「老童」「老成」といった段階があり、高齢者になったら何事も陽にとらえる「陽転思考」が必要であることを説いていました。

わたしは古今東西の人物のなかで孔子を最も尊敬しており、何かあれば『論語』を読むことにしています。「われ十五にして学に志し、三十にして立つ。四十にして惑わず。五十にして天命を知る。六十にして耳従う。七十にして心の欲する所に従って矩を踰えず」。六〇になって人の言葉が素直に聞かれ、たとえ自分と違う意見であっても反発しない。七〇になると自分の思うままに自由にふるまって、それでいて道を踏み外さないようになった。ここには、孔子が「老い」を衰退ではなく、逆に人間的完成としてとらえていることが明らかにされています。

孔子と並ぶ古代中国の哲人といえば老子ですが、老子の「老」とは人生経験を豊かに積んだ人という意味です。また、老酒というように、長い年月をかけて練りに練ったという意味が「老」には含まれています。人は老いるほど豊かになるのです。さらに、日本人の「こころの柱」である神道においては、「老い」とは神に最も近い存在である「翁」となる過程にほかなりません。

そう、人は老いるほど豊かになるのです！　その真理を、父が自らの人生をもって実証してくれていると感じました。これからも、父には元気で「老い」を満喫してほしいと思います。そして、光り輝く好齢者になってほしいと心から願っています。

それでは、Ｔｏｎｙさん、次の満月まで。オルボワール！

二〇一〇年九月二十六日　　一条真也拝

一条真也ことＳｈｉｎさんへ

天川ではほんとうにありがとうございました。天川に到着したのが夜の一一時ごろだったでしょうか？　急いで、「天河火間」に向かいました。火間（窯）の前では、近藤高弘さんの弟子の高山大さんたちが一所懸命に薪を入れてくれていました。その世は一二時過ぎまで「天河火間」の傍にいて帰って寝ました。

Ｓｈｉｎさんは翌朝早く起床して早速ブログを仕上げていましたね。その熱心さと集中力には感心しました。わたしは毎朝の起床儀礼が一時間半くらいかかるので、朝はのんびりしているようで、大変忙しいのですよ。逆立ち瞑想もしなければいけないし、石笛や法螺貝なども奏奏しなければならないし。

Ｓｈｉｎさんは、二十二日の夜入って、二十三日の朝九時くらいに天河を立ちましたが、わたしは二十四日の朝一〇時まで天河にいました。近藤高弘さんのお父さんの陶芸家の近藤潤さんも来られていて、火間の前でゆっくりお話しました。実は、わたしは近藤潤さんの大大ファンなのです。その作品は高弘さんのおじいさんに当たる人間国宝で京都市立芸術大学学長も務めた近藤悠三氏とも異なる、とてもエレガントで奥ゆかしく大和心を感じさせる作品群なのです。まったく伝統的な花鳥風月の世界なのですが、その伝統が一方でしっかりとあってくれるがゆえに、近藤高弘さんのようなアヴァンギャルドが成り立つという、緊張感とバランス、楕円的双極性を感じます。

わたしは近藤高弘さんとの共著『火・水（ＫＡＭＩ）――新しい死生学への挑戦』（晃洋書房）を出版しました。「天河護摩壇野焼き講」を組織して一四年、もくもくとその活動をしてきましたが、その全記録を収めました。この本の帯に、編集工学研究所所長の松岡正剛さんが、「コンドーの火、カマタの水。二人が揃って、土であって天である器を生んだ。これは貴くて、これは慶ばしい。世には『告げる器』というものがあっていい。」と推薦文を寄せてくれました。

『霊性の文学 霊的人間』（角川ソフィア文庫）も上梓しました。五月に、『霊性の文学 言霊の力』（同文庫）を出したのに続く姉妹篇の出版になります。

さて、Ｓｈｉｎさんところの「家族」のハリー君が八歳で亡くなったとのこと、心よりお悔やみ申し上げます。わが家にも、一五歳になる眼球のない三毛猫の「家族」ココがいますので、お気持ちはとてもよくわかります。ココの義祖母に当たるメスのトラ猫のチビが一七歳で死んだ時、大宮のわが家の庭の桃の老木の猫塚に埋葬し、般若心経と祝詞を奏上し、笛を吹いて鎮魂しました。

そしてその夜、満月を仰ぎながらギターを爪弾いていると、突然、口から、「なむなむなむなむなんまいだー、なむなむなむなんまいだー」というフレーズが出てきて、三分間で「なんまいだー節」が出来上がりました。これが神道ソングの名曲（？）「なんまいだー節」で、二〇〇三年には同名タイトルのＣＤまで出しました。

もし、わが家の神様であるココが死んだらわたしはどれほど悲しみに暮れることでしょうか。またどんなレクイエムを作るでしょうか。宮沢賢治が妹とし子を喪くした時にいくつもの挽歌を作ったように、Ｓｈｉｎさんもわたしもそれぞれの挽歌を作るのでしょう。

近藤高弘さんとわたしたちが提案している「解器《ホドキ》ワーク」は、基本的に、自分の骨壷を自分で作るという現代の死生学ワークですが、自分の身近なものの遺体を入れる骨壷も作っています。わたしは、自分の骨壷を作る前に三年前に死んだ母の骨壷を作りました。そのような骨壷作りを通して、わたしたちは、現代の「死生学」、つまり、生死への向き合い方を探ろうとしています。それは、新しい葬送儀礼の創出といえるかもしれません。

わたしたちは、いつの時代にも神話と儀礼を必要とするというか、生み出し続けると思っています。むしろ、神話と儀礼の中でわたしたちが育ち、目覚めるのだと。「葬式がいらない」というのも、神話と儀礼から育ってきた一つの思考であり、思想であり、志向性です。そんな議論がどれほど百出しても、人類から葬式も儀礼も無くなることはない、と確信します。

けれども、その葬式の方法は、これまで時代と地域によって変化し続けてきたように、これからも変化していくでしょう。Ｓｈｉｎさんのような冠婚葬祭を事とする儀礼産業は今後、その中で、どのような役割を果たし、ビジネスとしての意味と力を発揮していくでしょうか？　経営者としても、プランナーとしても、時代と人々に試されるのだと思います。

生死という、不可避の事態に向き合う心とワザ、ここに必ず神話＝物語と儀礼が生まれると確信します。Ｓｈｉｎさんのハリー物語も、わたしの「なんまいだー節」も、そんなマイ・ファミリー神話であり、マイ・ファミリー儀礼でした。そんな神話・物語と儀礼の共同創出として、「天河火間」があり、その共同神話・物語として、近藤高弘さんとの共著『火・水（ＫＡＭＩ）』が生まれた。そのように感じています。季節は、一挙に冬に向かっていきます。どうぞ御身大切にお過ごしください。

二〇一〇年九月二十八日　　　　　　　　　　　鎌田東二拝

第六三信

●隣人祭り
●沖ノ島

鎌田東二ことTonyさんへ

先月は一緒に天川で中秋の名月を見上げましたのに、早いものであれから一月が経ち、また満月の日となりました。昨夜は、北九州市八幡西区のサンレーグランドホテルで恒例の「隣人祭り・秋の観月会」が盛大に開催されました。おかげさまで、今年で三年目の開催になります。今年も三〇〇名を超える人々が観月会を楽しみました。

いま、「無縁社会」という言葉が時代のキーワードになっています。現在の日本の現状を見ると、たしかに「無縁社会」と呼ばれても仕方がないかもしれません。では、わたしたちは「無縁社会」にどう向き合えばよいのか。さらに言うなら、どうすれば「無縁社会」を乗り越えられるのか。わたしは、その最大の方策の一つは、「隣人祭り」であると思います。地域の隣人たちが食べ物や飲み物を持ち寄って集い、食事をしながら語り合うイベントです。都会に暮らす隣人たちが年に数回、顔を合わせます。今やヨーロッパを中心に世界三〇カ国以上、一〇〇〇万人もの人々が参加するそうです。ECも正式支援を決定しています。

「隣人祭り」の中に冠婚葬祭互助会と同じ「相互扶助」の精神を見たわが社では、二〇〇八年十月十五日にサンレーグランドホテルにおいて開催された「隣人祭り」のサポートをさせていただきました。同ホテルの恒例行事である「秋の観月会」とタイアップして行われたのですが、これが九州では最初の「隣人祭り」となったのです。日本の政令指定都市の中で最も高齢化が進行し、孤独死も増えている北九州市での「隣人祭り」開催とあって、マスコミの取材もたくさん受け、大きな話題となりました。その後も、わが社はNPO法人ハートウエル21と連動し、隣人祭り日本支部公認のオーソドックスな「隣人祭り」の他、わが社オリジナルの「隣人むすび祭り」のお手伝いを各地で行っています。二〇〇九年は約一九〇回を開催し、二〇一〇年は三〇〇回以上の開催を予定しています。「隣人祭り」と「隣人むすび祭り」などを合わせれば、わが社は日本全国を見ても地域の隣人が集う「隣人交流イベント」あるいは「地縁再生イベント」の開催を最もサポートしている組織だと思います。いや、世界でも五本の指に入るのではないでしょうか。

発祥地のフランスをはじめ、欧米諸国の「隣人祭り」は地域住民がパンやワインなどを持ち寄る食事会ですが、そのままでは日本に定着させるのは難しいと考え、わが社がサポートする「隣人交流イベント」では、季節の年中行事などを取り入れています。たとえば、花見を取り入れた「隣人さくら祭り」、雛祭りを取り入れた「隣人ひな祭り」、節分を取り入れた「隣人節分祭り」、七夕を取り入れた「隣人たなばた祭り」、秋の月見を取り入れた「隣人祭り・秋の観月会」、クリスマスを取り入れた「クリスマス隣人祭り」といった具合です。おかげさまで大変好評を得ています。

これは日本におけるコンビニエンスストアのマーケティングを参考にしました。アメリカ生まれのセブンイレブンを初めて日本に輸入したとき、当初はうまくいかなかったとか。

しかし、セブンイレブン・ジャパンの社長であった鈴木敏文氏が日本流に「おにぎり」や「おでん」などの販売を思いつきました。それからは大ブレークして、すっかりコンビニが日本人の生活に溶け込んでいった事実はよく知られています。わたしは、このことを「隣人祭り」のヒントにしたのです。欧米の文化をそのまま日本に輸入してもダメで、日本流のアレンジが必要であるということを学んだわけです。日本人は「お月見」が大好きですが、昨夜は三〇〇人が参加する大お月見大会を開いたわけです。

さて、昨夜の「隣人祭り・秋の観月会」では、恒例の「月への送魂」も行われました。夜空に浮かぶ満月をめがけて、故人の魂をレーザー（霊座）光線に乗せて送りました。Tonyさんがおっしゃられるように、人間には神話と儀礼というものが必要です。そして、多くの民族の神話と儀礼において、月は死、もしくは魂の再生と関わっています。規則的に満ち欠けを繰り返す月が、死と再生のシンボルとされたことは自然でしょう。

「月への送魂」によって、わたしたちは人間の死の一つひとつが実は宇宙的な事件であることを思い知るでしょう。『葬式は必要！』や『ご先祖さまとのつきあい方』（ともに双葉新書）などの最近の著作でも「月への送魂」を紹介しています。関心を抱かれる方も多くなったようで、問い合わせなども増えてきました。昨夜の満月には亡きハリーの面影が見えたような気がしました。

「月への送魂」と並んで、わが社が新時代の葬送文化として提唱し続けているのが、「月面聖塔」です。これは、月に地球人類の墓標を建てるというものです。これは決して突拍子もない話でも、無理な提案でもなく、古代より世界各地で月があの世に見立てられてきたという人類の普遍的な見方を、そのまま受け継ぐものです。無縁社会においては、すべての墓が無縁化していくということで、昔の「共同墓」が見直されてきています。月面聖塔というのは、「共同墓」をさらに「地球墓」として拡大したものだと言えるでしょう。しかも、月は地球上のあらゆる場所で眺めることができますから、あらゆる場所で月に向かって手を合わせれば先祖供養ができるわけです。

日本人の場合は盆の時などに大変な思いをして墓参りをしなくても、月は毎晩のように出るので、死者と生者との心の交流も活発になります。特に、満月のときはいつもより念入りに供養すればいい

オープンしたムーンギャラリー小倉本店

でしょう。それは満月の夜のロマンティックでノスタルジックな死者との交流なのです。いわば、「隣人祭り」ならぬ「隣人祀り」ではないでしょうか。

「月」といえば、十月一日に、「月の館」とでも呼ぶべき新しい施設をオープンしました。ムーンギャラリー小倉店です。すでに六月二十一日にはムーンギャラリー八幡店がオープンしていますが、サンレーの本社機能も兼ねる小倉紫雲閣の隣接地に建設された独立店舗であることから、この小倉店を本店と位置づけています。

ムーンギャラリーは冠婚葬祭のイノベーションをめざしますが、その機能は主に三つ。第一に、葬儀の事前相談窓口としてのフューネラルサロン機能。費用や演出の内容などを含め、自分の葬儀は自分で決める時代です。第二に、ご遺族の悲しみを癒すグリーフケア・サポート機能。葬儀後のご遺族の会「月あかりの会」を中心に、さまざまなセレモニーやイベントなどを通じて、グリーフケア・サポートを行います。カウンセリング・ルームも備え、専門家によるカウンセリングなどもお世話いたします。第三に、供養関連商品を展示販売するメモリアル・ショップ機能。自分なりの祈りの形、新しい供養の形を個々のライフスタイルにあわせられるように一〇〇種類以上の厳選された商品をラインナップし展示・販売を行います。

「癒し」をコンセプトにした空間で、ゆっくりと手に取り選んでいただけるような店内となってい

金澤翔子「涙の般若心経」

ます。各種ロウソクや線香、手元供養のペンダントなどをはじめ、数多くのオリジナル・グッズを揃えました。「グリーフケア」をテーマとした書籍やＣＤのコーナーもあります。もちろん、わたしの著書も置いています。でも、それ以外にも絵本をはじめ、多くの名著を集めました。「死別の悲しみを癒す」ための本をこれだけ揃えた場所は、全国でも珍しいでしょう。

まったく新しい「癒しの空間」の誕生に、オープニング・セレモニーには数え切れないほど多くのお客様がお越し下さり、新聞や雑誌などのマスコミ取材もたくさんお受けしました。そんな中、ひときわ目を引いたのが、ロビーに置かれた一つの屏風でした。ダウン症の天才書家として有名な金澤翔子さんの「涙の般若心経」の屏風です。金澤翔子さんは、五歳から書家への道を歩むべく、日々厳しい修練・研鑽とたゆまぬ努力で孤高の境地まで書の芸位と格を押し上げられました。書家としては「二〇〇年の一人の天才」と呼ばれているそうです。「道《タオ》」の第一人者として有名な加島祥造さんなども彼女の才能を絶賛し、展覧会のパンフレットに「翔子は、潜在意識の深みから働きかけている。それを自覚なしにする――それも不思議な美のセンスでもってする」という一文を寄せています。

翔子さんが一〇歳のときに書いた「般若心経」は、観る者の魂を震わせるような作品でしたが、部分的に染みがありました。そこを指差し、翔子さんは、「これはね、わたしの涙の跡なんだよ」と、わたしに教えてくれました。ダウン症を理由に通っていた小学校から「養護学校に転校してほしい」と言われ、絶望の底にあった頃、お母さんから夜中に叩き起こされて、辛くて悔しくて悲しくて、そして何故だか有り難くて、泣きながら一気に書いた「般若心経」なのです。

この「涙の般若心経」は、今年の七月二十二日にフジテレビ系列で放送された「奇跡体験！アンビリーバボー」でも紹介され、日本中に大きな反響を呼びました。ビートたけし、所ジョージをはじめ、番組の出演者全員が感動していました。わたしも、これを初めて観たとき、非常に感動しました。そして、この作品は、人間のあらゆる悲しみや苦悩を癒してくれる不思議な力を持っていると感じました。

ですから、ムーンギャラリーに展示して、ぜひ「愛する人を亡くした人」たちの悲しみを癒してほしいと思い立ちました。そして今回、サンレーで求めたという次第です。重い障害を持って生まれてきながら、素晴らしい芸術によって多くの人々に感動を与え続ける金澤翔子さんの「涙の般若心経」。翔子さんの芸術を借りた御仏のメッセージは、きっと多くの方々の心の深いところに届き、悲しみや苦しみを癒してくれることでしょう。

Ｔｏｎｙさんも、ぜひ一度、ムーンギャラリー小倉本店を訪れられて、「涙の般若心経」を御覧下さい。それでは、次の満月まで。オルボワール！

二〇一〇年十月二十三日

一条真也拝

一条真也ことＳｈｉｎさんへ

宗像大社に向かう前の玄海ロイヤルホテルの昼食会場で偶然お会いしてはや一週間が経とうとし

ています。玄海ロイヤルホテルのバイキング料理のデザートのケーキを取りに行ったら、そこになつかしくも見かけた後姿がありました。Ｓｈｉｎさん、それはあなたの後姿でした。Ｓｈｉｎさんも、食後のデザートのケーキをつまんでいたのでしょうか？

ともかくも、思いがけずばったり再会したわけです。約束の時間は、十月二十五日（月）一四時に宗像大社本殿前でした。その一時間前にケーキ置き場でお会いしたのでした。

そこで、今回の宗像大社沖津宮（沖ノ島に祀られた宗像大社の奥宮）参拝団のみなさん方三〇名に、Ｓｈｉｎさんを紹介したのでした。そうしたら、参拝団団長の仏壇はせがわの長谷川裕一会長は、「やあやあ、あなた！」と言われるじゃないですか。顔見知り同士の再会と相成ったというわけ。Ｓｈｉｎさんはお父上ともども、仏壇はせがわの会長さんと懇意にされていたのですね。そのあたりは、Ｓｈｉｎ速極まる「神速」なるＳｈｉｎさんのこと、早速、その夜のブログに長谷川会長とのツーショット写真も含めて、ＵＰしたのでした。

わたしたち一行は、十月二十四日（日）一三時に宗像大社辺津宮に集合して、養父元宮司さんの講話を拝聴した後、正式参拝をし、日本国の国号が成立した歴史的経緯の解釈についての地元の歴史研究者の講演を聞き、大島に向かい、中津宮を正式参拝。そしてその夜、大島の民宿に宿泊して、翌朝八時半にチャーター船で沖ノ島に向かったのでした。

大島から沖ノ島まで約四九キロ。宗像大社辺津宮のある玄海町の神湊から大島までは約一〇キロ。ということは、辺津宮から約六〇キロ沖にある絶海の孤島が宗像大社奥宮＝沖津宮のある沖ノ島なのです。そもそも、九州福岡県は、古名で「筑前国」と言い、そこには延喜式内社が一九座あります。そしてその筆頭に、「宗像郡宗像神社三座（並名神大）」があるのです。宗像大社は筑前国の筆頭延喜式内社であり、一の宮であり、旧官幣大社として朝野の信仰を集めてきた九州有数の古社です。

宗像大社とは、玄界灘沖合六〇キロに浮かぶ沖ノ島鎮座の沖津宮《おきつみや》、一〇キロ先の筑前大島に鎮座の中津宮《なかつみや》、玄海町の宗像大社辺津宮《へつみや》の三宮の総称です。沖津宮には田心姫神《たごりひめのかみ》、中津宮には湍津姫《たぎつひめの》神《かみ》、辺津宮には市杵島姫神《いちきしまひめのかみ》を祀っています。中でも、沖津宮は、そこで見たこと聞いたことは何も語ってはならないと厳しく戒められた「お言わず様」として尊崇されてきたところです。この宗像神を祀る神社は、全国に八五〇〇余社ほどあるといわれており、宗像大社はその総本宮に当たります。ちなみに、一番多い神社は稲荷神社で、二位が八幡神社、三位が天神社、四位が神明社（伊勢神宮系）、五位がこの宗像神社となります。

海上交通の要所に位置する沖ノ島の沖津宮は、島全体が御神体とされ、現在でも女人禁制で、「海の正倉院」とも呼ばれ、巨大な磐座群や、その周囲の祭祀遺跡から祭祀具や装飾品なども多数発見されており、また珍種の動植物の北限や南限に当たり、一木一草たりとも持ち帰ってはならぬという掟ゆえに、宮崎駿の「もののけ姫」のシシ神の森のように、島の中の原生の森が保持されてきたのです。

北九州は、古来、大陸との交易の中継点であり、海上交通の要所として宗像は位置していました。それを保持してきた海の一族がムナカタ一族でした。外交など行政や経済的には大宰府が日本における東アジア中継の要所となりますが、信仰的には宗像が中継点となりました。

興味深いのは、『日本書紀』には「貴《むち》」という名前を持つ神がわずか三神だけ出てきますが、その中の一神が宗像大神で、別称「道主貴《みちぬしのむち》」の尊名で呼ばれている点です。ちなみに、他の二神とは、天照大神の別称である「大日孁貴《おほひるめのむち》」と大国主神の別称である「大己貴《おおなむち》」。この「道主貴」が、「海北の道中に在す。号を道主貴と曰す」と『日本書紀』の神代巻に出てくるわけです。

わたしは長いこと、沖ノ島に参拝したいと思い続けてきました。しかし、沖ノ島へは二週間交替で奉仕する神主さん以外、年に一度五月二十七日の沖ノ島大祭の日に一般参拝が限定人数で許可されるだけです。そんな僅少機会なので、これまで一度も参拝するチャンスがありませんでした。しかし、昨年九月に、沖ノ島が世界遺産の国内予備登録が終わり、いよいよユネスコに申請するという運びになりつつあるので、今回、研修と参拝を兼ねて、特別視察参拝団が結成され、わたしにもその案内が回ってきたという次第です。この機会に行かねば、一生沖ノ島に渡る機会はないかもしれないと思い、思い切って参加したのです。そして、その参拝が終わったら、かの地でＳｈｉｎさんとお会いして、ふたたびゆっくり宗像大社辺津宮を参拝して、そのあと、久しぶりで一緒にカラオケでもと思って、お誘いしたわけです。そうしたら、Ｓｈｉｎさんも、「宗像大社に参拝に行きたいと思っていたところなんです」と二つ返事で会いましょうということになり、さらにその前に玄海ロイヤルホテルでバッタリといういきさつとなりました。

さて、宗像大社沖津宮は、「凄い」の一言しかありません。確かに、安芸の宮島の厳島神社の原型がここにあります。宮島とは、瀬戸内に浮かぶ第二沖ノ島なのです。沖ノ島出張所。宮島の弥山山頂にも磐座の巨石がありますが、この沖ノ島の磐座群はそれよりも数が多く、大型で、圧倒的なド迫力。またその上、亜熱帯性の植物も繁茂している南方系の森で、わたしは宮崎県の青島とか沖縄の御嶽の森に入ったような錯覚に陥っていたほどです。特に、世界遺産にもなった沖縄本島最高の聖地・斎場御嶽《セイファーウタキ》の珊瑚石灰岩の巨岩の祭祀場にそっくりな感じがして、「ああ、やはり、あるべくところに、あるべくして、あるべきかたちがあるのだな」と心から納得した次第です。

参拝に向かう前に、三〇名が一斉に真っ裸になって禊をしました。だいたい、禊は褌一丁で行うものですが、ここでは褌もつけない、裸一貫、生まれたまんまの姿です。いやあ、気持ちよかった～。海に入る前と上がった後に法螺貝を奉奏しました。そうしたら、参拝団のおじさんが「ホラ貝さん、一枚写真撮らせて」と頼むので、一枚だけならと応じると、さあ大変！　われもわれもと、「一枚撮らせて」と大撮影会になりそうだったので、「わたしは見世物ではありません！」と厳しく言い放ち、裸体写真を収めることに制限を加えたのでした。

一の鳥居から山道を登っていく途中から、シシ神の森に入っていく感じがして、沖津宮で、祓詞、祝詞奏上、長谷川団長の玉串奉奠の後、参拝者の一人の詩吟奉納、そしてわたしの法螺貝と横笛の奉奏。心ゆくまで笛を奉納演奏することができ、ありがたかったです。この沖津宮の周りは、三方が磐座の巨石で、後でぐるりを廻ると、益田勝実氏が『秘儀の島』（筑摩書房）で、天岩戸神話は宗像の沖ノ島での祭祀が原型となって神話化されたものではないかという説を提起していることにリアリティを感じるほどの「天岩戸」感がありました。胎内潜りができるほどの岩場もあり、「天の岩戸開き」を行なうという神話もあり得る話だと思いました。

山を下りる時、シシ神の森を通ったアシタカ少年や怪我人たちが、「体が軽くなった」とか「怪我が治った～！」と言っていましたが、まさしくそんな感じで、体が軽くなり、元気になり、足の怪我もよくなったように思いました。「治った～！」、そんな奇跡的な治癒や回復の感触がありました。癒しの地、です、秘儀の島・沖ノ島は。

そんな次第で、そのあと、Ｓｈｉｎさんと宗像大社辺津宮、高宮、元高宮を参拝し、オープンして間もない赤間紫雲閣を訪れ、また小倉紫雲閣隣の「ムーンギャラリー」も見学させていただきました。

次々と、大変良い立地にいい感じのホールやギャラリーと建てていると思いました。特に、赤間紫雲閣は二階のホール入り口の大きな全面窓から川と山がよく見え、見送った死者の魂がこの川を通って、あの山に入っていくような、日本人の魂の行方を髣髴させる地形にあり、ここに葬儀に来られた方々の心をこの地形・風景は和ませてくれるだろうと強く思いました。聞くところでは、お父上の佐久間進会長が「ここがいい！」と即決されたとか。その直感は、恩師の折口信夫ゆずりですね。すばらしい！

ムーンギャラリーも瀟洒で、Ｓｈｉｎさん推薦の金澤翔子さんの書「涙の般若心経」の屏風がありました。一〇歳の少女が書いたものとは思えないほど、しっかりと気迫とたましいが籠っていました。

わたしも、いつか、書をやってみたいと思ってきましたが、近いうちに挑戦してみたいと改めて思いました。わたしは絵画はからきし駄目ですが、書を書くのは好きなのです。一気に、一息に書けるじゃないですか。それが、すべてが三分間でできる「神道ソング」と通じるのです。わたしの場合、「一気飲み」ならぬ「一気書き」でなければ何事もできぬようなのです。

ともあれ、Ｓｈｉｎさんが着々と日本に「隣人祭り」を定着させていっていること、大変心強く思っています。実は、わたしたちも、本日、台風接近する中、ＮＰＯ法人東京自由大学の催しで、山尾三省さんを記念顕彰する「隣人祭り」ならぬ、「三省祭り」を行なったのですよ。京都大学東京オフィスを会場に。山尾三省さんとは兄弟のように育った作家の宮内勝典さんと田口ランディさんとわたしの三人で鼎談したのですが、実に面白くてスリリングでした。

二〇一〇年十月三十日　　鎌田東二拝

第六四信

● 無縁社会

● 講

鎌田東二ことTonyさんへ

Tonyさん、お元気ですか？　さて、この秋は、けっこう講演やシンポジウム、フォーラムなどにたくさん呼ばれました。特に印象深かったのは、十一月五日、東京・赤坂の日本財団大会議室で開催された「自殺のない社会」をテーマとした公開フォーラムです。わたしは、七月の「孤独死」についての講演に続き、今回は「自殺」について発言しました。

わたしは、まず、「死は決して不幸な出来事ではない！」と大声で言いました。すると、前列に座っている方々がビックリされていました。その直後に、「でも、自殺は違う！　自殺は不幸な死に方です」と言いました。「自殺」とともに日本人の死に方の大問題として「孤独死」があります。わたしは「死は最大の平等である」と述べた後、自殺、孤独死、無縁死と、どうも最近の日本では死に方が不平等になってきていると言いました。自殺、うつ、グリーフケア、葬儀、孤独死、高齢者の所在不明、生涯非婚、墓、無縁社会、隣人祭り……すべては、密接に関わり合っているのです。

今年を振り返ると、「無縁社会」という言葉に振り回された一年だったように思います。わたしたちは安易に「無縁社会」という言葉を使ってはいけないように思います。言葉は現実を説明すると同時に、新たな現実をつくりだすからです。

Tonyさんには「釈迦に説法」で恐縮ですが、いわゆる「言霊」ですね。

現在、葬儀の世界で「家族葬」や「直葬」といった言葉が一般的になってきました。「家族葬」は、もともと「密葬」と呼ばれていました。身内だけで葬儀を済ませ、友人・知人や仕事の関係者などには案内を出しません。本来、一人の人間は家族や親族だけの所有物ではありません。多くの人々の「縁」によって支えられている社会的存在です。ですから、「密葬」には「秘密葬儀」的なニュアンスがあり、出来ることなら避けたいといった風潮がありました。それが、「家族葬」という言葉を得ると、なんとなく「家族だけで故人を見送るアットホームな葬儀」といったニュアンスに一変し、身内以外の人間が会葬する機会を一気に奪ってしまったのです。「直葬」に至っては、通夜も告別式も行わず、火葬場に直行するというものです。これは、もはや「葬儀」ではなく、「葬法」というべきでしょう。そして、「直葬」などというもったいぶった言い方などせず、「火葬場葬」とか「遺体焼却」という呼び方のほうがふさわしいのではないかと思います。

さて、「無縁社会」ですが、もともと「無縁社会」という日本語はおかしいのです。なぜなら、「社会」とは「関係性のある人々のネットワーク」という意味だからです。ひいては、「縁ある衆生の集まり」という意味なのです。「社会」というのは、最初から「有縁」なのです。ですから、「無縁社会」というのは表現矛盾ではないでしょうか。

どうも、「無縁社会」という言葉には、テレビの心霊番組「あなたの知らない世界」のように、無理矢理に人を怖がらせようとする意図があるように思えます。というのも、NHKの一連の番組作りを見ていると、どうも、そこには「絶望」しかないように思えるのです。どう考えても、「希望」らしきものが見当たらないのです。いたずらに「無縁社会」の不安を煽るだけでは、二〇一二年に人類が滅亡するという「マヤの予言」と何ら変わりません。それよりも、わたしたちは「有縁社会」づくりの具体的な方法について考え、かつ実践しなければなりません。

先日のNHK「無縁社会」特集番組には、内閣府参与の湯浅誠氏が出演していました。湯浅氏は、「もう血縁や地縁に期待するのは無理なので、日本人は新しい縁を探さなければならない」といったような発言をされていたと記憶しています。たしかに、今後は趣味の縁である「好縁」や、ボランティアなどで志をともにする「道縁」などの存在が重要になってくると思います。しかし、それよりも、まずは崩壊しかかっている「血縁」や「地縁」を再生することが最優先なのではないでしょうか。

わたしたちは、「血縁」や「地縁」をあきらめてはなりません。第一、本当に「血縁」や「地縁」が消滅してしまった民族や国家など、それこそ存在している意味がありません。「遠い親戚より近くの他人」という諺があります。でも、孤独死や無縁死を迎えないためには「遠い親戚」も「近くの他人」もともに大切にする必要があります。そのための冠婚葬祭であり、隣人祭りであると思っています。いま、あらゆる縁を結ぶ「結縁力」が求められているのではないでしょうか。

「無縁」という言葉を考えるとき、歴史学者の網野善彦が『[増補]無縁・公界・楽』(平凡社ライブラリー)で展開した「無縁」論が参考になります。もともと「無縁」という言葉は、仏教用語です。網野善彦は「『無縁』の原理は、仏陀の教えとしてとらえられ、天台・真言宗から鎌倉仏教にいたる仏教思想の深化が見出される一方、そこには未開の色彩がなお色濃く残る、さまざまな『無縁』の世界が錯綜して展開していった」と述べます。

乱暴に言ってしまうと、わたしは、現在の「無縁社会」の到来と日本仏教の衰退とは明らかに直結していると思います。面白いのは、キリスト教と「無縁」の関係です。網野善彦は、「西欧の場合、『無縁』の原理はキリスト教とその教会によって、それ自体、組織化されていった。それは、日本の仏教の諸宗派による教団組織に比して、はるかに徹底したものであり、恐らく、実際には広く存在していたとみられる第一段階の『無縁』の場、未開の特質をもった現象は、そのかげになりかくれているようにみえる。また一方、『無縁』の原理は、ユダヤ人やジプシーのような『異民族』集団にも体現させられていたようであり、日本のように、多様で、錯雑した形はとっていないのである」と述べています。

さらに乱暴に言うならば、わたしは「無縁社会」を乗り越える発想は、仏教からは絶対に出てこないと思っており、キリスト教と神道の思想的融合から生れてくるのではないかと考えています。そして、両宗教にはキーワードがあります。キリスト教の「隣人愛」と神道の「祭り」です。そうです、この二つを合わせると、「隣人祭り」になるのです。隣人祭り発祥のフランスなどのヨーロッパの形式とは違って、日本の隣人祭りには、日本独自の「祭り」の要素を加えないと今後の普及発展は難しいと、わたしは考えています。

そもそも日本において、神社が中心となって「コミュニティ」を形成してきました。一九〇六年(明治三十九年)に神社合祀令が出ましたが、南方熊楠が反対しました。熊楠は、神社の統合が、「自然」「コミュニティ」、そして八百万の神々につながる「スピリチュアリティ」が一体となった地域社会の解体を憂慮したのでしょう。

神社には日本人の「血縁」と「地縁」を強化するという機能があると思います。神社は、血縁と地縁のステーションなのです。わたしは、神社も獅子舞も講も、すべては日本人の血縁や地縁の結びつきを強めるための一種の「文化装置」であったことに気づきました。

特に、神社の数が減少の一途をたどったことと、日本人の血縁や地縁が薄くなり、無縁社会化していったこととは、明らかな相関関係があると思います。しかし、まだ日本には八万を超える神社が存在します。あきらめるのは早い！

わが社では、いま、各地の神社において「隣人祭り」を開催する運動を推進しています。今こそ、南方熊楠の志を思い起こさねばなりません。そして、神社をステーションとした新たな地域コミュニティを再構築する必要があるのではないでしょうか。

十一月十八日、わが社が創立四四周年記念日を迎えました。その記念式典の社長訓示で、わたしは「人はみな無縁にあらず人の世を有縁にするはわれらのつとめ」という短歌を詠みました。言葉は「呪い」にもなり、「祈り」にもなります。先日、「暴力装置でもある自衛隊」というとんでもない暴言がありました。わたしは、「暴力装置」という言葉は、「無縁社会」と同じく「呪い」だと思いました。いま、言葉が「呪い」として使われることの何と多いことか！　そして、内閣の中枢にいる官房長官が「呪い」を発してよいのか！

わたしは、自衛隊とは「平和装置」であると思っています。言葉は実体化します。それが言霊であり、「引き寄せの法則」というものです。「暴力装置」というのは、呪いです。「平和装置」というのは、祈りです。「無縁社会」というのは、呪いです。「有縁社会」というのは、祈りです。わたしたちが迎えるべき社会は、もちろん、有縁社会です。

Ｔｏｎｙさん、時節柄、風邪など引かれませんよう、くれぐれも御自愛下さい。今夜は美しい満月です。それでは次の満月まで、オルボワール！

二〇一〇年十一月二十二日

一条真也拝

一条真也ことＳｈｉｎさんへ

今回、Ｓｈｉｎさんが提起されている、孤独死、自殺、無縁社会の問題は、人類の未来を占う問題群だと思います。特に、いわゆる先進諸国の未来を占う問題となるでしょう。というのも、これまで、日本のような少子高齢化社会はどの国も体験しておりません。日本がいわゆる先進国の中でもトップを切って極端な少子高齢化社会に突入してきたのです。日本は、二〇三〇年には、五〇歳以上が人口の半分を占める社会になると予測されているようです。そのときわたしは七九歳です。平均年齢を生きていたら、たぶん生きているか、死にかけているころでしょう。

いずれにせよ、このようなドラスティックな変化は、必然的に、旧来の家とか家族とか地域共同体とかの機能変化を促します。だって、各家に子供が一人か一人半か（そんな数は現実にはありませんから、子供がいないということになりますね）、子供なしという家族構成になります。もちろん、シングルの単身家族も増えるでしょう。

そのような中で、どのように家族の紐帯、コミュニティの紐帯を作っていくのか、大変難しい課題に直面しています。柳田國男が最も恐れたことが現実になってきています。柳田は『先祖の話』の中で、「家」の存続とは先祖崇拝と祖先祭祀に端的に現れると考えていて、その祭祀がなくなってしまうことを大変怖れました。それが島田裕巳氏の『葬式は、要らない』などを含め、現実のものとなってきていると思います。そして、今日の「無縁社会」論はその先鋭的な現われと言えるでしょう。

わたしも「血縁」「地縁」は大事だと思いますが、しかし、それはかつてのような共同性を保持することは困難ではないでしょうか？　その困難さは、何よりも少子高齢化という現象に伴う困難さです。「血縁」という場合、具体的に、その負担はどこにのしかかるかと言うと、当然、子孫の世代、つまり、子供の世代に強くのしかかっていきます。ところが、子供が一人とか、一人半とか、いないとか、であるわけだから、そんな事態の中でどのように両親や先祖を、また結婚した相手の両親や先祖を支えていくことができるしょうか？

一人っ子が多いということは、確率的に、女の子も男の子も、一人っ子である場合が多いということであり、その一人っ子同士が結婚したりすると、両家の墓や葬式や先祖祭祀をどうするかは、子供たちにとって大変な負担となり、重荷となります。そうした時に、できるだけ重荷を背負い込みたくないと考えるのは人情というものでしょう。わたしも一人息子の父親ですから、この問題はよく考えます。われわれの葬式をどうするか、子供にとって親の墓、先祖の墓や法要や先祖祭祀をどうするか、このあたり、いずれ子供とも話し合う必要があると思っています。

これから先、一つの解で全体を括るということは不可能でしょう。親がわが子に墓や先祖祭祀を要求しても、子供にそれだけの意識と覚悟と環境がなかったら、それを維持していくことはできないと思います。かなりの家庭で、そのような維持する力と機能が弱体化するとわたしは思います。

とすれば、それに代わる方法は何かと言えば、一つは、株式会社サンレーのような冠婚葬祭の互助会に依拠することであり、もう一つは例えばNPO法人東京自由大学のようなNPO法人や任意団体が中間の受け皿になるというケースです。つまり、かつてのような家とか家族とか共同体の回復・維持は困難であるけれども、違う形で別種のコミュニティを形成しつつ冠婚葬祭を含む社会的紐帯をかたちづくっていこうとする試みです。

もちろん、NPO法人東京自由大学は冠婚葬祭を代替する団体ではありませんが、創立時からある種の互助組織や互助機能、特に災害時の助け合い・ボランティアのはたらきをしたいと思ってきました。どこまで、何ができるか、わかりませんが、しかし、何らかの中間団体のはたらきが起死回生の鍵になると思っています。

「講」という組織は、そうした「中間団体」の伝統的形式だと思います。わたしは、二〇年前に、月に鳥居を建てて、月面を拝殿として地球を本殿とする月面巡礼ツアーを考え、それを和名で「月面宙返り講」と名づけ、英名で「ムーンサルト・プロジェクト」と名づけました。その「月面宙返り＝

ムーンサルト」が、このわたしたちの『満月交感』の元＝ルーツになっているわけです。

その際、わたしはあくまでも「月面宙返り講」と名づけたように、「富士講」とかの「講」を念頭に置いていていました。現在の「解器」制作につながる「天河護摩壇野焼き講」を一九九六年秋に組織した時も、やはり、現代における「講」としての活動を意識しました。昔、「頼母子講」という互助組織がありましたが、そんな「講」という「中間団体」の伝統は大切な無形文化財だと思っています。

Ｓｈｉｎさんは、この前、油井英監督のドキュメンタリー作品『うつし世の静寂《しじま》に』を観たとのことですが、それは、川崎市北部に残る「講」をテーマにしているのですね？　わたしは一九八二年から一九九一年まで一〇年間、川崎市宮前区土橋というところに住みました。東京田園都市線の宮前平駅でした。このドキュメンタリーの場所の川崎市北部とは、その近くではないでしょうか？

確かに、「講」が「冠婚葬祭互助会のルーツ」ということは興味深い事実ですね。人が円座して数珠を繰り回す「念仏講」、お地蔵さんを人が背負い家々を巡り歩く「巡り地蔵」、土俵の上を華麗に舞う「初山獅子舞」、すべて無形民俗文化財で、その「素朴な祈り」の中に、柳田國男の言う「ご先祖さまとのつきあい方」が表現されていたのです。

Ｓｈｉｎさんは、その「講」の活動の中に「隣人祭り」の日本型ルーツを見てとったわけですが、その見方は正しいというか、大変重要だと思います。フランス生まれの「隣人祭り」も、実はもともっと民俗的な祭りに由来するものだったのではないでしょうか。そして日本にも昔からいろいろな「講」の活動の中に「隣人祭り」があったというわけです。そのような「講」の復活というか、再生というか、再編集・再結成がこれからの社会活性にとっての起動力になるとわたしも考えています。それは「中間組織」や「中間団体」の再組織化・再布置化です。それは日本社会の伝統的ソフトウェアです。そのソフトウェアをうまく生かさない手はありません。

八万社あると言われる神社が日本社会の一つのハードウェアであるとすれば、祭りや民族社会の祈りの活動を支える「講」はそのハードウェアにインストールされるソフトウェアなのでしょう。そんなソフトウェアの再開発が未来を支えると思います。そのための文化祭発掘や再評価や創意工夫をしていきたいものです。天河護摩壇野焼き講や、以前行っていた猿田彦大神フォーラムやおひらきまつりや、神戸からの祈りや虹の祭りや、ＮＰＯ法人東京自由大学もみな、そんなソフトウェアの再編集といえると思います。

二〇一〇年十一月二十三日　　鎌田東二拝

第六五信

●手塚治虫のブッダ

●愛の経典

鎌田東二ことＴｏｎｙさんへ

月日の過ぎるのは本当に早く、今年も間もなく終わろうとしています。Ｔｏｎｙさんも、きっと多忙な師走の日々をお過ごしのことと思います。

わたしは、先程、今年最後の出張先である東京から戻ってきました。三泊四日でしたが、その二日目の朝、東映の本社で行われた映画「手塚治虫のブッダ――赤い砂漠よ！　美しく」の試写会に行きました。日本マンガ界最大の巨匠・手塚治虫が一〇年を費やして完成させた大作をアニメ映画化したものです。この映画は全日本仏教会が推薦団体となっていますが、わたしが理事を務める全日本冠婚葬祭互助協会（全互協）にも協力か後援の要請が来ていました。以前、全互協は「おくりびと」のチケットを数万枚単位で販売協力し、アカデミー賞受賞に至る過程で支えた実績があります。そこで、全互協の広報・渉外委員長であるわたしは、試写会を訪れたのです。

一九八八年に『世界の四大聖人』というコミックが中央公論社から出版されています。本来の四大聖人とはブッダ・孔子・ソクラテス・イエスなのですが、この本では、「孔子・シャカ・キリスト・マホメット」となっています。注目すべきは、この本が「手塚治虫編」となっていることです。この翌年に、マンガの神様・手塚は亡くなっていますが、大作『ブッダ』を執筆したり、手塚プロが製作したアニメーションの「聖書物語」においてモーセやイエスの生涯を描いたりと、手塚治虫には聖人に対する関心の深さがうかがえました。きっと、発想が人類的というか、とにかくスケールが大きい人だったのでしょう。

映画「手塚治虫のブッダ」は三部作ですが、本作ではブッダが誕生して、青年時代に「生老病死」を知り、出家するところまでが描かれていました。なかなかドラマティックなストーリーでしたが、シャカ国およびコーサラ国の兵士の姿がどう見てもローマやカルタゴの兵に見えました。また、古代インドにはあったはずのないコロッセオのような円形競技場も出てきます。兵士たちが乗っているインド象には牙が生えていて、どう見てもアフリカ象でした。つまり、古代インドを舞台としながらも、古代ローマも彷彿とさせるような、なんというか無国籍性のようなものを感じました。

登場人物も、シッダールタよりも存在感のあったチャプラをはじめ、架空の人物が多かったです。また、王子シッダールタが奴隷《シュードラ》の娘ミゲーラと恋に落ちるなど、非常に大胆なストーリー設定もありました。原作者の手塚治虫は、一九八〇年の月刊「コミックトム」のインタビューで次のように語っています。「シッダールタのありがたさとか、シッダールタの教えよりも人間そのものを掘り下げたい。仏陀の生きざまを、ぼくなりの主観を入れて描きたかった。しかし、仏陀の生きざまだけでは、話が平坦になってしまうでしょう。その時代のいろいろな人間の生きざまというものを通して描かないと、その時代になぜ仏教がひろまったか、なぜシッダールタという人があそこまでしなければならなかったか、という必然性みたいなものが描けません。ですから、仏陀とまったく関係のないような人を何十人も出して、その人たちの生きざまもあわせて描く。そのことによって、あの時代にどうしても仏教が必要だったというところまでいきたいのです」。

わたしは、現在、仏教界のオピニオン・ペーパーである「中外日報」の一面コラムを連載させていただいており、最近、仏教について考える機会が多々ありました。また、「葬式仏教」といわれている日本仏教の行く末を想ってみたりもします。

今日、試写会の会場には一見して僧侶とわかる方々がたくさんいました。あのお坊さんたちの目に、差別を憎み、生老病死の問題に悩んだ若き日のブッダの姿はどのように映ったのでしょうか。映画「手塚治虫のブッダ」は、二〇一一年五月二十八日（土）から全国ロードショーされます。試写会の翌日に開催された全互協の正副会長・委員長会議において、わが業界でこの映画を全面的にサポートすることが決定されました。

映画といえば、先日、話題の日本映画「武士の家計簿」も観ました。

磯田道史のベストセラー『武士の家計簿――「加賀藩御算用者」の幕末維新』（新潮新書）が原作ですが、これを森田芳光監督が映画化しました。江戸時代末期の金沢が舞台ということで、わたしは鑑賞を大変楽しみにしていました。この映画を観終わって、まず思ったのは、「これは冠婚葬祭映画である」ということでした。堺雅人演じる猪山直之、仲間由紀恵演じるお駒の祝言、すなわち結婚式をはじめ、袴着という子供の成長儀礼、そして中村雅俊演じる猪山信之の葬儀など、この映画には次から次に冠婚葬祭の場面が登場します。

小津安二郎の作品には、必ずと言ってよいほど結婚式か葬儀のシーンが出てきました。小津ほど「家族」のあるべき姿を描き続けた監督はいないと世界中から評価されていますが、彼はきっと、冠婚葬祭こそが「家族」の姿をくっきりと浮かび上がらせる最高の舞台であることを知っていたのでしょう。そして、この「武士の家計簿」の森田芳光監督も、そのことを理解していたようです。冠婚葬祭がいかに家族の絆を結びなおす文化装置であるかをよく描いているのです。また、加賀百万石の風土に根ざした冠婚葬祭の作法などの描写は、金沢で冠婚葬祭業を営むわたしにとって最高の参考資料となりました。ぜひ、サンレー北陸のみんなも、この映画を観てほしいと思います。

冠婚葬祭映画であり家族映画である「武士の家計簿」には、さまざまな家族関係が生き生きと描かれています。たとえば、直之とお駒の夫婦関係。直之による質素倹約計画に素直に従う妻のお駒が、なんだか楽しそうにしているので、「貧乏が楽しいのか？」と尋ねると、妻は「貧乏だと思うと楽しくありませんが、工夫だと思えば楽しいです」と答える場面は良かったですね。直之とお駒の夫婦は、一家の緊縮財政の中で、どんなに家計が苦しくとも冠婚葬祭はもちろん親戚付き合いを大切にします。

映画の中には、「一族つまり親戚は大事だから。いざという時に助けてくれるのは親戚しかいないから」といったようなお駒のセリフが出てきて、とても印象的でした。家族や親戚という血縁に勝る「縁」など、この世に存在しないということを再確認する言葉でした。

この映画では、祖父と孫の関係も情緒豊かに描いていました。伊藤祐輝演じる猪山成之の幼少時には、二人の祖父がいました。父方の祖父、つまり直之の父である猪山信之（中村雅俊）と母方の祖父、つまりお駒の父である西永与三八（西村雅彦）です。雅彦は、算盤修行を嫌う孫に向かって、

「殿様の子は殿様になるが、それ以外の家の子はお家芸で身を立てねばならぬ。お前の家のお家芸は、算盤と筆じゃ」と諭します。

また、満月の夜、孫を背負って散歩していた信之は急に具体が悪くなって倒れこみ、帰らぬ人となります。倒れる前に、月の満ち欠けの図を懐から取り出し、「月はこうやって満ちて欠けるのじゃ。人の命も同じじゃ」と言って、夜空の満月を指差す場面がありました。まさに、わがサンレーがいつも発信しているメッセージでした。わたしは、大変驚くとともに嬉しくなりました。先日放映されたNHKドラマスペシャル「坂の上の雲」での「子規、逝く」の回には、子規の魂が夜空の満月めざして飛んでゆく場面がありました。やはり、月とは人の命のシンボルであり、月こそは死後の魂の赴く場所であるというイメージは普遍的なものなのでしょう。月が死後の世界であるというのは、ひとつの物語です。そして、人間とは物語を必要とする存在です。

二〇一〇年十二月二十二日　　一条真也拝

一条真也ことShinさんへ

一昨日の皆既月食、昨夜の冬至の十六夜、ともに京都は雨や曇りでその神々しいご尊顔を拝することがかないませんでした。まことに残念です。一陽来復の今日、朝方は曇っていましたが、お昼前の今晴れ間が顔をのぞかせています。今年、二〇一〇年ももう終わりなのですね。何か、慌ただしく過ぎ去って、何も残っていないような感じがします。今年、何か進展があったかと問い返すと、いよいよ混迷が深まり、にっちもさっちもいかない出口なしが深刻化しているように思います。わたしも自分なりに精一杯いろんなことをやってきたとは思っていますが、同時に、糠に釘、暖簾に腕押し、焼け石に水というような手応えの無さもあります。

もちろんわたしは、「最大のピンチこそ最大のチャンス」という人生観を持って生きてきましたから、こんなことではへこたれるどころか、逆に闘志が湧いてきますが、それにしても先行きが見えません。いわゆる貧病争の中で年を越すことに不安を抱えている大勢の人々がいると思うと、事態打開できない自分に歯がゆい思いが募ります。

Ｓｈｉｎさん、「手塚治虫のブッダ」の試写を観賞したとのこと。わたしも、手塚治虫の漫画版『ブッダ』は二〜三回通読しました。確か、全五巻くらいだったような気がします。よく調べてわかりやすくおもしろく描けているなと感心したことを覚えています。

けれども、ブッダが持っている革新性というか革命性がまだまだ描き切れていない、抉れていないような不満も残りました。常識的なブッダ像の範囲内に収まっているような。

イエスは革命児でした。同じような意味で、ブッダも革命児だったと思います。昔、小泉純一郎首相は「自民党をぶっ潰す」と主張し、しばらくしてそのとおりになりましたね。イエスはユダヤ教をぶっ潰し、ゴータマ・ブッダはバラモン教をぶっ潰しました。もちろん、既成の宗教勢力であるユダヤ教もバラモン教も、イエスやゴータマの活動ぐらいでぶっ潰れるほどひ弱ではなかったわけですが、しかしその緊張の中から新しい宗教や思想の世界性が浮上してきたのです。

学問的な観点から言うと、キリスト教にはインド思想や仏教、それも初期大乗仏教の影響があったと思います。イエスが所属したとされるエッセネ派や当時の中東の諸宗教・諸宗派にもインド思想や仏教のことはかなり知られていましたし、影響の跡が見られると思っています。古くは、『ミリンダ王の問い――インドとギリシャの対決』（中村元・早島鏡正訳、平凡社東洋文庫）があり、解説書には、『ミリンダ王――仏教に帰依したギリシャ人』（森祖道・浪花宣明、清水書院新書）がありますが、イエスにも、その後に展開したキリスト教最大の異端宗派グノーシス主義にも、アンモニオス・サッカスやプロティノスらの新プラトン主義にも仏教の影響は色濃いとわたしは考えています。ミリンダ王はメナンドロス一世とも呼ばれますが、紀元前二世紀後半にはこの経典は成立しており、それ以前に、アフガニスタンとインド北部を支配していたヘレニズム系ギリシャ人のミリンダ王と僧ナーガセーナとの間に問答がなされたことは確実でしょう。

ともあれ、大乗仏教の特質は他者の救済としての利他行すなわち菩薩道ですが、イエスの思想と実践の骨格は菩薩道と共通するものであったと思うのです。手塚さんにそのようなブッダの革新性・革命性を描いてほしいというのは欲張りすぎかもしれませんが、わたしは手塚漫画のヒューマニズムが理解できても、物足りなく思う一人です。ずいぶん昔、手塚治虫氏の逝去の後だったか、『朝日ジャーナル』か朝日新聞の雑誌が手塚治虫特集とした際、一文を求められ、手塚治虫のヒューマニズム（人間主義）に物足りなさを感じるというようなことを書いた覚えがあります。

わたしの愛の経典は楳図かずおの『わたしは真悟』ですが、ここにはアニミズムとシャーマニズムとメカニズムの奇怪なアマルガムがあります。現代科学技術文明の進展に立ち遅れた古い産業用ロボットの情報プログラム（脳に該当）が依代となって、真鈴《マリン》と悟の愛が憑依し受肉するのです。この三者の愛のせつなさといじらしさは韓流ドラマも何のその、まことに度はずれたもので、驚愕すると同時に、深く共感共鳴共振し涙に掻き暮れるのでありました。とりわけラストシーンの、蛇のようになったロボット＝真悟の残骸がひょろひょろと海岸線を這いずっていく場面の凄絶さ。太宰治や芥川龍之介などの文学史に残る純文学作品を超えるものと震撼した次第です。

まあ、わたしの感じ方は偏っていると言われるかもしれませんが、それが正直な感想でした。

二〇一〇年十二月二十三日一陽来復の日に　　鎌田東二拝

第六六信

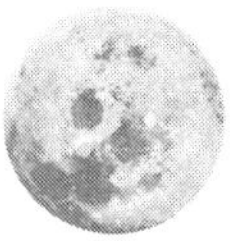

● 東京自由大学

● 解器（ホドキ）

鎌田東二ことＴｏｎｙさんへ

Ｔｏｎｙさん、新年あけましておめでとうございます。そして、昨日は大変お世話になりました。Ｔｏｎｙさんが理事長を務められている東京自由大学の「21世紀地図」講座で講義をさせていただきました。テーマは、「現代の冠婚葬祭」でした。

（まことに失礼ながら）東京自由大学は小さな市民大学ではありますが、学長の海野和三郎先生、理事長のＴｏｎｙさんの人的ネットワークもあり、これまで信じられないような豪華メンバーが講義をされてきました。山折哲雄、細野晴臣、麿赤兒、玄侑宗久、島薗進、中沢新一、茂木健一郎、松岡正剛、鏡リュウジ、荻野アンナ、香山リカ、といった方々……それに、あの美輪明宏さんまで！

本当に、多種多様なフロントランナーたちが訪れている「神田の学び舎」に呼んでいただき、まことに光栄でした。なにしろ、次回は政治哲学者の小林正弥さん（マイケル・サンデル『これからの「正義」の話をしよう』の訳者）が「正義」について語り、その次は、なんと内田樹さんが「身体」について語るというのですから。うーん、すごい！

わたしは、東京自由大学こそは「知の梁山泊」であり、真の「リベラル・アーツの殿堂」であると思っています。というわけで、東京自由大学で講義をする機会を与えていただき、心から感謝しています。本当に、ありがとうございました。

さて、当日は第一部として最初に九〇分の講義、次に六〇分の質疑応答を含むオープンカフェ、第二部として『満月交感』の出版記念会という構成でしたね。講義に先立って、前日に葬儀が行われたばかりの東京自由大学スタッフであった吉田美穂子さんの御冥福を祈る黙祷が行われました。それから、司会役であるＴｏｎｙさんが講師紹介をしていただき、さらに法螺貝を吹いて下さいました。マイクを渡された後、わたしは「わたしも今日は大いにホラを吹きますので、よろしくお願いします。ウソはつくな、ホラは吹けがわが信条ですので」と言いました。それから、日本における冠婚葬祭の現状や社会背景などを説明し、わが社の取り組み、それからわたしの考え方などをお話しました。

最初に「天下布礼」について説明させていただきました。冠婚葬祭業の経営、執筆、大学の教壇に立つことを貫く、わたしの活動におけるキーワードです。それは、「人間尊重」思想を広く世に広めることです。わたしは、冠婚葬祭ほど価値のあるものはないと心の底から思っています。なぜなら、何よりもまず、万人にとっての大問題である「結婚」と「死」に関わる仕事だからです。

「結婚は最高の平和である」や「死は最大の平等である」というお話もしました。ドラッカーに学んだ事業の定義にならえば、結婚式とは「平和」を、葬儀とは「平等」を、そして互助会とは「人の道」を提供するものと信じています。それから、『葬式は必要！』に代表される儀礼必要論についても話しました。約七万年前にネアンデルタール人が死者を埋葬した瞬間、サルがヒトになったともいわれ、葬儀は人類の存在基盤とも呼ぶべき文化です。

孟子は「人生の最大事は親の葬礼なり」と述べ、共産主義の生みの親であるマルクスにもっとも影響を与えた哲学者のヘーゲルも「親の埋葬倫理」を唱えています。

あらゆる宗教や哲学が肉親を弔うことの重要性を説き、古今東西、親が死んで、葬式を出そうと思えば出せるのに金がもったいないからといって出さなかった民族も国家もまったく存在しません。

そんな前代未聞の存在に日本人がなってしまったら、これはもう世界の恥どころではなく、人類史上の恥です。薬物禁止キャンペーンのコピーである「覚せい剤やめますか、それとも人間やめますか」にならえば「冠婚葬祭やめますか、そして人類やめますか」というところです。わたしは自分の職業や立場に関係なく、本気でそう思います。そんなことを中心に、「神田の学び舎」で大いに吼えてしまいました。

質疑応答では、東京大学名誉教授でもある海野和三郎先生が質問して下さいました。わが社の「サンレー」という社名が「ＳＵＮＲＡＹ」、つまり太陽光線に由来することを取り上げられ、「太陽光線ほど良質のエネルギーは宇宙にない。また、太陽光線ほど良く働くエネルギーもない」とおっしゃっていました。太陽と月の大きさが同じであることの不思議も語られていました。まったく同感です。海野先生のたたずまいは幽玄を思わせ、その思想は非常に深遠です。まさに、海野先生こそは「現代の老子」であると再確認いたしました。

それから、「命・地球・平和産業協会」の代表である渡辺和子さんも、いくつかの非常に有意義な質問をして下さいました。昨年二月の「いのちを考えるゼミ」で渡辺さんとは初めてお会いしたのですが、その後、わたしの著書をたくさん読んでいただいたようです。この日、便箋七枚にもおよぶ丁重なお手紙を渡辺さんから頂戴し、とても感激しました。

昨年のセミナーでも、渡辺さんは「志」についての深い質問をして下さいました。そのことをＴｏｎｙさんに申し上げたところ、「渡辺さんほど志をもって生きている人はいないよ！」と言われていました。本当に、東京自由大学には素晴らしい方がたくさんおられますね。海野先生や渡辺さんの他にも、活発な質問、貴重な意見が多く出されて、一時間のオープン・カフェはあっという間に過ぎ去ってゆきました。

講義の後は、お待ちかねのイベントです。そうです、新刊『満月交感』の出版記念会が行われました。東京自由大学の女性スタッフのみなさん手作りの料理がズラリと並び、大変豪華な食卓となりました。誰かが、「こんな御馳走、初めて！　最初で最後の晩餐だね！」と言われ、大きな笑い声に会場が包まれました。そこに、ワインやジュース、お茶などの飲み物も並べられ、さながら「隣人祭り」のような雰囲気でした。そう、まさに「出版祝い隣人祭り」でしたね！

まず、版元である水曜社の仙道弘生社長が挨拶と乾杯の音頭を取って下さいました。本の出足はなかなか好調で、発売初日にジュンク堂の新宿店では七セット（計一四冊）も売れたそうです。いやあ、うれしいなあ！　みなさんの感想をお聞きすると、とにかく本のカバー・デザインが好評でした。満月に向って吠える二匹の狼が描かれています。わたしは上巻の「まえがき」の最後に、次のような短歌を詠みました。「満月に吠える二匹の狼が世直しめざす人に化けたり」。

「東京自由大学」での出版祝賀会にて

でも、最近、鎌田先生もわたしも年男であることに気づきました。二人とも、これほど満月を求めるのは、どうやら干支と関係がありそうです。つまり、二人ともウサギ年生まれなのです。ということは、狼の皮をかぶった二羽のウサギなのかもしれませんね（笑）。

おいしい御馳走をいただきながら、一人が数分ずつ講義や本の感想などを述べて下さいました。どれもこれも、非常に勉強になるお話ばかりでした。Ｔｏｎｙさんは、部屋を真っ暗にしてギターを弾きながら歌を歌われました。それは、「永訣の朝」という神道ソングでした。宮沢賢治が妹トシを亡くした朝を歌った切ないバラードです。「このときばかりは泣いたよ……」というフレーズが心に染みました。きっと、前日、故吉田美穂子さんのご葬儀に参列され、彼女を追悼するために歌われたのでしょうね。

最後は、わたしが挨拶させていただきました。みなさんに心からの御礼を申し上げた後、「本書は二人の変わり者の文通かもしれませんが、これほどディープで世直しへの想いにあふれた文通は前代未聞ではないかと思います。日本人の往復書簡集の歴史に残る書として、自信を持って上梓いたしました」と言いました。みなさんから盛大な拍手を頂戴し、まことに嬉しかったです。

それにしても、ついに同書を世に問う運びとなり、わたしは感無量です。わたしは、いわゆる「往復書簡集」の類が好きで、フロイトとユング、夏目漱石と正岡子規、柳田國男と南方熊楠の文通などを愛読してきました。そのわたしが、敬愛してやまなかったＴｏｎｙさんと二十一世紀のＷｅｂ版往復書簡を交わすなどとは夢にも思いませんでした。ましてや、それが単行本になろうなどとは！

二人の間に交わされた膨大なレターを読み返してみて、自分でもあきれています。よくもまあ、五年の間、いろいろな話をしたものです。お互いの著書のこと、プロジェクトのこと、考えていること。話題も政治や経済、社会から、宗教、哲学、文学、美術、映画、音楽、教育、倫理、さらには広い意味での「世直し」まで。まあ、わたしがある話題に終始すれば、Ｔｏｎｙさんはまったく違う話題に終始するといった具合にあまり噛み合っていないこともありましたが、それもまた良し！（笑）

お互いが言いたいことをつれづれなるままに書き、たまにはスウィングしながら、少しでも「楽しい世直し」につながっていけばいいなと思っていました。

上巻の「まえがき」にも書きましたが、進化論のチャールズ・ダーウィンの祖父にエラズマス・ダーウィンという人がいました。彼は月が大好きだったそうで、十八世紀、イギリスのバーミンガムで「ルナー・ソサエティ（月光会）」という月例対話会を開いたといいます。わたしたちは、現代日本のルナー・ソサエティのメンバーなのかもしれません。そして、われらのルナー・ソサエティは、ハートフル・ソサエティをめざしています。東京自由大学も、京都大学こころの未来研究センターも、サンレーも、それぞれのやり方で少しでも社会が良くなることをめざしたいものですね。

さあ、いよいよ「楽しい世直し」元年が幕を開けました！

二〇一一年一月二十三日

一条真也拝

一条真也ことShinさんへ

昨日はNPO法人東京自由大学の講座「21世紀世界地図」の講師として、「現代の冠婚葬祭」について、「冠婚葬祭業とは『魂のお世話業』である」、「結婚は『結魂業』、葬送は「送魂業」だ」、「冠婚とは平和作りであり、葬祭とは平等の実現であり、互助会とは人の道の実践である」、そして、グリーフケアのことなどなど……。

すべてにわたり、大変明快で、伝統とアヴァンギャルドがハイブリッドする、パッションとミッションに満ち溢れた講義をしていただき、まことにありがとうございました。

さて、わたしたちの共著『満月交感』（水曜社）がついに出版されましたね。東京自由大学の講義の後、いつも神田オープンカフェという自由表現の懇親会を開催するのですが、それを兼ねて出版祝賀会を催し、大変な手作りのご馳走を持ち寄ってお祝いしてくれました。

そして出版祝賀会の後は、ビッグエコーでカラオケのエコーを響かせましたね。八名が参加して次々と歌を歌いまくりました。吉田美穂子さんへの追悼の想いを込めて。わたしは、神田オープンカフェでは、宮沢賢治が妹とし子の死を悼んで作った詩「永訣の朝」を神道ソングに翻案した「永訣の朝」を歌い、神田ビッグエコーでは、布施明の「シクラメンのかほり」、ザ・ブームの「島唄」、舘ひろしの「朝まで踊ろう」、加藤登紀子の「琵琶湖周遊歌」、橋幸夫と吉永小百合のデュエット曲「いつでも夢を」の五曲を歌いました。Ｓｈｉｎさんは、いつもながらわたしの知らない難曲を次々に歌いこなしていましたね。森進一の「港町ブルース」だけはよく知っていましたが……。

東京でカラオケに行ったのは、二〇年ぶりくらいです。小倉や博多ではＳｈｉｎさんと会うたびにカラオケに一直線でしたが。東京ではなぜか、そんな気分にはなれないのでした。でも、昨日は別でした。歌を歌わずにはいられませんでした。最後に、われらが念仏の導師・井上喜行さんの先導による東京自由大学准校歌（第二校歌）の「星影のなむあみだ仏」（千昌男「星影のワルツ」の替え歌南無阿弥陀仏ヴァージョン）を全員で合唱して、吉田美穂子さんの冥福を心から祈りました。みんなでの追悼の祈り、とてもとても、ありがたかったです。歌の力はすごい。歌は祈り、です。神道ソングライターとしては日々そのことを強く感じています。

二月二・三・四日には、「天河護摩壇野焼き講」のメンバーで、恒例の天河大辨財天社参拝です。二日の鬼の宿、三日の節分祭、四日の立春祭に参加します。毎年、この三日間の天河で祈りの神事に参加することがわたしたちにとって、新しい年の幕開けです。昨年は、わたしは母の骨壺である「解器《ホドキ》」を作りました。今年の三月で満六〇歳の還暦を迎えるわたしは、今年から自分の骨壺「解器」作りをしようと心に決めました。いつ死んでも悔いを残さないように。Ｓｈｉｎさん、わたしの葬儀は派手にやってください。Ｓｈｉｎさんに葬儀委員長をお願いしますから。

神道式で、祭壇を設けて天河大辨財天社の柿坂宮司さんに偲び詞を上げてもらい、仏教式のお焼香に当たる玉串奉奠の時には、わが神道ソング「なんまいだー節」や「弁才天讃歌」や「神」や「ぼくの観世音菩薩」や「フンドシ族ロック」や「銀河鉄道の夜」や「永訣の朝」や「君の名を呼べば」などガンガンに神道ソングをかけてもらって楽しく踊ってもらい、また弔辞代わりに神田オープンカフェ方式ですべての参会者に平等で三分の思い出話や自由自己表現をしてもらい、歌あり、踊りあり、武道あり、能・歌舞伎、新劇、アングラ、暗黒舞踏、なんでもありで、追悼ではなく「追東（Ｔｏｎｙ）」してもらいたいのです。

「踊る阿呆に、見る阿呆、同じ阿呆なら踊らな損損！」と、魂踊り、盆踊りを踊ってほしいのです。そして、わたしの骨や遺灰は望む人に食べてほしいのです。わたしは「散骨」よりも「食骨」してほしいのです。それはもう、四〇年ほど前からのわたしの願いです。

二〇歳のころ、野坂昭如さんの『骨噛《ほねがみ》峠《とうげ》死人葛《ほとけのかずら》』という小説だったかで、九州の山奥に死者の骨を噛む「骨噛み」の風習があることを知って以来、親しい人・望む人に自分の骨を食べてほしいと思うようになりました。カレーに入れても、うどんの汁に入れても、そのまま骨を齧っても、違法でなければどのような調理法や食法でもかまいません。人の体の中に入って消えていきたいのです。

わたしは自分の骨壺である「解器《ホドキ》」を作りますが、しかしその「解器」の中には「空骨」しかないということになります。つまり、空っぽの骨壺であるわたしの「解器」だけが、わが遺物としてこの世に残ります。それが、わたしの玉手箱＝魂手箱、というわけです。

そして、Ｓｈｉｎさんには、葬儀委員長として思う存分、一世一代の打ち上げ花火・月面レーザー送魂のハデハデのハチャメチャアヴァンギャルドな葬式をぶち上げてほしいのです。ななにとぞ、よろしくお願い申し上げます。わたしは、Ｓｈｉｎさん同様、「葬式は必要！」論者ですし、神話も儀礼も必要論者ですからね！　と、葬儀の約束までして、わたくしは安心して、今後、この世でのお務めに専念することにいたします。それでは、次の満月まで。オルボワール！

二〇一一年一月二十三日　　鎌田東二拝

第六七信

● タイガーマスク運動
● 親鸞

鎌田東二ことＴｏｎｙさんへ

この前、新しい年を迎えたと思ったら、もう二月の後半に突入しました。本当に、月日の経つのは早いと痛感します。昨年の日本を振り返ってみると、正直言って、嫌な一年でした。

『葬式は、要らない』などという本が刊行されてベストセラーになったり、ＮＨＫがキャンペーンを張った「無縁社会」が流行語に選ばれました。年末には、朝日新聞までが「孤族の国」という大型連載をスタートさせました。「家族」という形がドロドロに溶けてしまいバラバラに孤立した「孤族」だけが存在する国という意味だそうです。

孤族！　なんと嫌な言葉でしょうか。わたしは朝日の企業姿勢に失望しました。「孤族の国」の内容はＮＨＫ「無縁社会」とほぼ同じです。ＮＨＫへの対抗心から朝日が連載をスタートさせたことは明白ですが、「無縁」とほぼ同義語の「孤族」という言葉を持ってくるところが何とも情けないではありませんか。「無縁社会」キャンペーンに対抗するならば、「有縁社会」キャンペーンしかありえません。「無縁社会」だの「孤族の国」だのといったネガティブなキーワードを流行させることは現実に悪しき影響を与える可能性が高いと思います。すなわち、「呪い」の作動ですね。

しかし、一月九日の「朝日新聞」朝刊を見て、朝日を少し見直しました。一面トップに「豪雪人情のお年玉」という記事が出ていたのです。年末年始の大雪で国道九号では一〇〇〇台の車が立ち往生しました。多くの人々が、寒さをこらえ、トイレを我慢し、お腹を空かせていました。元日の朝、日本海を望む鳥取県の琴浦町で看板公房を営む祇園和康さん（七九歳）の仕事場を「トントントン」とノックする音がしました。開けると、五〇歳くらいの女性が真っ青な顔をして、「すみませんが、トイレを貸してもらえませんか」と言いました。驚いた祇園さんは、「こらぁ大変だ」と、仕事場のトイレを開放することにしました。それから、お得意の看板を作りました。一メートル四方ほどの白いベニヤ板に赤いテープで「トイレ→」と書いた看板を作って、国道脇と自宅前に立てかけました。

そこに次々と人がやって来ました。その中に、赤ちゃんを連れたお母さんもいました。小さなポットを持ってきて、ミルク用のお湯が欲しいと言いました。祇園さんの長男である忠志さん（五〇歳）は、お湯と一緒に毛布を手渡したそうです。女性は「ありがとうございます」と何度も頭を下げて車に戻ったそうです。わたしは、この記事を読んだとき、涙が出てきました。「無縁社会」だの「孤族の国」だのと呼ばれる日本に、まだこんなに温かい人の心が残っていたことに感動したのです。

また、看板業を営む祇園さんがトイレの場所を示す看板を作って人々を救ったことにも猛烈に感動しました。自分の得意なことで社会に貢献する。これぞ正真正銘の職業奉仕です。わたしは、祇園さんという方は本当に素晴らしい看板屋さんだと思いました。わが社も近くにあったらぜひ祇園さんに仕事を発注したいです。

祇園さんの他にも、職業奉仕をした方々がいました。まんじゅう店を営む山本浩一さん（五三歳）は、一二〇〇個のまんじゅうを自ら配りました。また、パン屋さんを営む小谷裕之さん（三五歳）は、お腹を空かせた子供たちにパンを配ろうと思いましたが、パンが足りませんでした。それで、小谷さんは母の美登里さん（五九歳）に「ありったけの米を炊いてくれ」と頼みました。公民館から大きな釜を二つ借りて、小谷さんの自宅にあった一俵半の米を全部炊きました。

近所の女性が集まって、みんなでおにぎりを作りました。疲れを取ってもらうため、塩を多めにしたそうです。おにぎりを配り歩くと、大雪にもかかわらず、みんな汗だくになりました。一度着替えてから、また配りました。配り終えたときには、もう夕方になっていたそうです。「目の前に困っている人がいたから……。お互い様じゃけね」という美登里さんの言葉に、わたしはまた泣きました。

おにぎりといえば、わたしには忘れられない事件があります。わたしの住む北九州市で、五二歳の男性が生活保護を申請したにもかかわらず断られ、「おにぎりが食べたい」と書き残して亡くなったという悲しい事件です。この男性は二〇〇七年七月十日に発見されました。死亡するまでの数年は肝臓をわずらい、弟さんが亡くなってからは様子もおかしくなっていたそうですが、市の職員は「働くように」というアドバイスをするだけで、生活保護の申請を却下、男性の自宅では最後は水道も止められていたそうです。

当時、わたしの長女が中学三年生でしたが、テレビのニュースでこの事件を知り、大変なショックを受けていました。長女は、事件を報道した新聞記事の前に自分で握ったおにぎりを置き、手を合わせて祈りを捧げていました。彼女は、自分なりに亡くなった方の供養をしたようです。

「おにぎりが食べたい」という亡くなった男性の最後の言葉はあまりにも気の毒でやりきれません

が、わたしは「おにぎり」には何か意味が込められているように感じました。なぜ、ラーメンやハンバーガーではなく、おにぎりだったのか。おにぎりは、人間の手で直接握られる食べ物です。もしかすると、その男性は単なる食料だけではなく、人の手の温もりが欲しかったのかもしれません。考えてみれば、災害の時も、葬儀の時も、何かあったら近所の人が集まってきて、おにぎりを作って、みんなに配る。おにぎりとは、助け合いのシンボルではないでしょうか。また、おにぎりは「おむすび」とも呼ばれます。「お結び」によって、多くの人々、いわば隣人たちの「こころ」が結ばれていくことを昔の人たちは知っていたのかもしれません。

「人と人のつながり」は期待するだけでは実現しません。琴浦町の人々のように自らの行動で実現するものです。琴浦町といえば、今回の素晴らしい出来事について、地元の人は「琴浦はそんな土地柄です」と言っているそうです。「朝日新聞」には次のように書かれていました。「日本海で難破した船が漂着するたびに、地元の人が総出で船員を助けた。今も、葬儀では隣近所が料理を準備し、祭りの出し物をみんなで集まって考える」。

間違いなく「葬儀」と「祭り」における協同作業というものが町の人々の心をつなげているのでしょう。わたしは、まだまだ日本も捨てたものではないと思いました。

「朝日新聞」がこういう良いニュースをトップに持ってきたことは最大限に評価したいです。こういった一つの記事から、新たな「人と人のつながり」が生まれることもあります。今年こそ、「人と人のつながり」の大切さにみんなが気づくようになればいいと思います。わたしは、いつの日か、ぜひ、琴浦町に行ってみたいです。

先程も言いましたように昨年は嫌な年でしたが、今年はどうも風向きが変わったようです。元日から琴浦町での出来事がありましたし、その後も日本列島各地で心温まる出来事が続出しました。そうです、「タイガーマスク運動」です！

児童養護施設の子供たちへのランドセル、文房具、オモチャなどのプレゼント行為が全国的な拡がりを見せました。プレゼントの主は、「伊達直人」と名乗りました。プロレス・マンガの名作「タイガーマスク」の主人公の名前です。原作者は、かの梶原一騎です。日本が生んだ史上最高のマンガ原作者です。わたしは少年時代から「強い男」に憧れ、梶原作品の大ファンでした。わたしの「一条真也」というペンネームは、「タイガーマスク」と並ぶ梶原一騎の名作「柔道一直線」の主人公である「一条直也」から取ったほどです。じつは、わたしは「伊達直人」をもじった「伊達真人」というペンネームも考えていたのです！

そのマンガ・キャラクターとしての伊達直人は、親のいない孤児（原作では「みなし児」という言葉が使われていました）だったという設定でした。彼は自身が育った児童養護施設の「ちびっこハウス」の子供たちにさまざまなプレゼントを贈るのですが、自分の正体は隠して、虎の仮面をかぶり、タイガーマスクとして善意の行動を重ねるのでした。

児童養護施設といえば、わが社も毎年、十一月十八日の創立記念日に文房具やお菓子などを寄贈させていただいています。また、北九州市にサーカスが来たときは、市内の児童養護施設のお子さんたちを全員招待することにしています。最近、木下サーカスが来たときも一日の興行を借り切って、お子さんたちを招待させていただきました。みんな、非常に喜んでくれました。わが社には数え切れないほど多くのサーカスの絵とお礼の手紙が届いたことは言うまでもありません。それを、わたしが読み、社内報に掲載して全社員も読みます。みんな、感動します。自分以外の誰かの「こころ」と自分の「こころ」がつながったことに感動するのです。

児童養護施設では、文房具なども不足しがちなようです。あるとき、クレヨンのセットをお配りしたことがあるのですが、しばらくして社長であるわたし宛にお礼状と一枚の絵が届きました。その絵には大きな赤い花が描かれていました。手紙を読むと、そこには次のような内容が書かれていました。「今までクレヨンのセットが園に一つしかなかったので、赤などはすぐ減ってしまって使えませんでした。私は赤い花の絵が描きたかったのですが、描くことができませんでした。サンレーさんが新しいクレヨンをたくさんプレゼントしてくれたので、やっと描くことができます。最初に描いた絵は、社長さんにプレゼントします」。

わたしは、この手紙と赤い花の絵を前にして涙がとまりませんでした。このモノ余りの世の中で、このお子さんたちはなんとモノを大切にし、また感謝の気持ちというものを持っているのだろうと思って感動したのです。いくら親がいても感謝の気持ちを持たず、わがまま放題の子供はいくらでもいます。わたしは、このお子さんたちを育てている園の先生たちに心から尊敬の念を抱きました。

このたびの「タイガーマスク運動」は、企業ではなく、一般市民の方々が自発的に行っているようですね。本当に素晴らしいことだと思います。もしかすると、「無縁社会」とか「孤族の国」と呼ばれるまでに人心が荒んだ果てのリバウンド現象かもしれません。「このままでは日本は大変なことになる!」という人々の危機感が多くの伊達直人を生んだような気がします。隣人愛があれば、自分以外のどんな人でも愛すべき「となりびと」です。

伊達直人とは、結局「となりびと」の別名ではないでしょうか。それにしても、いよいよ「隣人の時代」、そして「ハートフル・ソサエティ」が始まったような気がしてなりません。

来月十五日には、新刊『隣人の時代──有縁社会のつくり方』(三五館)を刊行いたします。Tonyさんにも送らせていただきますので、ご笑読下されば幸いです。

二〇一一年二月十八日

一条真也拝

一条真也ことＳｈｉｎさんへ

お返事が遅れ、申し訳ありません。香川県高松市のアルファあなぶきホール（香川県県民ホール）の出演者控室でこの文章を書き始めています。今日はこれから、わたしが担当する年二回の「スミセイライフフォーラム生きる」の最終回を行なうのです。本日のゲストは五木寛之さんで、テーマは「変化を生きる」です。五木さんに一時間、「いまを生きる力」と題して講演していただき、その後、休憩を挟み、横笛や石笛を演奏してから、四〇分五木さんと対談するという趣向です。たぶん、五木さんが取り掛かられた『親鸞』第二部のことなどが話に出ると思います。そして、中世論。五木さんもわたしも、中世にはひとかたならぬ注視をしてきたものですから。

Ｓｈｉｎさんが気にしている「無縁」という言葉が生まれてきたのも、網野善彦さんが『無縁・公界』で取り上げたように中世社会でした。あらゆる古代的な統一・統合・秩序というものがばらばらになり、ドラスティックに解体されていった時代が中世社会でした。だからこそ、その再統一には「天下布武」を掲げた織田信長のような荒療治が登場することになったのです。解体と破壊の徹底が一向宗（門徒）の排撃と比叡山焼き討ちに象徴されていると思いますが、完膚なきまでにこれまでの既得権益の体系をラディカルに破壊することによって次の時代の秩序と体制を構築しようとしたのが織田信長だったのでしょう。

「無縁社会」に対して「有縁社会」を、「孤族」に対して「隣人祭り」を対置しながら、現代社会に「タイガーマスク」のように愛の灯火を掲げていくＳｈｉｎさんを見ていると、本当に「ウルトラマン」なのだなあと感心してしまいます。わたしなどは、Ｓｈｉｎさんよりちょうど一回り、一二歳年長なので、ウルトラマンの前の世代になり、わたしにとってのそのような存在は、「デロリンマン」という愛の狂人です。アウトサイダーで、異形の、どこか壊れた面相のバロック的なデクノボーのような無垢の人、それが「デロリンマン」ですが、わたしはその「デロリンマン」が好きでした。どこか、現代の妙好人のようでもあり、一休さんのようでもある、「フール・オン・ザ・ヒル」のフールのようでもあるような、実におかしな愛に溢れた人物。

わたしは、どうしようもなく、奇妙な、そして、ユーモアのあるものが好きなのです。むしろ、ユーモアこそ愛であり救済でもあると思うくらい、それを欲しています。でもそのユーモアは、狂気や愚や異形やハチャメチャなど、いろんな要素や矛盾も含む、混沌そのものなので、そんな善悪も全部包含したような「絶対矛盾的自己同一」（西田幾多郎）や「反対物の一致」（ニコラウス・クザーヌス）を必要としています。

今は夜の一〇時半過ぎ。五木寛之さんたちとの食事を終えて、ホテルの自室に戻りました。眼下には高松港の街路灯や港湾と瀬戸内の海が見えます。「自殺者三万人を超える心の戦争の時代、見えない戦争が起こっている時代、逆風の時代、困難の時代において、何が生きる力となりうるのか？この、今という時代をどう見るのか」という問いから始まり、今様や七五調の「歌の力」や親鸞聖人の和讃（七五調）についての洞察に説きおよび、一緒に歌う歌を失くした時代の中で「歌の力」とは何かを問いつつ結ばれる基調講演。ドストエフスキーの『罪と罰』や小林多喜二の『蟹工船』やアメリカという国の宗教や悪人正機説と麻原彰晃にも弥陀の救いはありうるかという問題の交錯する対談。

興味深かったのは、親鸞は『歎異抄』でもない、『教行信証』でもない、「和讃」の中に生きているという観点、親鸞が「仏教を歌に戻した」と観点でした。それは、なかなか深く、味わいと洞察のある見解だと思いました。神道ソングライターであるわたしとしては、共感もできるし、またいろいろな突っ込みも入れたくなるところでした。対談は時間が四〇分という短さで、あっという間に終わりましたが、さらにいろいろと話してみたいという気になりました。五木寛之さんとは『霊の発見』という対談集を出していますが、また続編を出してみたいとも思いました。

ＮＰＯ法人東京自由大学が来る四月二十三日（土）に開催する「シャーマニズムの未来」シンポジウムのチラシを差し上げると、「今、連載の『親鸞』第二部でぶつかっているのが、まさに土着のシャーマニズムとぶつかるところなんですよ」とのことでした。それはたいへん興味深い「シャーマニズムの過去」であり、またそれが「未来」も「変化」するところでした。

二月二日から四日まではこの期間に毎年行っている「天河護摩壇野焼き講」の天河詣でがありました。二日の朝から、大神神社から山の辺の道を歩き、玄濱庵、檜原神社、大和神社、石上神宮、橿原神宮、丹生川上神社下社を参拝しましたが、この一五年、これほどあったかく、のんびりと、落ち着いた参拝はなかったと何度も安らぎのため息が出るような気持ちのよい参拝でした。

「大和」というところは、なぜ「やまと（山戸？）」なのに「大和」という漢字が当てはめられたのでしょうか？　そこは、「国のもなか」とされ、古代日本の象徴的中心となり、三輪山と大和三山がその四極構造を作りました。鬼門（北東）の位置の三輪山、北西の耳成山、東南の天香具山、そして西南の畝傍山。そこに不動の定点を置くことが「大和」の確立となったのでしょう。

天河での護摩壇野焼きも、大変落ち着いて深い味わいのある護摩壇野焼きができました。今年は、何か、じっくりと取り組んでいけそうな予感が。そして、深いところで動きが起きそうな予感がありました。まあ、どんな結果となっても、何が起こっても、やるべきことをたんたんとやるよりほかありませんけどね。

Ｓｈｉｎさんも、自分のやるべきことを着々とやっていますね。年来の持論の『隣人の時代――有縁社会のつくり方』（三五館）、楽しみにしています。Ｓｈｉｎさんにも二度講演していただいたＮＰＯ法人東京自由大学は、東京という砂漠にオアシスのような「隣人・有縁社会」をつくる試みであったと思います。わたしは、もう、二五年以上前から、「現代の役の行者とは、縁の行者にほかならない」と言ってきました。しかし、そんな縁側の創造は振り向かれることもなく、「円の亡者」がはびこり、一九九〇年代、バブルがはじけて以来、「円の亡者」が「縁の行者」への転身もはかれずに苦しみ、もがき、生き淀み、自殺やうつに追い込まれたりもしているのが現状ではないでしょうか。

　わたしたちは、「現代の縁の行者となりうるか？」、それが実践的に問われているのだと思います。わたしたちがやってきた「猿田彦大神フォーラム」「神戸からの祈り」「東京おひらきまつり」「虹の祭り」「月山炎の祭り」「三省祭り」など、すべてそうした「縁の行者道」の実践であったと思います。

　もちろん、それは人間世界の常として、完璧なものはできませんでしたが、しかし、そのような方位・方向にあるということだけははっきりしていました。つまり、「願」があり、「志」があり、「理想」があるということです。

二〇一一年二月二十五日　　鎌田東二拝

第六八信

● 東日本大震災

● 現代大中世論

鎌田東二ことＴｏｎｙさんへ

今日は、二〇一一年三月二十日。Ｔｏｎｙさんの六〇回目の誕生日です。お誕生日、おめでとうございます。ついに還暦を迎えられましたね。これからも、ますますお元気で「楽しい世直し」に邁進されることを心よりお祈りいたします。

三月二十日といえば、オウム真理教による「地下鉄サリン事件」が起こった日でもあります。あの悪夢のような事件から、もう一六年が経ったのですね。そして、一六年前には、もうひとつの大きな出来事がありました。一九九五年一月十七日（ちなみに、わたしの弟の誕生日です）に起こった「阪神淡路大震災」です。日本中を震撼させた大地震でしたが、ついにそれを超える大きな地震が起こってしまいました。未曾有の大災害となった「東日本大震災」の発生です。じつに、わが国の観測史上最大となるマグニチュード九・〇の巨大地震でした。今も、その衝撃が冷めやらない状況です。

二〇一一年三月十一日。わたしは東京の羽田空港を一四時〇五分発のスターフライヤー八一便で発ち、一五時五〇分に北九州空港に到着しました。空港のロビーに進むと、そこが騒然となっており、大型のテレビ・モニターには大量の自動車が水に浮かんで流されている衝撃的な映像が流されていました。一四時四六分に東北の三陸沖で大地震が発生したというのです。東京でも被害は小さくありませんでした。ちょうど、わたしが飛行機に乗って空中にいるときに地震が起きたわけです。もし一便遅かったら、わたしは北九州に帰れなかったでしょう。社員のみなさんも心配してくれたようで、わたしのケータイには大量のメールが残されていました。

まだ東京に残っていた父と連絡が取れないとのことで大変心配しましたが、その夜に無事を確認して、安心しました。地震が発生した時刻、父は東京の九段会館で会議中でした。避難して外に出ましたが、もちろん電車も動かず、タクシーにも乗れません。赤坂見附にある宿泊先のホテルまで歩くことを決心しました。通常は一時間ちょっとで着く距離なのに、道に大勢の人が溢れていて思うように前に進むことができず、結局、五時間ぐらいかけて歩いて帰りました。そこから、さらに三六階にある自分の部屋まで帰ったそうです。もちろん、エレベーターは使えません。父は、「帰宅難民ならぬ帰泊難民になった」と言っていました。飛行機で帰ったわたしは、まさか父がそんな大変な思いをしているとは、まったく知りませんでした。

それにしても、毎日、死者・行方不明者の数が増えてゆく一方です。わたしは冠婚葬祭互助会業界の理事などを務めているので、行政からの協力依頼により、棺などを集めて被災地に送る手配などをしていました。わが社でも、とりあえず一五〇本の棺を提供しました。いずれ、被災地への社員の派遣要求も出てくると思います。

大地震と大津波で、今の東北はまさに「黄泉の国」となっています。津波に流されたため、遺体も思うように見つかっておらず、見つかった大量の遺体もまとめて土葬にされている現状です。そこに現実として人間の亡骸が存在しても、どこに誰だかわかりません。その身元不明の遺体をそのまま地中に埋めてしまうのです。「人間の尊厳」というものを考えたとき、やりきれない思いがします。葬儀という営みが人間の尊厳に直結していることを再認識しました。

未曾有の大地震に大津波、それに加えて、福島原発の爆発事故で放射能漏れの不安が広がっています。首都の東京も余震が絶えず、輪番停電の混乱にあります。この春から、わたしの長女が大学に入学して東京で生活をスタートします。正直言って、親としては心配でなりません。

まったく悲観的な考えに走りがちになってしまいますが、いま、世界各国から日本に対する賞賛の声が出ているようです。中国で日本人のマナーの良さが絶賛され、「マナー世界一」という声まで出ているというのです。中国は日本と同じく地震多発国であり、東日本大震災への関心も特に高いです。十二日付の中国政府系国際情報紙「環球時報」は、大震災を一面で報じました。その見出しは、「日本人の冷静さに世界が感心」というものでした。さらに、十二日より中国のインターネットには、非常事態にもかかわらず日本人は「冷静で礼儀正しい」との書き込みなどが相次いでいるそうです。

特に、十一日の夜に「ツイッター」の中国版である「微博」に投稿された写真が衝撃的だったようです。それは、地震のためにJR新橋駅の構内で足止めされた通勤客の写真です。階段で通行の妨げにならないよう両脇に座り、中央に通路を確保している姿でした。この写真には、「(こうしたマナーの良さは)教育の結果。(日中の順位が逆転した)国内総生産(GDP)の規模だけで得られるものではない」との説明が付けられたそうです。この「つぶやき」を見た中国の人々は感動し、すでに七万回以上も転載され、それは現在も続いています。人々は、「中国は五〇年後でも実現できない」「とても感動的」「われわれも学ぶべきだ」などのコメントを寄せています。

わたしは、大学で「孔子研究」の授業を受け持っています。学生たちの中には、多くの中国人留学生もいます。つまり、日本人にも中国人にも「礼」の大切さを説いているわけです。そんなわたしにとって、こんなに嬉しいニュースはありません。靖国問題から尖閣諸島問題まで、日本人と中国人とのコミュニケーション・ギャップにはこれまで悲しい思いをしてきましたが、この東日本大震災をきっかけに、中国が日本の良さを見直してくれれば素晴らしいことですね。

こんな中、拙著『隣人の時代――有縁社会のつくり方』(三五館)が十八日に発売されました。もともとは「無縁社会」を乗り越え、「有縁社会」を再生するために本書を書きました。でも、今このタイミングで本書を上梓することは、とてつもなく大きな意味があるように思います。わたしは、この大地震によって、日本に「隣人の時代」が呼び込まれるかもしれないと考えています。

思えば、阪神淡路大震災のときに、日本に本格的なボランティアが根づきました。つまり、あのときが日本における「隣人の時代」の夜明けだったわけです。今また、多くの方々が隣人の助けを必要としています。「無縁社会」や「孤族の国」では、困っている人を救えません。各地で、人々が隣人愛を発揮しなければ、日本は存続していけないのです。

実際、東日本大震災の発生から、多くの人々が隣人愛を発揮しています。もちろん被災地で大変な状況に巻き込まれた人たちの悲惨なニュースも入ってきますが、一方では救援に尽力する人たちの様子も伝わってきています。東北の避難所では、ボランティアの人々がおにぎりを握っています。十一日の東京では、都内の仕事場から帰る足を奪われた人たちに暖を取ってもらうために、営業時間が過ぎても店を開放している飲食店がありました。また、道往く人を励ますために、売れ残ったお菓子類を無料で配った和菓子屋さんもありました。関東では停電が実施されていますが、「自分たちも節電に努めよう」というチェーン・メールが日本中を回っています。日本の各地で、誰かを助けようとして必死になっている人々がいるのです。いわば、多くの人々が隣人愛を発揮しているのです。

隣人愛の発揮は、国内だけではありません。先月の大地震で犠牲者多数を出したニュージーランドをはじめ、一〇〇近くの国々からの援助隊が日本にやって来ました。ツイッターでは、海外から「#Pray for Japan（日本のために祈ろう）」というハッシュタグで被災者の無事を祈るツイートが世界中から寄せられているそうです。今度の地震によって、明らかに、わたしたちの社会はその方向性を変えようとしています。そう、「無縁社会」から「有縁社会」へと進路変更されたように思えてなりません。

なぜ、世界中の人々は隣人愛を発揮するのでしょうか。その答えは簡単です。それは、人類の本能だからです。「隣人愛」は「相互扶助」につながります。「助け合い」ということです。わが社は冠婚葬祭互助会ですが、互助会の「互助」とは「相互扶助」の略です。よく、「人」という字は互いが支えあってできていると言われます。互いが支え合い、助け合うことは、じつは人類の本能なのです。『隣人の時代』を貫くメッセージも、「助け合いは、人類の本能だ!」です。

こんな、東北の書店が壊滅的な被害を受け、輪番停電の東京でも開店休業のような書店が多い状態で、かわいい我が子を世に出すことに不安もあります。はっきり言って、新刊を出すタイミングとしては最悪かもしれません。でも、ある意味では最高のタイミングだと思います。

いま、わたしは、さまざまな想いを込めて我が子を送り出します。『隣人の時代』が一人でも多くの方の手に渡り、そのメッセージを受け取ってくれますように。隣人愛の大切さをわかってくれますように。相互扶助が人類の本能であることをわかってくれますように……今夜も、わたしは、天上の満月に向かって祈りました。亡くなられた犠牲者の方々の御冥福、そして一人でも多くの行方不明者が見つかることを祈りました。

二〇一一年三月二十日

一条真也拝

一条真也ことShinさんへ

三月十一日に起こった東北・関東大震災を前にして、どのような言葉も浮ついたものになってしまうように思います。この前と後ではあらゆるものが変わった、変わってゆくと思わざるをえません。その言葉で表現しきれない数々を内に含み、言葉が後追いや弁解や根拠なき期待や希望に落ちて行ってしまいそうな、こんな時にも、しかしそれでも、言葉を通してしか、何がしかを伝えることもできない苦渋の中で、亡くなった方々のみたまをしのび、また負傷や被災をした方々の苦しみや痛みを思いつつ、去来する思いを記してみます。

元暦二年（一一八五年）は、源平の合戦（治承・寿永の乱）が終了した年です。その年の三月二十四日に壇ノ浦の戦いがあり、安徳天皇と二位の尼が三種の神器を抱えて入水しました。この年に、日本はドラスティックな政権交代を実現しました。実質的に源頼朝による武士政権の鎌倉幕府が確立したのです。

その同じ年の七月九日に、大地震が勃発しました。鴨長明の『方丈記』には、その時のことが次のように記されています。頻繁に尋常ではない大地震が襲いかかって、山は崩れて河を埋め、海が壁のような大津波となって押し寄せて陸地を一面の海に変えてしまう。巨大で頑丈な仏舎利塔もみな破壊され、塵灰がもうもうと煙のように立ち上る。雷のような音を立てて家が倒壊し、地面に亀裂が走る。世の中で恐ろしいものの中でもひときわ恐ろしいものが地震で、それが余震も含め頻繁に起こって一日に二〇〜三〇回も揺れる……と書いているのです。

また、『方丈記』とほとんど同様の文章が『平家物語』にも出てきます。わたしは二〇年以上前から現代大中世論を主張してきました。現代は中世の課題をいっそう拡大再生産したような困難の中にあると主張してきたのです。「平成」の世とは、「平和に成る」ことを願う世の中ではあるけれども、それは実態が平和ではなく、戦乱や混乱が続く「乱世」となると。慈円が『愚管抄』で説いたように、世の中が「乱世」となり「武者の世」となっていくと直覚し、平成は兵制であるとか、兵政とかであると乱暴にも見えることを言ってきました。

平成元年（一九八九年）、ベルリンの壁が崩壊しました。続いて、一九九一年にはソ連が崩壊し、湾岸戦争が起こりました。一九九五年には阪神淡路大震災とオウム真理教事件が起こりました。一九九七年には酒鬼薔薇聖斗事件、二〇〇一年には9・11ニューヨーク同時多発テロ事件とアフガニスタン戦争、二〇〇三年にはイラク戦争、二〇〇四年にはスマトラ沖地震、二〇〇八年にはリーマンショック後の世界金融危機、そして一九九〇年代から続く異常気象や地球温暖化現象などなど、深刻度を増す事件や事態の勃発が続いています。

確かにいつの世にも世界に戦争が絶えたことがなく、自然界の異変や疾病の流行などもあったかもしれません。でも、この二〇年あまり、それまでの危機とは格段に深刻さと規模の大きさの異なる危機が到来していると思わざるをえなかったのです。シュタイナーが予言した「一九九八年＝六六六×三」の危機もその一つの見方であり指標でした。

そのような中で、わたしが怖れていた事態の一つは、人間が引き起こす戦争のような破壊ですが、それ以上に怖れていたのは、異常気象、気候変動が引き起こす天変地異でした。一言で言えば、「風の吹き方が変わった」ということ。自然がざわざわしている、この感じ。地球が大きく深く激しく振動している、この胸騒ぎのようなざわめきでした。

それが、どのような形で顕在化するか。火山の噴火か、地震か、台風か、竜巻か、吹雪か。そのいずれもであり、またそれ以上の気象異常や変動が起こるのではないかと心配してきたのです。人間が作り上げた高度に思える文明システムがその前では実に脆弱であるばかりか、逆に大きな危険性を孕み増大させているということを。

そのような文明と自然の変調や危機の中で、自分たちにできる次の道への準備として、猿田彦大神フォーラムや神戸からの祈りや虹の祭りや月山炎の祭りや天河護摩壇野焼き講やＮＰＯ法人東京自由大学など、さまざまな活動をしてき、さらにこの四年ほどは東山修験道という、等身大の自分に立ち返りつつ野生の力を甦らせる方向を探究してきました。しかしそれは当然のことながら、限界があり、それゆえに、その限界をばねにして、次なるステップに踏み越えていかねばという思いも生み出してくれます。

わたしが主張してきた現代大中世論とは、一言で言えば、四つのチ縁の崩壊現象とそれを踏まえた再建への課題を指します。地縁・血縁・知縁・霊縁という四つのチ縁の崩壊現象。限界集落を抱える地域共同体やコミュニティの崩壊。家族の絆の希薄化と崩壊。知識や情報の揺らぎと不確定さ。「葬式は要らない」とか「無縁社会」と呼ばれるような先祖祭祀や祖先崇拝などの観念や紐帯や儀礼が意味と力を持たなくなった状況。すべてのレベルでチ縁が崩落し、新たな効果的な再建策やグランドデザインを生み出せないでいるのが今日の現状であるということ。それは、政権交代や経済システムのチェンジを生み出すだろうけれども、その葛藤・確執・対立・拮抗・矛盾が生み出すさまざまな軋みと混乱。その人間世界の混乱を根本のところからさらに揺さぶる自然界の変調。それがどのような破壊の相乗作用を生み出すか、いらずらに危機感を煽るつもりではありませんが、この二〇数年、「平成」になる前後からそのような危機感を持ってきました。

そのような中、今回のマグニチュード九・〇の東北関東大地震に直面しました。その日、三月十一日の一四時四六分、わたしは和歌山県勝浦町の那智の大滝の前にいました。実はわたしは、この日の朝、八時三六分京都駅発の特急オーシャンアロー三号に乗って、一二時三四分に紀伊勝浦駅に到着し、新宮市教育委員会の西嶋さんと二人で、那智大社、青岸渡寺、妙法山阿弥陀寺、浜宮神社、補陀落山寺、大斎原、熊野本宮大社を参拝して回ったのでした。その那智で地震に遭遇していたのです。でも、わたしはまったくそこで地震の揺れに気づきませんでした。

大斎原と熊野本宮大社を参拝して、夕方六時過ぎに、本宮大社近くの川湯温泉の宿みどりやに到着しました。そこで、沖縄から熊野本宮に来訪した沖縄大学の一行と合流したのです。その一行の中に、沖縄大学地域研究所の緒方所長や、沖縄県南城市長や、『久高オデッセイ』の監督大重潤一郎さんたちがいて、その大重潤一郎さんから東北地方を襲った大地震と大津波のことを聞いて、初めてこの事態を知ったのでした。

大重さんたち沖縄からの一行二〇名近くは、三月十二日に熊野本宮館において「地域学サミット」を開催する予定でした。一方わたしは、新宮市教育委員会が主催する「熊野学オープン講座KUMANOを市民文化できりひらけ」にパネリストの一人として参加する予定で来熊し、その前日に熊野三山を参拝して三月十二日の当日に臨みたいと思っていたのです。この日の深夜、わたしは熊野本宮の地で、東北地方を襲った地震と津波の映像を見ました。言葉を失う、息をのむ光景でした。津波にのみ込まれて亡くなっていった多くの人々の恐怖と無念の念いが一挙に押し寄せてくるような、どのような言葉も喪失せざるを得ない事態の到来。その到来を前にしている。もう、この出来事の前と後では何から何まですべてが変わってしまうのではないかと直感しました。

「無縁社会」などと言っている場合ではない。この大震災と大津波によって亡くなった方々をどう供養し鎮魂し、そしてこれからの社会をどう築いていくのか、極めて激烈に問われているのだと感じました。そして今、緊急に必要なのは、人命救助、治療と健康管理、ライフラインの確保と救援物資の輸送・供給、最悪事態回避の適切な措置（特に原子力発電所の事故）、適切な情報伝達、励ましや支え合い、避難施設の仮設（テントや簡易ベッドや簡易風呂など）、そして同時に、復興施設の建設と生活再建、心のケアへの取り組みです。中長期的には、新しい社会づくり、二十一世紀の新らしい文明の創造、七世代先の子供たちのために残しできることを問いかつ実践していくことが必要となります。

一九九五年の阪神淡路大震災の折、山田和尚さん（バウさん）とともに「神戸元気村」の活動を三年間副代表として続けてきた前山形県鶴岡市市会議員の草島進一さん（通称スターン）が、震災直後の三月十二日にいち早く「鶴岡元気村」を立ち上げて、支援活動を始めています。

以前、『神道のスピリチュアリティ』（作品社）の「終曲いのちのシンフォニーを求めて」の中で書いたように、草島進一さんや羽黒修験者の星野文紘さんたちとは、一九九九年より七年間、毎夏、八月十三日から十六日のお盆の時期に、月山と山形県羽黒町月山高原牧場で「月山炎の祭り」を行なってきました。その草島さんが、地震直後の三月十二日から、被災地の名取市などで炊き出しなどの支援活動をしていて、今も現地でさまざまな形で活動しています。彼らが必死で呼びかけている声が次のHPに掲載されていますので、ぜひお読みください。また、自分たちでできる支援や協力を実行しましょう（草島進一の「持続可能な鶴岡」日記 http://kusajima.exblog.jp/）。

そのような中、Ｓｈｉｎさんが新著『隣人の時代――有縁社会のつくり方』（三五館）を出版して、昨日、その本が届きました。「無縁社会」に対して「有縁社会」を、「孤族の時代」に対して「隣人の時代」を、という、Ｓｈｉｎさんの年来の主張が実に明確なメッセージで説かれていますね。「生きることはつながること」であり、「となりびと」との関係をむすんでいくことである、そして、「有縁社会」を作る方法として、隣人祭りなどの新しい互助行為の実践がさまざまな事例とともに紹介されていますが、最後の方で、「観光力」（美点凝視力）、「沖縄力」（「いちゃりばちょーでい＝一度会ったら兄弟」、先祖と隣人を大切にする心と行為と生き方）に加えて、わたしが子供から学んだ「礼能力」（他者を大切に思える能力）のことも取り上げ紹介してくれています。

そんな「沖縄力」や「観光力」や「礼能力」をドキュメントした本が、昨日、Ｓｈｉｎさんの新刊本が届いたのと同じ日に届けられました。それは、先回のムーンサルトレターの最後でも紹介した須藤義人さんの著書『久高オデッセイ――遥かなる記録の旅』（晃洋書房）です。この本は、沖縄本島の東南にある、「神の島」と呼ばれてきた小さな離島「久高島」の記録映画『久高オデッセイ』を撮っている大重潤一郎監督の感性と思想と生き方を、大重監督の話した言葉の言霊力を写し取り、文字と記録の中で生かし、タマフリしようとしている著作です。その本の推薦文として、哲学者の梅原猛さんが、「この書は、比嘉康雄氏の遺志を受け継ぎ、神々に憑かれた大重潤一郎氏が神の島の映画を撮った感動的な記録である。」という言葉を寄せてくれています。

一三年前の一九九八年に大重潤一郎さんとわたしたちは、喜納昌吉さんの呼びかけで、阪神淡路大震災で亡くなった方々の鎮魂の祭りとシンポジウム「神戸からの祈り」を行ないました。その時の活動記録は、喜納昌吉・鎌田東二『霊性のネットワーク』（青弓社）にまとめています。この活動がきっかけとなって、大重さんとわたしたちは、「神戸からの祈り」の終わった一九九八年の暮れに東京自由大学を立ち上げ、その最初の催しを「ゼロからの出発」と題して一九九九年二月二〇日に西荻窪ＷＥＮＺで行ったのでした。そして、その「神戸からの祈り」を行う準備をしていた一九九八年一月に初めて草島進一さんと京都で会ったのでした。

Ｓｈｉｎさんの言ってきた「有縁社会」、わたしが言ってきた「縁の行者」、どちらも同じことを社会の側面からか個人の側面からか語っているのだと思います。自分たちで今できること、今つながることでいっそう力と認識を増しながら具体的な活動として社会と生活の中に着地していくこと。できることは、いろいろな形があるということ。直接のボランティアや支援活動だけでなく、さまざまな後方支援や側面支援や下支えがあるということ。生きるためには何よりもご飯やベッドやお風呂が必要だけど、からだだけでなくこころも和らげ開放していくためには、歌も笑いも芝居も必要だということ。そんな自由自在な創造的な活動の中から新しい有縁社会の芽や「楽しい世直し」を粘り強く持続的に形成していくことができるのだと思っています。

何事も、これでなくちゃいかんとか、これだけというものはないと思います。どのような形も方式も編み出せるのだ。そんな自由なあり方の中での方法の模索と創造が可能だと信じます。未曾有の大変な事態の中ですが、これからいっそう、型にはまった活動ではない、八百万縁結びの方策をゲリラ的に実践していきたいと思っています。どんな悲劇的な事態の中でも、歌や笑い、ユーモアを忘れずに、ともに生きぬき、そして、死んでいきたい。

二〇一一年三月二十日還暦の日、

比叡山山頂の聖地つつじヶ丘でバク転二回した大ばか者の鎌田東二より

第六九信

● 人間の尊厳

● 生態智

鎌田東二ことTonyさんへ

Tonyさん、お元気ですか？ わたしは、この一ヵ月間、本当に目の回るような忙しさでした。冠婚葬祭互助会の業界団体の副会長を務めているのですが、東日本大震災の被災地における埋葬サポートを目的とした人的派遣などの問題があったのです。

東北の被災地における人的支援の依頼を受け、サンレーグループでは被災地支援の志願者を募りました。すると、約七〇名もの志願者が集まりました。現場の過酷な状況に加え、さまざまな危険もあるというのに、七〇名もの人が志願してくれたことに驚くとともに、感動しました。さらに、家族の同意も得た一四名のメンバーが選出されました。現在二名一組で七チーム体制にて緊急出動に備えて待機しています。

大事な社員を被災地に派遣するのは、正直言って心配です。しかし、みんな快く引き受けてくれたことに感動しました。誰もが、わが社の「人間尊重」というミッションをよく理解してくれ、少しでも大震災の犠牲者の人間の尊厳を守ろうと考えたのです。一四名の派遣スタッフをはじめ、七〇名の志願者のみなさん、そして彼らをサポートする他の人々も、会社の「社員」というよりも「天下布礼」の「同志」であると痛感しました。

それにしても、被災地での埋葬環境には心を痛めています。東日本大震災の死者の数は、増加する一方ですが、その中で、遺体の埋葬が追いついていないのが現状です。施設の損壊や灯油不足などで火葬が進まず、土葬が行われています。身元不明者を埋葬する場合、警察がＤＮＡや歯型などのデータを保管しており、遺族の照会があれば身元は確認できるそうです。

今回の大震災における遺体確認は困難を極めています。津波によって遺体が流されたことも大きな原因の一つですが、阪神淡路大震災のときとは、まったく事情が違います。これまでの日本の災害や人災の歴史を見ても、史上最悪の埋葬環境と言えるかもしれません。

そんな劣悪な環境の中で、日夜、必死に頑張っておられるのが自衛隊の方々です。今回の震災において、自衛隊は多くの遺体搬送を担っています。「統合任務部隊」として、最大で隊員二〇〇人が「おくりびと」となっているのです。災害派遣では初めての任務とのことで、整列、敬礼、六人で棺を運ぶという手順を現場で決められたそうです。本来は人命を守るはずの自衛隊員が遺体の前で整列し、丁寧に敬礼をする姿には多くの人が感銘を受けています。そこには、亡くなった方に敬意を表するという「人間尊重」の姿があります。そして、埋葬という行為がいかに「人間の尊厳」に直結しているかを痛感します。

被災地の一部では、火葬が行われずに土葬が実施されていますが、これを異常事態ととらえる人は多いようです。じつは、わたしも土葬で「人間の尊厳」が守れるのかと心を痛めていました。しかし、四月十五日の「産経新聞」朝刊で、立命館大教授の加地伸行先生が「土葬をめぐる意外な議論」という寄稿をされていました。加地先生は日本における儒教学の第一人者です。わたしの儒教や孔子に対する考え方は、加地先生の影響を強く受けています。加地先生は、東北の被災地で火葬ではなく土葬が行われていることについて、次のように述べられています。「結論だけを言おう。（一）儒教文化圏（日本・朝鮮半島・中国など）では、土葬が正統である。それは儒教的死生観に基づいている。（二）火葬はインド宗教（インド仏教も含む）の死生観に基づいて行われ、火で遺体を焼却した後、その遺骨を例えばガンジス川に捨てる。日本で最近唱えている散骨とやらは、その猿まねである。（三）日本の法律で言う「火葬」は遺体処理の方法を意味するだけ。すなわち遺体を焼却せよという意味。その焼却後、日本では遺骨を集めて〈土葬〉する。つまり、日本では（a）遺体をそのまま埋める〈遺体土葬〉か、（b）遺体を焼却した後、遺骨を埋める〈遺骨土葬〉か、そのどちらかを行うのであり、ともに土葬である。（四）正統的には（a）、最近では（b）ということ。（b）は平安時代にすでに始まるが、一般的ではなく最近ここ五〇年来普及したまでのことである」。

（a）の遺体土葬が主流であった理由は、加地先生の著書である『儒教とは何か』（中公新書）や、今月刊の『沈黙の宗教――儒教』（ちくま学芸文庫）に詳しく書かれています。いずれも大変な名著です。神道の最高の入門書がＴｏｎｙさんの『神道とは何か』（ＰＨＰ新書）なら、儒教の最高の入門書は加地先生の『儒教とは何か』だと思っています。

さて、加地先生は、「東北の方々よ、遺体土葬は決して非常手段ではない。いや、それどころか、むしろ伝統的であり死者のための最高の葬法なのである」と訴えかけます。わたしは、これを読んで、

「なるほど！」と納得しました。たしかに火葬ができずに土葬されるからといって、「人間の尊厳」が失われるわけではないのです。むしろ、逆に土葬こそ「人間の尊厳」を守った葬法なのです。

もちろん、この考え方は一般の日本人には馴染みはないでしょう。加地先生も「遺族の気持ちは理屈だけでは割り切れまい。死者に対して行きとどかなかったという思いがずっと残るかもしれない」と述べられています。しかし、その後で『論語』に出てくる「喪は其の易まらんよりは寧ろ戚めよ」という言葉を紹介されています。「葬儀のときは、行き届きすぎるよりも、哀しみで段取りがずれるほうがいいのだ」という意味ですが、まさに二五〇〇年前の古代中国から現在の東北の被災者に向けて放たれた孔子の言葉です。ここでも、わたしは『論語』のすごさ、奥深さを思い知りました。

三月二十九日の「朝日新聞」朝刊で読んだ、宮崎駿監督の談話も強く印象に残っています。自ら企画したアニメ映画「コクリコ坂から」の主題歌を発表する記者会見で、宮崎監督は東日本大震災について思いを述べました。「埋葬もできないままがれきに埋もれている人々を抱えている国で、原子力発電所の事故で国土の一部を失いつつある国で、自分たちはアニメを作っているという自覚を持っている」、さらに「今の時代に応えるため、精いっぱい映画を作っていきたい」と語ったそうです。

同じ新聞には、「遺体の二五パーセント身元不明」という記事も出ており、大震災の遺体の保管を警察側も苦慮していると書かれており、胸が痛みました。拙著『葬式は必要！』（双葉新書）などにも書いたように、葬儀とは「人間の尊厳」を守ることにほかなりません。宮崎監督がコメントの最初に「埋葬もできないままがれきに埋もれている人々を抱えている国で」と発言したのは、そのことが何よりも重要な問題だからだと思います。

同じ日、福岡県田川市に、わが社の新しいセレモニーホールである「田川西紫雲閣」がオープンしました。サンレーグループで四四番目、福岡県では二二番目のホールになります。竣工式には、近くにある風治八幡宮から二名の神官に来ていただきました。

神事終了後の施主挨拶で、わたしは「田川西紫雲閣の完成によって会員様のお役に立てることができて嬉しいですが、心の中は被災地のことでいっぱいです」と述べました。そして、「この会館は田川の〝西〟にありますが、わたしの心は〝東〟に向っています。田川の〝東〟ではなく、はるか日本の〝東〟、つまり東日本です」とも言いました。わたしは、「何よりも大震災の犠牲者の亡骸が一人でも多く人間らしく弔われてほしいと祈りつつ、わたしたちは一件一件のお葬儀を『人間の尊厳』を守るという強い使命感をもってお手伝いしたい」と述べ、次のような短歌を披露しました。

「紫の雲ぞ来たれり田川西はるか東の御霊を偲び」

わたしは、セレモニーホールは、いまや地域のインフラであると思っています。そして、そのことが再確認されたのが、今回の大震災でした。葬儀が華美である必要など、ありません。しかし、やはり人並みに葬儀をあげることが大切です。人間らしく人生を卒業していけることがいかに幸せなことか。そのことを、いま、多くの方々が噛みしめています。

このたびの大震災では、これまでの災害にはなかった光景が見られました。それは、遺体が発見されたとき、遺族が一同に「ありがとうございました」と感謝の言葉を述べ、何度も深々と礼をしたことです。従来の自然災害における遺体発見時においては、遺族はただ泣き崩れることがほとんどでした。しかし、この東日本大震災は、遺体を見つけてもらうことがどんなに有難いことかを遺族が思い知った初めての災害だったように思います。

儒教の影響もあって日本人は遺体や遺骨に固執するなどと言われますが、やはり亡骸を前にして哀悼の意を表したい、永遠のお別れをしたいというのは人間としての自然な人情ではないでしょうか。飛行機の墜落事故も、テロも、地震も、人間の人情にそった葬儀をあげさせてくれません。さらに言うなら、戦争状態においては、人間はまともな葬儀をあげることができません。先の太平洋戦争においても、南方戦線で戦死した兵士たち、神風特攻隊で消えていった少年兵たち、ひめゆり部隊の乙女たち、広島や長崎で被爆した多くの市民たち、戦後もシベリア抑留で囚われた人々の多くも、遺族の心情にそった、遺体を前にしての「まともな葬儀」をあげてもらうことができませんでした。

逆に言えば、まともな葬儀があげられるということは、時代が平和だということなのですね。わたしはよく「結婚は最高の平和である」と語るのですが、葬儀というものも「平和」に深く関わった営みなのですね。また、わたしは、つねづね、「死は最大の平等である」と語っています。

すべての死者は平等に弔われなければなりません。価格が高いとか、祭壇の豪華さとか、そんなものはまったく関係ありません。問題は金額ではなく、葬儀そのものをあげることなのです。葬儀とは、人間の「こころ」に関係するものであり、もともと金銭の問題ではないからです。

田川西紫雲閣の竣工式の後、簡単な「直会」が行われました。佐久間進サンレーグループ会長の挨拶に続いて、神酒の乾杯です。風治八幡宮の若い禰宜さんが音頭を取りました。その禰宜さんは、乾杯の前に次のような挨拶をされました。「自分は神主なので、祝い事に呼ばれることが多い。当然ながら、『おめでとうございます』と祝いの言葉をかける。しかし、最近は大震災の悲惨なニュースに毎日触れて、『おめでとう』と言い続けることが悪いことにように思えてきた。神主の仕事をいったん休んで被災地にボランティアに行くことも考えた。しかし、あるとき、ラジオ番組で『今の自分の仕事をしっかりすることが大切』という話を聞いて、吹っ切れた。自分は、今日のこの良き日に、神主として、堂々と祝いの言葉を言いたいと思う」と。そして、「田川西紫雲閣のご竣工、誠におめでとうございます。乾杯！」と発声されました。若い禰宜さんの真摯な言葉を聞いて、胸が熱くなりました。そう、各自が自分の職務をしっかり務めること、それが日本復興への第一歩でしょう。

日本復興といえばサンレー本社に戻ってすぐ、社長室に一本の電話がありました。内閣官房の内閣情報分析官の方からでした。その方は、『隣人の時代──有縁社会のつくり方』（三五館）を読まれて、感銘を受けられたそうです。そして、わたしの話を直接聞きたいということで、わが国が抱えている多様な問題について意見を求められました。かなりの時間を電話で話しましたが、その方の示される問題がすべて、いつもわたしが考えているテーマばかりだったので驚きました。

数日後、早速その方と東京でお会いしました。そして結論から言うと、わたしは重大なミッションを与えられました。その中の一つは「隣人祭り」に関わることです。福島原発事故により、福島のコミュニティが崩壊の危機に晒されています。ずばり、わたしに福島の避難所で「隣人祭り」を開いてほしいというのです。また、いま、大震災のスケープゴートとしての「東電いじめ」が深刻化しているそうです。その方は、今後、東京電力が避難所での「隣人祭り」のお世話をすべきだと考えています。そこで、わたしに「隣人祭り」開催の指導をしてほしいというのです。

それを成功させれば確実に全国から注目され、国をあげて各地で「隣人祭り」が開催される可能性が高くなります。まずは、東電幹部向けに「隣人祭り」の講演をしてほしいとのことでした。

四月一日の総合朝礼では、東日本大震災の犠牲者の御冥福を祈って全社員で黙祷しました。その後の社長訓示では、被災地への支援について、義捐金の募集について、葬儀という営みがいかに「人間の尊厳」に深く関わっているか、そして今回の大震災を契機として日本に「隣人の時代」が訪れたことなどを話しました。最後に次の短歌を披露しました。

「地は揺れて津波来たりて人死ぬる　されどこれより隣人の世」

本当に、大震災以来、わたしたちの社会の方向性が一変したように感じます。まず、あれほど声高に叫ばれていたエコ・ライフが一気に浸透しました。それは首都圏の夜が暗くなってしまった事実を見ても、よくわかると思います。計画停電ではなく節電によって、突如としてエコ社会が到来しました。そして、「無縁社会」だの「孤族の国」だのは、大地震が崩壊させてしまいました。「人はひとりで死ぬ」や「葬式は、要らない」などの妄言も、大津波が流し去りました。

いま、沖縄にいます。明日、沖縄県沖縄市に「中部紫雲閣」がオープンするのです。場所は嘉手納基地のすぐ近くです。ここは騒音問題などで住民と米軍がうまくいっていないようなので、ここでも「隣人祭り」をすればいいと思います。もちろん、お手伝いさせていただきます。わたしは明日の施主挨拶の後で、次のような短歌を披露する予定です。

「この館カデナの基地に近けれどさらに近きはニライカナイよ」

もうすぐ、わが社の社員たちが被災地の埋葬サポートに向かいます。わたしはというと、「隣人祭り」開催のために福島の避難所に入る可能性が高くなりました。死者の尊厳を守ること、避難所の方々のコミュニティを守ること、わたしたちは両面作戦で「天下布礼」大作戦を実行していくつもりです。Ｔｏｎｙさんも色々とお忙しいでしょうが、お互いに世直しの道を進んでいければと思います。

沖縄の夜空に上った満月が美しいです。

二〇一一年四月十八日

一条真也拝

一条真也ことＳｈｉｎさんへ

いつもながら、活発かつ迅速で有意義な幅広い活動に心より敬意を表します。今回の東日本大震災では、情報ネットワークという点では阪神淡路大震災後の情報の流れ方とは全く違った流れが見られたと思います。

わたし自身は携帯も持たず（時代錯誤的な大の携帯嫌い）、ツイッターもフェイスブックもしないネット社会の周辺人間ですが、今回の複合災害で、政府・東電・大メディア発表とは異なる情報網の活用は新しい動きやうねりに連動するものがあると感じています。周辺にいるわたしのところにも、その波動・余波・余震が伝わってきます。

と同時に、わたしたちの身体は、「この身このまま」でしかないので、多様で多彩な情報空間の中で拡大・拡散しがちな「非等身大の情報的自己」と、この「等身大の身体的自己」との分裂や齟齬・断裂が起こる場合もままあると感じております。特に、ヴァーチャル・リアリティと混成した「非等身大でチェンジャブルな情報的自己」と、即物的リアリティと直結する「等身大のアンチェンジャブルな身体的自己」との分裂は、なかなか大きく、深く、困難な乖離事態だと思っています。

Ｓｈｉｎさんもよくご存じのように、わたしは、四年前に、比叡山を一～二週間に一回ほど登拝してバク転（以前はバク転一回、現在は三回）する「東山修験道」を、「今ここのこの身このままの等身大の身一つ修験道」と位置付け、何かあったら、東京と京都を徒歩で往復できる「身体的自己」でありたいと思っていますので、この乖離を静かに厳しく見つめたいと思います。

わたしの中では、「今ここのこの身」とか「等身大」というのは、「生態智」という具体的で身体的な知恵とともに、キーワードとなっていて、そうした自分の身体拠点から、「支援」（という言葉はこの身にそぐわないのであまり使いたくないのです）というよりも、「ご縁の生かし方」という意味合いでの「支縁」の在り方を探り、「身の丈」に即した地道な実践をしていきたいと思っています。

「３・11」の前と後では風景が違って見えます。ある種の歪みや昏さが付きまといます。もちろん、原子力発電所の収束可能性の読めない巨大事故や節電の影響もありますが、もっと端的には、宮崎駿監督の「風の谷のナウシカ」ではありませんが、日本列島が「腐海」の底に沈むというイメージが付きまとってくるからです。

今回の災害は、これまでの災害とはまったく異なる巨大な「複合災害」です。それは、過去に前例がなく、そして今もなお災害が現在進行形で深刻になっています。その中で、さまざまな破れと縫合の両方が発生し、コンフリクトし、せめぎあっているように見えます。この未曾有の災害と危機を日本社会の再構築の機会とすることができるかどうか、分岐点に立っていると思います。東日本大震災は、はたして二十一世紀文明のありかたを変えるでしょうか？　変えるとすれば、どのような方向に変わるのでしょうか？　その変化の中での日本文明の位置とありかたはどうなるでしょう？　そして、そこにおける、伝統文化（祭り、芸能、芸道、宗教など）はどのように活かされるでしょうか？

わたしは、「風の谷のナウシカ」のように、自然と人間と文明との関係の中での「生態智」の再発見・再評価・再編成・再構築をめざしてきましたが、それがしかし簡単なものではないことも肌身で感じ続けてきました。つい先ごろまで大ブームであった「パワー・スポット」も、この大震災で吹っ飛んだとは思いませんが、「ちょっと待てよ」とブレーキがかかったように思います。それは決して悪いこととは思いません。メディアを含め、世の中全体が、表層的なレベルで浮かれていたので、それが沈静化し、いよいよ本格的に、聖地などの安らぎや浄化をもたらす癒し空間の活かし方の模索や再評価・再構築が始まるとも思うからです。また、そうした角度から伝統文化の再発掘をしていきたいとわたしなどは今までも思ってきたし、これからもそうしていきたいと思います。

Ｓｈｉｎさんが関わっている「葬儀」の問題、そして、「隣人祭り」の実践はきわめて重要な喫緊の社会問題ですね。「心のケア」をする前にまず「遺体のケア」をしなければいけない。それも、大震災後の町全体が大津波に呑み込まれて破壊された中で緊急に行わなければならない。となると、この今も、またかなり後まで、「これでいいのか？」「あれでよかったのか？」という問いが消えることはないのではないかと思います。しかし、わたしたちはどこかで、あきらめ、区切りをつけなければ生きていけない。それが「生きる」ということの生な事態ですから、なんとかしなければなりません。その「なんとか」には、「正解」などないのだと思います。「それしかない」というのか、「それ以外の選択肢はなかった」「それしか道がなかった、方法がなかった」というようなことかと思います。

だからこそ、「悔い」も残るし、反省も、内省も、鬱々と連綿と続くと思います。だから、当然、鬱状態にもなるし、そうした中で「心のケア」が必要になることは間違いないでしょう。しかしながら、この「心のケア」というものが実にデリケートで単純ではないので、「どうしていいかわからない」という事態も起こります。でも、「どうしていいかわからない」時でも、人は「なんとか」して生きていきます。その「なんとか」と折り合いがつこうがつくまいが、生きていく中で格闘しつづけるほかないのだと思います。

二〇歳のころ、集中豪雨のため、徳島県下で一軒だけ我が家が土石流に呑み込まれ、家が全壊しました。午後七時頃、母は裏山がもの凄い音でゴーッと鳴ったので、瞬間的に裸足で家を飛び出ました。土砂降りの雨の中、後ろから黒々とした土石流が襲いかかり、数秒前まで母がいた家は瞬時に呑み込まれてしまいました。その時、我が家には母一人しかいませんでした。豪雨の中、兄は姉を迎えに駅まで車で行っていて、帰ってきたら、我が家が土石流に呑み込まれて家が跡形もなく無くなっていたので、兄も姉も絶句したと思います。そこには、茫然とぬれねずみの母が突っ立っていたのです。

そんなことも、つゆ知らず、わたしは能天気にフーテンかヒッピーのように、あちこち放浪していました。今から思うとわたしの人生はその時がターニング・ポイントだったと思います。それまで大学には一年半ほど通っていませんでした。大学からは家に退学勧告状が送られていました。そんなこともまったく知ることなく、わたしは好き勝手に放浪していたのでした。母はどんな思いで、我が家の喪失と息子たちや娘のことを考えたのでしょう。一緒に住んでいた兄と姉はともかくも、わたしについては、呆れていたか、どうしようもないとあきらめていたか、いずれにせよ、その愚息ぶりに落胆していたのではないかと思います。

でも、それから後のわたしの生き方は変わりました。母に頼ることはできないと覚悟しました。大学を辞めて働こうと思いました。大阪で仕事を探し、数カ所で、就職試験を受けましたが、すべて不採用。髪の毛を腰のあたりまで伸ばして、眉など剃っていたヤツにまともな勤め先などあろうはずはなかったのでしょうが、そんな「社会」というか「会社」のことをまったくわかっていなかったのでした。しかし、そんな「ノーテンキ」が、わたしをここまで運んできたことも確かです。

わたしは三月末に一週間沖縄に行きました。そして、何年振りかで大神島に渡りました。そして、そこで、二二、三年前（一九八九年頃）に初めて沖縄に行ってそのまま大神島に直行した時にお会いした「ツカサ」（神女）の方と再会しました。その方は九〇歳になっていましたが、とてもお元気でした。わたしは彼女が七〇歳前の時にお会いしたのです。その時は、「ツカサ」として現役で神祭りに携わっておられました。その方の顔を見て、「いい年の取り方をされてるなあ」と思いました。島の生活にはさまざまな困難があったと思いますが、そこでこんなににこやかに、ほがらかに、スカッとしておられるのか、生きるということは凄いことなんだなあと妙に感心したのです。

その再会は大変たいへんうれしい再会でした。京都に戻ってきて、また、東京と京都を往復する生活が続いていますが、二十三日に、NPO法人東京自由大学の一三年の活動の総力を結集して、シンポジウム「シャーマニズムの未来～見えないモノの声を聴くワザ」を開催します。震災で亡くなられた方々への鎮魂の思いと未来への想像力・創造力のありようを問いかけるつもりです。基調講演予定者の佐々木宏幹先生（八一歳）は、被災地宮城県気仙沼の曹洞宗の寺院のご出身です。この日、S hinさんも観に来てくれるとのこと、大変ありがたくもたのしみにしています。われらの義兄弟の近藤高弘さんも観に来てくれます。久しぶりで、また義兄弟三人の揃い踏みになります。

実は、仲間とともに設立した東京自由大学は、阪神淡路大震災後、大きな「願」を持って、「いのちの声を聴く大学」として出発しました。自由な学問的探究と自在な芸術的創造を二つの柱として、各自の根源的な自由と自立の霊性の探究し自己教育していく場が東京自由大学でした。一九九八年の十二月に準備を始め、一九九九年二月二〇日に「ゼロからの出発」と題するシンポジウムを最初の設立記念シンポジウムとして活動が始まり、本年、一三年目となります。

そのような設立趣旨と経緯を持つ東京自由大学が、このような時代と事態の中で、二つのシンポジウム「仏教は世界を救うか?」、「シャーマニズムの未来――見えないものの声を聴くワザ」を社会に問うことは、東京自由大学のできる社会貢献であり、使命でもあると思っています。

まる一二年あまり、上記の理念を胸に地道に活動を続けてまいりました。そしてこれからも東京自由大学の果たすべき役割をたんたんと果たしていく所存です。二十三日、ご来場を心してお待ちしています。気合を入れて臨みますので、よろしくお願いいたします。

二〇一一年四月二十日　　鎌田東二拝

第七〇信

● シャーマニズムの未来

● 「急がば回れ」路線

鎌田東二ことTonyさんへ

Tonyさん、こんばんは。このレターで、もう通算七〇通目ですよ！ ついこの前、六〇通を達成して『満月交感』（水曜社）として単行本化したばかりなのに、あれからさらに一〇通もレターを交換したのですね。まったく、時間の流れの速さには驚くばかりです。

ところで、Tonyさんは東北の被災地へ行かれていたそうですね。どのような状況だったか、ぜひ聞かせていただきたいです。わたしも、遅まきながら、今月二十六日から気仙沼に入ります。被災地を自分の目で見て、いろいろと考えてみたいと思います。

さて、先月二十三日は、東京自由大学が一三年の活動の総力を結集した「シャーマニズムの未来～見えないモノの声を聴くワザ」に行かせていただきました。どしゃ降りの雨にもかかわらず、会場の「なかのZERO」ホールには五〇〇人以上の方々が続々と来場され、立ち見が出るほどの盛会となりました。わたしは、佐々木宏幹先生、小松和彦先生、そしてTonyさんが勢揃いされるというので、本当に楽しみにしていました。お三方とも、わたしが若い頃に愛読していた『異界が覗く市街図』（青弓社）に登場されていた方々だからです。その後、出版界には「異界」ブームが巻き起こり、小松先生やTonyさんは『日本異界巡礼』（河出書房新社）という本も出されましたね。

また当日は、「縁の行者」であるTonyさんの豊富な人脈が総結集した日でもありました。Tonyさんは、本来は基調講演をされるはずだった（体調不良のため欠席）佐々木宏幹先生と『憑霊の人間学』（青弓社）、今日のシンポジウムでもひときわ異彩を放っておられた鶴岡真弓先生と『ケルトと日本』（角川選書）という本も出されています。いずれも大変な名著で、わたしも強い影響を受けました。それにしても、こんな凄い先生方と共著を出してこられたTonyさんとともに『満月交感』を出すことができて、まことに光栄です。

イベントの第一部を飾った麿赤兒さんの舞踏はインパクト大でした。まさに「死と再生」のイメージで、未来の葬儀さえ連想しました。それから、基調講演者である佐々木先生が出演されなかったのは残念でしたが、そのメッセージをＴｏｎｙさんが代読してくれましたね。それによれば、シャーマニズムとは、「見えないもの」（諸精霊）の力を借り、操って、社会を平安し、幸せにすることであるそうです。そして、それはすべての宗教者に当てはまることだと言われました。さらに、「このたびの東日本大震災後こそ『見えないもの』の出番である」という言葉が非常に印象的でした。福島原発の作業者の詰所には神棚があるというのです。科学技術の最先端にある人々が「見えないもの」に頼っているわけですね。

第二部のシンポジウムでは、とにかく鶴岡真弓先生、岡野玲子さんの二人の女性が圧倒的な存在感を示していました。お二方とも完全に時間も空間も超越されており、まさにシャーマンそのものでした。「つい一ヵ月ほど前に、わたくしは人生で最愛のものを亡くしました」という第一声から始まった鶴岡先生のお話は、死者へのまなざしに溢れていました。

また、岡野さんは「福島第一原発の御霊に祈りを拝げた」と発言され、わたしは椅子から転げ落ちそうになるほど驚きました。もともと原発とは、人間が生みだしたものであり、ずっとお世話になってきた存在です。それなのに、多くの人々から嫌われ、強く憎まれ、そして、この暴走を自分で止められない悲しみ……。その原発の声が聞こえ、その原発のために祈ったというのです。ちなみに、その原発の御霊は小さな男の子の姿をしていたそうです。それを聞いて、わたしは鉄腕アトムのような男の子を連想しました。

それにしても、想像を絶する話です。Ｔｏｎｙさんは、「司会者とは制御不可能な時間と空間を操る者」との名言を吐かれ、会場は大きな笑いに包まれました。ちなみに、わたしは「葬儀」とは制御不可能な時間と空間をコントロールする技術《ワザ》に他ならないと思います。

わたしは、「葬儀というものを人類が発明しなかったら、おそらく人類は発狂して、とうの昔に絶滅していただろう」と、ことあるごとに言っています。誰かの愛する人が亡くなるということは、その人の住むこの世界の一部が欠けるということです。欠けたままの不完全な世界に住み続けることは、かならず精神の崩壊を招きます。不完全な世界に身を置くことは、人間の心身にものすごいストレスを与えるわけです。まさに、葬儀とは儀式によって悲しみの時間を一時的に分断し、物語の癒しによって、不完全な世界を完全な状態に戻すことなのではないでしょうか。

シンポジウムの最後には、わたしも司会者のＴｏｎｙさんから意見を求められて発言させていただきました。わたしは、「東日本大震災の大量の死者にどのように接していけばいいのか」「どのように彼らの霊魂を供養すればいいのか」といったことを聴衆のみなさんに問いかけました。

それから、本来の葬儀にはシャーマニズムの要素が不可欠であり、「葬式は、要らない」とまで言われた現在の葬儀はそれを取り戻す必要があると述べました。その背景には、基調講演予定者だった佐々木宏幹先生の存在がありました。佐々木先生は、被災地である宮城県気仙沼の曹洞宗の寺院のご出身です。この地の葬儀には、僧侶と「オガミサン」と呼ばれる女性シャーマンが欠かせないそうです。僧侶もオガミサンもいなければ、葬儀は完成しないというのです。

日本の葬儀のほとんどは、仏式葬儀です。これは完全な仏教儀礼かというと、そうではありません。その中には、儒教の要素が多分に入り込んでいるのです。儒教を開いた孔子の母はシャーマンだったとされています。雨乞いと葬儀を司る巫女だったというのですが、儒教の発生はシャーマニズムと密接に関わっていたわけです。わたしは、「葬式は、要らない」とまで言われるようになった背景には、日本における仏式葬儀の形骸化があると思っています。日本人で、「いまの葬儀は、本当に死者を弔う儀式になっているのか」という疑問を抱く人が増えてきたのではないでしょうか。それを打破する一つのヒントは、本来の葬儀が備えていたシャーマニズムを取り戻すことにあるように思います。すなわち、現在の日本の葬儀は「シャーマニズム不足」である！　そんなことをお話し、わたしにとっての「シャーマニズムの未来」とは「葬儀の未来」であると申し上げました。

わたしの後は、Ｔｏｎｙさんと同じく「義兄弟」である造形美術家の近藤高広が意見を述べられました。近藤さんとは、天河で昨年お会いして以来でした。その近藤さんは、なんと、福島第一原発を「聖地」にする計画を立てられているとか。岡野さんといい、近藤さんといい、まったく凄い人たちばかりです。このように非常に思い出深い一日となりましたが、これにはまだ後日談があります。「シャーマニズムの未来」の翌日、Ｔｏｎｙさんと日比谷でランチをともにした後、わたしはそのまま羽田空港へ行き、北九州へ戻りました。そして、基調講演者であった佐々木先生にお手紙を書き、『満月交感』の本を添えてお送りしたのです。すると、しばらく経ってから、佐々木先生から丁重な葉書を頂戴しました。達筆な字でお礼の言葉やメッセージがびっしりと書かれていました。佐々木先生は『満月交感』を気に入って下さったようで、「上下巻の表紙の『月に吠ゆる狼』は強く心に響きます」と書いて下さいました。

また、「一条さんの『葬式は必要！』（双葉新書）を読み、心強く思っていました。日本の仏教は葬式がベースであると考えているからです」とも書かれていました。その他にも、心温まるお言葉を頂戴し、最後には「ますますの御活躍を念じます」と書いて下さいました。わたしは、この佐々木先生からの葉書を読んで、本当に感動しました。体調が優れないであろう先生から丁重な葉書を頂き、そこに大いなる「礼」を感じました。

「礼」とは「人間尊重」の精神でもあります。そして、わたしたち冠婚葬祭に従事する者が最も重んじているものです。シャーマンであった母親から生まれた孔子は、「礼」を重視する儒教を開きました。シャーマニズムは「礼」の思想へと発展していったわけです。わたしは、シャーマニズム研究の第一人者である佐々木宏幹先生が「霊能力者」ならぬ「礼能力者」であると知り、嬉しい気持ちで一杯になりました。

これも、もとをたどれば、Ｔｏｎｙさんのおかげです。ありがとうございました。そういえば、Ｔｏｎｙさんは二十日に宗像大社や沖ノ島を特別参拝され、翌日、小倉に来られるそうですね。二十一日の夜は、思う存分、葬儀や「シャーマニズムの未来」について語り合いましょう！

二〇一一年五月十八日　　　　　　　　　　　　　　　　一条真也拝

一条真也ことＳｈｉｎさんへ

まず、お見舞いの言葉を申し上げねばなりません。本日夜、小倉でお会いして、いろいろとお話しできることを楽しみにしていましたが、骨折をされて療養を余儀なくされたとのこと、心よりお見舞い申し上げるとともに、これもまた一つのからだのメッセージ、時のメッセージと受け止めて、急がず、焦らず、慎重に体の回復をはかりつつ、別の形でＳｈｉｎさんの活動と行動を着実に進めてくだされればと思います。

わたしも、二回左膝の骨折をし、二度目の骨折に際しては、左膝をかばいすぎて右足首を強く痛め、もう二度と回復することはないだろう、この痛みとともに生きていくしかないとあきらめかけていた時、仏壇はせがわの長谷川裕一会長を団長とする沖ノ島特別参拝団の一員に加わることができ、三〇年来の念願を果たして、沖ノ島の参拝ができた日から、奇跡的に右足首の状態がよくなってきました。

沖津宮での参拝を終えて、山を下りてくる時、わたしの右足首は軽く、痛みも少なくなっていました。登っている時には、右足首も心も重く、痛みも強かったのですが、ほんの一時間後には別世界にいるような軽さでした。身も心も魂も浄化されたような思いがしましたが、その時、わたしは「もののけ姫」のシシ神の棲む神聖な森を思い出しました。まさに沖ノ島はシシ神の森だと感じたのです。

珍しい多様な動植物の宝庫、北限と南限の境界、そんな実に豊かな海の中の森の島に、シシ神の森のような自然治癒力が浄化力が秘蔵されていた。そのことを、はっきりとわたしの身も心も魂も感じとっていました。帰路に着きながら、わたしの心は明るく、身も軽々としていました。そして、沖ノ島からの帰り、玄海ロイヤルホテルのレストランでＳｈｉｎさんとお会いし、Ｓｈｉｎさんが長谷川会長と旧知の間柄であったことを知って驚いたのでした。

実は、わたしは、沖ノ島に二度目の特別参拝を果たしたのでしたが。今日は沖ノ島の生態系のさらなる探索とお礼参りの強い気持ちがありました。熊野三山をお参りした三月十一日に東日本大震災が起こりましたが、宗像大社三宮をお参りした本日、Ｓｈｉｎさんの右足首骨折の知らせを受け取りました。

こんなことを言うと、怒られるかもしれませんが、骨折ですんで、よかったのかもしれません。Ｓｈｉｎさんは、これまで働きすぎ。常人の活動量ではありませんでした。それをわたしは、『満月交感』（下）のあとがきで、「ウルトラマン」みたいだと言いましたが、本当にそう思います。半端ではない活動をするのは、しかし、生身のからだ、です。その生身のからだが、今回、休息のメッセージと、急がずゆっくり進めという「いのちの信号」を送ってきてくれたのだと思います。サンレー社長として、また文筆家・作家として、また冠婚葬祭業の業界の広報委員長として、また今回の東日本大震災に関わる葬儀の現場指揮者として、八面六臂の活動と活躍をしていました。けれども、このまま突っ走れば、まだまだ若い四〇代のバリバリのからだにも、無理の上にも無理が重なり、さまざまな部位に微妙な黄信号が点り、故障も起きやすくなったのではないでしょうか。

今日、わたしは、沖ノ島から辺津宮に戻り、筥崎宮を遥拝し、糸島の桜井神社と二見ヶ浦と延喜式内社の志登神社を参拝し、探索しました。桜井神社には、弥生時代の古墳があり、そこが岩戸宮として本殿の真裏に祀られていました。奥宮であるかのように。桜井神社の本殿をお参りして、その真裏に回り込むと、さらにそこに岩戸宮の社があるわけです。ダイレクトな二重構造になっている、このようなつくりは、日本広しと言えども、ここだければないでしょうか。

しかも、その桜井神社の向かいには伊勢神宮を勧請した形の大神宮があり、それがまた、なんとも巧みな聖地・癒し空間のデザインでした。そこには、拝殿が二つ続いて立っていました。手前は平入り、奥の二つ目の拝殿は切妻の建築様式。本殿は神明造りで、鰹木が六本。左右の千木が内削ぎ（水平、内宮式）と外削ぎ（垂直、外宮式）という、内宮と外宮をミックスした形態なのでした。手前の拝殿の扁額に、「内宮原、外宮宗」という二行書きの文字があり、これが吉田神道のコスモロジーを表現したものであることがわかりました。京都大学は吉田神社のすぐ西隣にありますので、わたしは一人でも、また学生たちと一緒でもしばしば吉田神社を参拝し、吉田兼倶がデザインした「大元宮」にお参りしてその世界観、コスモロジーとそれを空間デザインした用意周到にはいつ行っても驚嘆してしまいます。

延喜式内社の志登神社は豊玉姫神を主祭神として祀る古社で、沖縄の御嶽そっくりの森でこれまた深い感慨がありました。基本的に、神社の森も御嶽の森もよく似ていると思いますが、時々、ところどころに、そっくりの森があり、そんな森を見るたびに、神道と琉球の民俗信仰の古層に共通の

「聖地感覚」、聖地デザインがあると思わざるをえないのです。

わたしは五月初旬に四日間、宮城県と岩手県の沿岸部の被災地を巡り、言葉にできないほどの深い衝撃を受けました。沿岸部を約三五〇キロ車で走り、迂回路や内陸部にも入ったり、岩手県岩泉町の鍾乳洞の洞窟・龍泉洞や安家洞も見学し、福島県境に近い白石蔵王まで戻ったので、トータルおよそ一〇〇〇キロを写真家の須田郡司さんと走行しました。須田郡司さんの記録は須田さんのオフィシャルサイトに、わたしの「東日本大震災の被災地（宮城県・岩手県）をめぐって」の記録はモノ学・感覚価値研究会のホームページ「研究問答」欄に掲載しています。わたしは苦吟・苦渋して、この巡回の記録を言葉にしましたが、本当のところは言葉にできなかった、言葉にしていない、と思っています。それほど、語り得ないほどの衝撃があったのです。ふかぶかとそれは、わたしをつらぬいていて、それをどうしていいか、いまだよくわかりません。時間をかけて、ゆっくりと進もうと思います。その点では、今のＳｈｉｎさんと似ていると思います。

急げば急ぐほど、焦れば焦るほどよくない、と本能が、いや、魂能が告げています。だから、慌てず、急がず、焦らず、自分のペースを自分でコントロールしながらゆっくりゆっくり進みたいと思います。元来、わたしはスピード狂で、速度の人で、カミナリ族でした。しかしこれからは、できるかぎり、スローで行きたいと思います。

明日、一三時半から、東京大学仏教青年会で「宗教者災害支援連絡会・第二回情報交換会」が開かれるので、その会に参加します。そしてそこで、多様な宗教者の「災害支援」の姿や形をよく見、よく聞いて、情報交換を重ね、自分のできること、自分たちでやるべきことをじっくりと考え、実行していきたいのです。今回の災害で拙速は禁物だと思っています。確かに、原発のコントロールは急務でしょう。しかし黄金律はやはり、「急がば回れ」だと思います。Ｓｈｉｎさんも、今、「急がば回れ」の周期に入っているのではないでしょうか。そこから、わたしたちのこれからの長い闘いと取り組みが始まるはずです。

Ｓｈｉｎさんが書いてくれたように、ＮＰＯ法人東京自由大学の総力を結集して行なった「シャーマニズムの未来～見えないモノの声を聴くワザ」は、五〇〇人以上の参会者を得て、盛況裡に終えることができました。これも、参加してくださった皆様方の今に寄せる思いの結集だったと思います。今ここで、何が必要か、何をなさねばならないか、どう生きていくのか、そんなライフデザインや文明デザイン、社会デザイン、スピリチュアルデザインが求められているのだと思います。東京自由大学の催しはその今ここのわたしたちが求める時代デザインのテーマに結合したのだと思いました。

わたしは、この半年、かなりの精力と集中力をこの東京自由大学の催しに注いできました。そして、実に忙しく、急いでいました。でも今、わたしは、スローで行くのだ、とシフトしました。まだまだ加速度がついているところもありますが、じわじわじっくり地道に進みます。地に足をつけます。毎朝、逆立ち瞑想をして、地に頭をつけて、俺はこの大地の上に生きているのだと頭に言い聞かせていますが、これからは足にも言い聞かせます。わたしの頭も足も時々宙を浮きそうになるので。何といっても、バク転・バク宙神道ソングライターですから、ね。だから、そんな直線全力疾走みたいな生き方を止めて、「急がば回れ」路線で、じわじわと進みますので、よろしうお願いいたします。Ｓｈｉｎはんも、じっくり、ゆっくり治療して、心身ともにリフレッシュしリセットしてください。

鎌田東二拝

二〇一一年五月二十一日

第七一信

● 引き寄せの法則

● 星の子供

鎌田東二ことＴｏｎｙさんへ

ここ一〇年ほどで最も長く、そして最も暗く満月が翳る皆既月食が発生しましたね。

まだ松葉杖をついて不自由な毎日を送っていますが、Ｔｏｎｙさんから続々とメールで送られてくる東北の被災地や沖縄・久高島などからの長く深く濃いレポートを読ませていただき、まるでわたし自身がそこに行ったかのような臨場感を覚えております。たとえ、骨折したこの身は小倉にあっても想いだけは東北や沖縄を駆けめぐることができました。

前回のレターでは、心あるお見舞いの言葉、本当にありがとうございました。

レターを読んで、わたしは本当に感謝の念で胸がいっぱいになりました。まるで実の兄弟のように心配してくれる義兄弟の思いやりを心から有難く感じました。Ｔｏｎｙさんのお見舞いの言葉は、これまでわたしが触れた中でも最も魂に響く内容でした。きっと、心から心配して下さったからこそ、真実の言葉となったのだと思います。深く感謝いたします。

さて、わたしは五月二十一日に出張先の尾道で足首を骨折しました。

尾道では、御袖天満宮を訪れました。大林宣彦監督の映画「転校生」のロケ地として有名な神社で、かねてから一度行ってみたかったのです。天満宮の社殿に上がるには、ものすごい数の石段が待っています。汗をかきながら上りきると、見事な楠がありました。まるでアニメ映画「となりのトトロ」

に出てくるような大きな楠です。境内にいた老人にお聞きすると、樹齢四五〇年の御神木だとか。この木を見上げて深呼吸すると、なんだか生命力が漲ってくるような気がします。やっぱり、神社はパワースポットなのだと再確認しました。長い石段を上から見上げると、また壮観です。「転校生」では、中学生の男女二人が抱き合ったままこの石段を転げ落ち、そのショックで二人の中身が入れ替わってしまったのでした。わたしは、境内から長い石段を見下ろして「この石段から転げ落ちたら、大変だ！」と思いました。それで、映画の主人公のように転げ落ちないように、ゆっくりと慎重に石段を一歩づつ下って行きました。なんとか無事に下まで辿り着きました。

でも、この後、別の場所にある石段で本当に転倒してしまったのです！

わたしは、「引き寄せの法則」を実証したのかもしれません。「引き寄せの法則」とは、つまるところ「思考は似た思考を引き寄せる」「思考は現実化する」といった法則です。世界的ベストセラー『ザ・シークレット』の著者であるロンダ・バーンによると、この法則は自然の法則だそうです。「それは万有引力の法則と同じように、公平、かつ客観的なものです。それはまた、厳密かつ正確な法則です」と書いています。自然法則ですから、個人的な感情を汲み取ってくれないし、善悪の区別もしません。「引き寄せの法則」は、人の考えていることをその人に還元するだけ、つまり、「あなたの思いを受信して、ただそれを送り返してあなたの人生経験にしている」というのです。

わたしは「転校生」に出てくる神社の長い石段を上から見下ろして、「ここから落ちたら大変」と思いました。そのとき、わたしは自分が石段を転落するシーンを映像としてイメージしたわけです。その石段は、非常に注意深く下りたので大丈夫でした。しかし、その三〇分後ぐらいに別の石段で足を踏み外し、転倒してしまいました。わたしは「石段を転落する」という思考を時間差で現実化したわけです。くれぐれも、けっして否定的なことを思ってはいけませんね。肯定的なこと、良いことだけを選ぶべきだと痛感しました。

まあ、「引き寄せの法則」とか何とか言っても、わたしの不注意から石段を踏み外したわけですが、まったく人生は何が起こるかわかりません。昔の人は「一寸先は闇」と言いました。骨折そのものよりも、今後の予定が大幅に狂うことが痛いと思いました。思わぬ骨折によって、わたしの未来が加速度的に変化していくのを実感しました。まさに、こういうことを人生における「想定外」というのでしょう。しかし、被災地の方々や福島第一原発の避難民の方々に比べれば、わたしの「想定外」など問題にもなりません。

このたびの「東日本大震災」こそは、まさに日本および日本人にとって想定外の出来事でした。日本は地震大国であり、地震や津波に対する備えも十分になされていました。過去に何度も被災した三陸海岸周辺では「世界一」の津波対策をしていたにもかかわらず、その備えでさえ対応できない事態が生じたのです。わたしは、もともと大自然に対して「想定内」など有り得ず、不遜以外の何ものでもないと思っています。今回の大地震で、わたしたち日本人は「人間の力では絶対に及ばない超越的なものがあることを思い知りました。

東日本大震災は、日本にとっての大きな危機でした。英語の「クライシス」は、そもそも「分岐点」という意味です。わたしが石段で足を踏み外し骨折したのもクライシスであり、分岐点でした。あのまま石段を転げ落ちて頭を打って絶命していた可能性もあったからです。こういうときは、「足の骨折ぐらいで済んで良かった」と考えなければなりませんね。

それはともかく、東日本大震災は、日本の重要な分岐点となりました。というより、あの瞬間から日本は新しい歴史段階に入ったのです。「危機」という言葉は英語なら「クライシス」ですが、その語源は、「決定」「判決」「ことの趨勢が定まるターニングポイント」を意味するギリシャ語の「クリシス（krisis）」です。わたしたちは今まさに、いくつかの重要な選択を下すターニングポイントに立っているのかもしれません。危機のサインは至る所で読み取ることができます。そして、もっと大切なのは、危機のサインを感知したとき、けっして悲観的になってはならないということです。

危機感と悲壮感は違います。単に「この業界に未来はない」などと騒ぎ立てるだけでは悲壮感は生まれても、危機感は育ちません。「大変な時代になったが、これだけのことをやれば大丈夫だ」という生き残るための前向きで明確な指針が必要です。そう、的確な指針を打ち出して実行しさえすれば、危機（ピンチ）は新たな機会（チャンス）になります。

この考え方は、「禍転じて福となす」という言葉に通じます。また、わが社では「何事も陽にとらえる」ことを大切にしています。骨折した直後は、「足の骨折ぐらいで済んで良かった」と考えましたが、今は「足を骨折して良かった」と思うことさえあります。骨折していなかった頃には見えなかったことが色々と見えてくるからです。

特に、足の不自由な方や高齢者の気持ちが少しだけ理解できるようになりました。北九州にある当社施設も回ってバリアフリーの具合をチェックできました。何よりも、松葉杖をついていると、人の心がよく見えてきます。本当に思いやりのある人。思いやりはあるけれど、それを「かたち」に表すのが苦手な人。そして、まったく思いやりがない人……サービス業におけるホスピタリティを考える上で、非常に勉強になります。

しかし、わたしが「骨折して良かった」などと強がりを言えるのも、すべては周囲の人々のサポートのおかげです。まずは家族、そして会社のみなさん、本当に毎日お世話になっています。骨折してから、「ありがとう」という言葉を口に出す回数が本当に増えました。それまでも「ありがとう」は口癖にしているつもりだったのですが、この二週間は倍以上の「ありがとう」を言っています。「ありがとう」と口にするだけで心が感謝モードに入り、幸福感が湧いてきます。まったく、ありがたいことです。特にお世話になっている妻には、感謝してもしきれない思いです。わたしが骨折してから、小学六年生の次女も優しく接してくれます。サンレー社長室の鳥丸耕一課長、織田祐子さんにも、手を合わせて拝みたいぐらいに感謝しています。松葉杖を支えているので、手は離せませんけれど…。

拝むといえば仏教の僧侶をイメージしますが、現在、アニメ映画「手塚治虫のブッダ」が全国ロードショーで公開されています。日本マンガ界最大の巨匠である故・手塚治虫が一〇年を費やして完成させた大作をアニメ映画化したものです。

この映画は、(財)全日本仏教会が推薦団体となっています。わたしが理事および広報委員長を務める(社)全日本冠婚葬祭互助協会も全面サポートさせていただいています。以前、(社)全互協は映画「おくりびと」がアカデミー賞受賞に至る中でサポートした実績がありますが、今回は「手塚治虫のブッダ」です。サンレーグループでも、すでに大量のチケットを購入しました。社員や互助会の会員様などに観ていただきたいと思っています。先日、Ｔｏｎｙさんにもチケットを送らせていただきました。お時間あれば、ぜひ御覧下さい。ちなみに、わたしは今、『ブッダの考え方』(中経の文庫)という本を書いています。今年の十月刊行の予定です。映画で、出版で、東日本大震災後、魂の平安を求める多くの日本人にブッダの言葉が届くことを願っています。

二十一日にはギプスが外れる予定です。また、歩けるようになったら、ぜひお会いしましょう。

それでは、オルボワール！

二〇一一年六月十六日

一条真也拝

一条真也ことＳｈｉｎさんへ

Ｓｈｉｎさん、もうすぐギプスがはずれるのですね？　くれぐれも御身大事にしてください。

さて、わたしは、先週末、福島県相馬市と東京都文京区に行っておりました。福島県相馬市には、「東日本大復興祈願並び犠牲者慰霊大採燈祭」に参加するのが目的。東京都文京区には、東京大学仏教青年会で行われる「宗教者災害支援連絡会・第三回情報連絡会」に参加するのが目的でした。どちらも、心に深く染み込む得難い機会と場となりました。

その祈願・慰霊大採燈祭の前に、福島県相馬市の被災地を巡りました。そして、壊滅状態になっている磯部の地で、この相馬出身で栃木県那須にてスタジオ雷庵を運営している神成當子さん・芳彦さんご夫妻たちとともに祈りを捧げました。そこは、神成當子さんのご母堂の家のあったところでした。その後、松川浦、原釜など、被害の大きかった海岸線を巡り、東日本大復興祈願並び犠牲者慰霊大採燈祭の行われる中村神社に向かったのでした。松川浦には、いまだ何隻もの転覆した漁船がそのままになっていました。また、松川浦に向かう途中の田園地帯で、海から二～三キロ離れた田んぼの真ん中に漁船が乗り上げてそのままになっている光景も見ました。

この相馬市の磯部や松川浦あたりは福島原発から三〇キロほどの距離があります。一部が警戒地域になっている二〇キロ圏内の南相馬市に隣接している市です。もちろん、そんなこともあって、風向きでは、放射性物質の飛散も大変心配される地区でもあります。

星野文紘さんが言われるように、その地域に、昔から、出羽三山信仰が広がっているようです。そこで今回、羽黒修験道の大先達である星野文紘氏が呼びかけ人となって、震災後一〇〇日の節目に当たる日に、この相馬の中心をなす妙見信仰を持つ中村神社に隣接する長友公園で、復興祈願と慰霊の祭りを行なうこととなったのです。そこで、地元の方々はもちろん、それに賛同する方々が全国各地から駆けつけてきて、一緒にこの大採燈護摩を厳修することとなったわけです。

海岸線の被災地区を巡り、午後五時前に長友公園に到着すると、すでに大採燈護摩壇と祭壇が組まれていました。そしてその前で、山伏装束に着替えた星野さんが椅子に座って、隣の若者とにこやかに話をしていました。まずは星野さんにご挨拶をしたところ、おもむろに隣の青年が立ち上がって、「鎌田センセイですか?」とたずねるのです。「ええ」と答えると、その端正な顔立ちの青年は、自分は朝日新聞の記者で、以前、早稲田大学でわたしの授業を受けたことがあると言うのです。本来は、横須賀支局の記者だが、今は緊急に、被災地市職支援のため福島に派遣されているとのことでした。

彼の話では、早稲田大学法学部二年生の時に、非常勤講師だったわたしの担当する「宗教学」の授業を受講したそうです。驚いたことに、現在、朝日新聞秋田支局にいて、五月四日に被災地近くの岩手県遠野市で再会した矢島大輔君と同級・同学年だと言うのです。しかも、同じ水嶋ゼミに属していて、久高島も一緒にフィールドワークしたとか。その矢島君とこの矢吹君は親友だと言うのです。

そんな驚きと高揚の中、典儀の司会進行による式の流れは、粛々と進みました。一体となった羽黒山伏の心と振る舞い。午後六時四五分に、中村神社拝殿前で参拝。そこから二七名の山伏が法螺貝を鳴り響かせながら参進し、中村神社鳥居を抜けて、長友公園の祭壇前に進み出ます。そして、全員の法螺貝が鳴り響く中、点火の儀式が行われ、星野さんの先導により、羽黒修験独特の力強い祭詞や祝詞などが奏上されました。

約一時間でこの「日本大復興祈願並び犠牲者慰霊大採燈祭」第一部は終了しました。星野さんの結びの挨拶の後、すぐに山形県県議会議員の草島進一さんの司会で、第二部が始まりました。草島さんは、阪神淡路大震災の時、会社から三日間の許可と休暇をもらって神戸にボランティアに駆けつけて、そのまま三年間「神戸元気村」の副代表として活動してきた市民活動家で、現在は、災害NG

O・月山元気村の代表でもあります。その草島さんとは、神戸からの祈り以来、一三年来の親交があります。草島さんの紹介で、まず、わたしが口上を述べ、鎮魂の念いとともに、石笛・横笛・法螺貝を奉奏しました。口上を述べた後、すぐに、石笛と横笛と法螺貝の三種の神器を吹き鳴らしました。続けて、大阪在住の音楽家・岡野弘幹さんの不動明王の真言がフィーチャーされたインディアンフルートや太鼓とシンセサイザーによる音楽を三〇分ほど奉納演奏されました。

その演奏中に、突然、大地がぐるぐるとうごめいたのです。すぐさま、「地震だ！」という声が聴こえたのですが、しかし、誰一人としてその場を動く者はいませんでした。その時わたしは、何か、大地の底の鯰が動いているような、あるいは、地球の中で胎児が母のお腹を蹴っているような奇妙な感覚に襲われました。そして、「ああ、生きてるんだな、この地球は」という、突き上げてくる圧倒的な思いに貫かれたのです。それは、奇妙なのですが、至福の喜びの感覚だったのです。

地震は、確かに、人間世界に災いをもたらします。でも、それだけではありません。災いだけでなく、中長期的には豊かな恵みをもたらしてくれます。そのことを、古くからの日本人は、「八百万の神々の和魂《にぎみたま》と荒魂《あたみたま》」ととらえてきたのです。その荒魂の発動は、この大地が、地球が、生成化育し、ダイナミックに生きている証拠でもあります。地球のお腹の中で、多種多様なるいのちが脈動している証拠でもあります。それは、生の根源といのちの深みを知らせてくれる大切なメッセージだと思ったのです。そんな思いが、瞬時に、四方八方から押し寄せて来ました。岡野弘幹さんを見ると、岡野さんは何事もなかったかのように、凄い集中力で、静かに、たじろぐことなく、しなやかに演奏を続けています。東の空を見ると、金星でしょうか、星が一つとても明るく瞬いていました。

採燈護摩の残り火と中天近くに瞬く星を見ながら、あらゆるものが、遠くて近い、不思議な連鎖反応の中にあると感じました。それは、「妙」というほかない感覚でした。そんな、「妙」の中にわたしはたゆたっていました。嗚呼、こんな放射性物質の飛散が続く中でも、わたしたちは生き、地球の脈動にこころとからだを開くことができるのだ。そして、同時に、心の底から参加者と共に心を合わせて、地震と津波で亡くなった方々の慰霊の儀式を行なうことができる。

一見矛盾しているようでいて、まったく矛盾などではなく、ひとつらなりの脈動の「妙」の連鎖の中にあって、わたしたちすべてが、互いに引き付けあったり支え合ったり身を寄せ合ったりしているのです。生きているということ、存在しているということは、そんな不定形に見える多様多層的な連鎖や連係の妙中のなかにあるということだと悟らされた思いがしたのです。

相馬中村神社は、古くからの妙見信仰を持つ神仏習合の社寺だったようです。この羽黒山伏たちの大採燈護摩を通して、わたしたちは、神仏のみならず、死者の魂と交流し、死者の魂が還ってゆくと信じられた「月山」への回路とネットワークの妙とその宇宙性を感じ取りました。護摩壇の真上に星が瞬いてきたことも影響したでしょうが、「宇宙」というものを強く、強く感じておりました。そして、六月七日に沖縄県宜野湾市の国際コンベンションセンターの大ホールで観世流能楽師の河村博重さんと共に能舞「宇宙」を上演したことを思い出しました。ぼくたちはみな「星の子供」だ。「スターチャイルド」だ。その星の子供たちが生死の連鎖を重ねながら、生老病死の無常の波間を漂っている。そんなかぐや姫・かぐや彦のような、存在のグラデーションの妙趣を感じていました。

その時の感覚と、今日見た「手塚治虫のブッダ」とは、どこかつながっています。Ｓｈｉｎさんに券を送っていただき、今日、ようやく映画を観ることができましたが、しかし、残念ながら、映画としては失望しました。宗教家や魔術師を映像にするのは、なかなか難しいとも思いました。わたしは、昔から宗教や魔術に関心を持ってきたので、それを伝えるワザが難しいこともよくよく感じてきました。しかし、それを踏まえて、今この時代にこそ、宗教や魔術のワザについて、深く透明な認識と表現が必要だと感ぜずにはいられません。そんな探究に、これからも微力を尽くしたいと思っています。それでは、次の満月まで、くれぐれも御身お大事に。

二〇一一年六月二十日　鎌田東二拝

第七二信

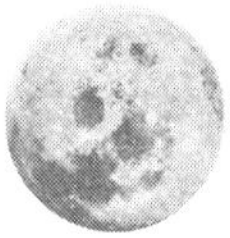

● 涙の般若心経
● 現代の「モンク」

鎌田東二ことＴｏｎｙさんへ

Ｔｏｎｙさん、お元気ですか？　多忙な毎日を送っておられることと存じます。それにしても毎日、暑いですね！　今年の夏は節電意識が高いせいか、いっそう暑いように感じます。政治のほうはお寒いかぎりで、菅内閣は迷走を続け、もはや末期症状ですね。さまざまな報道に接するたび、呆れたり、暗澹たる思いを抱いてしまいます。

さて、わたしはようやくギプスも外れ、松葉杖も使用しなくてよくなりました。現在、歩くときには通常の一本杖を使っています。一昨年、オーストラリアで求めたものです。グレートバリアリーフで足を負傷したので求めたのですが、日本ではあまり見ないようなカラフルなデザインです。また分解してコンパクトに収納もできるので、なかなか気に入っています。一昨日、北陸大学前期最後の試験を行いましたが、わたしは、この杖をついて問題を解く学生たちを見守りました。

杖といえば、その前日に読んだ本の内容を思い出します。小松空港へ向う飛行機の中で読んだ本なのですが、杖のことが出ていました。中西進著『古代往還』（中公新書）という本で、その中に「転ばぬ先の杖」という項目があります。

ギリシャ神話によるとテーバイ王の子オイディプスは怪物スフィンクスから謎をかけられます。「朝は四本足、昼は二本足、晩は三本足をもつ動物は何か」と。正解は人間でした。幼児は四本の手足で這い、成長すると二本足で歩き、やがて年老いて杖にすがるわけです。すなわち、杖とは人間が創造した第三の足なのです。ヨーロッパでは昔、足が悪くなくても聖人や学者は杖を持ったそうです。なぜなら、それが知恵のシンボルとされたからです。そういえば、かのモーセも杖を持って、紅海を二つに割りました。魔法使いも杖を持って、いろんなものの姿を変えました。アイルランドでは杖で泉を湧かせ、地中の金を掘り当てたそうです。オーケストラの指揮者は今でこそ軽やかな指揮棒を振りますが、昔は重い杖でした。杖には人々をリードする力があると信じられていたのです。ロシアの文豪トルストイは大地主でしたが、広大な邸宅のどこかに幸福の杖が埋まっているという伝説を信じ、終生それを探し続けたといいます。

著者の中西氏は、「こうしてみると、人類が杖に対して抱いてきた感情は、並なみならぬものがある。知恵や幸福がやどるもので、杖に指揮されて生きてきたといってもよかったほどだった」と述べています。わたしは、この本を読んでから、なんだか杖に愛着が湧いてきました。足の怪我が完治した後も、杖を持ち続けようかなとも思いました。

さて、骨折してから大学の講義で金沢に二回出掛けた以外は出張をしませんでした。基本的に小倉のサンレー本社にずっとおりましたが、多くの方々が訪ねてきてくれました。たとえば、金澤翔子さんが来て下さいました。ダウン症の天才書家として非常に有名な女性です。

翔子さんとは、じつに一年ぶりの再会です。初めてお会いしたのは、昨年の六月で、場所は東京・銀座にある画廊でした。その画廊で翔子さんが書いた「般若心経」の世界が展示されていました。わたしは会場に足を踏み入れた途端、思わず息を呑みました。そこに書かれた、すべての文字が生きているようだったからです。「観自在菩薩……」から始まる文字の一つひとつが光り輝いて和紙から飛び出してくるような錯覚を覚えました。そして、浄土の世界が現出するような感覚にとらわれました。翔子さんは、書家として「一〇〇年に一人の天才」と呼ばれているそうです。

会場には、翔子さんが一〇歳のときに書いたという「般若心経」も展示されていました。それもまた見事な作品でしたが、部分的に染みがありました。そこを指差して、翔子さんは「これはね、わたしの涙の跡なんだよ」と教えてくれました。障害を持つ翔子さんに書を指導したのは、母親の金澤泰子さんでした。泰子さん自身も書家だったのです。涙の跡がついた「般若心経」を見ながら、わたしは「おそらく、子も母も多くの涙を流してきたのだろう」と思って、胸が熱くなりました。

その「涙の般若心経」は屏風に表装して、いま、わが社のグリーフケア・サロンに置かれています。愛する人を亡くした多くの方々が、翔子さんの書いた「涙の般若心経」を見て勇気を与えられ、また死別の悲しみを癒しています。中には、涙がとまらないほど感動する人もいらっしゃいます。

じつは、翔子さん自身も、愛する人を亡くした人なのです。翔子さんの父親は悟さんといいますが、すでに故人となられています。悟さんは翔子さんを溺愛し、「翔子が二〇歳になったら個展を開こう。ダウン症の子がここまでになりましたという報告の会にするんだ」と言っていたそうです。残念ながら悟さんは、その夢を叶えることなく夭折しましたが、翔子さんは「お父さまは影になって私を助けてくださる」と思っていたそうです。わたしも、亡くなった悟さんは、姿は見えなくとも実際に翔子さんをサポートしていたと信じます。二〇歳で待望の個展を開催し、それが大成功に終わったとき、翔子さんは「お疲れさま」という父親の声が聞こえたそうです。

さて、今回の翔子さんの北九州訪問はお母さんの金澤泰子さんと一緒でした。「サンレーグランドホテル」および「小倉紫雲閣」で、わが社のイベント「サンクスフェア」が開催されましたが、そこで翔子さんの席上揮毫を行ったのです。泰子さんの講演会も開かれました。再会した翔子さんは、とても懐かしそうに、喜んでくれました。また、骨折したわたしの足を見て、とても驚いていました。そして、「かわいそう」「痛いの?」と言ってくれ、優しくさすってくれました。翌日の席上揮毫で、翔子さんは東北の被災地でも書いたという素晴らしい字を書いてくれました。それは、「希望光」という素晴らしい字でした。

もう一人、訪問者をご紹介したいと思います。NPO法人北九州ホームレス支援機構（現在はNPO法人抱樸に名称変更）の理事長である奥田知志さんです。初めての著書である『もう、ひとりにさせない』（いのちのことば社）をサンレー本社まで届けて下さいました。奥田さんは、東八幡キリスト教会の現役の牧師さんです。滋賀県大津市の出身で、関西学院大学神学部大学院修士課程および西南学院大学神学部専攻科を卒業されました。学生時代に訪れた大阪市・釜ヶ崎（現あいりん地区）の日雇い労働者の現状を目の当たりにし、ボランティア活動に参加したことがきっかけで、牧師の道を歩み始めたそうです。現在、わが国のホームレス支援の第一人者です。作家の平野啓一郎さんと一緒に講演活動を行い、脳科学者の茂木健一郎さんが司会を務めるNHK「プロフェッショナル 仕事の流儀」にも出演されています。

わたしが奥田さんのことを初めて知ったのは、NHKで昨年放映された「無縁社会」をテーマにした討論番組でした。何人かのパネラーの中で、奥田さんが「どうすれば、無縁社会を乗り越えられるのか」について、最も的確な意見を述べていました。

日々、多くのホームレスの方々と接していく中で「人と人とのつながり」について体験を通して考え抜いている方だと感じました。それは、日々、「死者の尊厳」や「愛する人を亡くした人の悲しみ」について、体験を通して考え続けているわたしにも通じることでした。わたしも「人と人とのつながり」を再生し、新しい「有縁社会」を築くために「隣人祭り」を行っています。ということで、それ以来、奥田さんに早くお会いしたかったのですが、お互いに多忙でもあり、やっと今年の四月に初めてお会いできました。

そのとき、奥田さんが中心となって進めておられる「絆プロジェクト北九州」について説明を受けました。官邸ホームページにも取り上げられていましたが、東日本大震災の被災者を北九州市に受け入れて総合的にサポートしようという計画です。北九州市へ避難してこられた方々が社会的に孤立することがないよう、被災者に対して、住宅確保や生活物資の提供から心のケアまで、自立・生活再建に向けた、官民が一体となっての「新しい仕組みづくり」です。民間の力を最大限に活用したこの仕組みは、これからの地域福祉を推進する力として期待されている、「新しい公共」による先進的な取り組みとなります。

北九州市や北九州商工会議所も、最大限の協力をするため、いち早く担当ラインを立ち上げました。それぞれの組織がしっかりと役割を果たし、被災者にとって北九州市が「第二のふるさと」ともなるよう、心のぬくもりが感じられる支援を一体となって行うというプロジェクトなのです。わたしは、素晴らしいプロジェクトだと思いました。わたしは奥田さんの情熱に感銘を受け、かつて日本においで隣人愛を実践した賀川豊彦の姿と重なりました。よく考えれば、東日本大震災では多くの方々が家を失うという「ホームレス」状態になったわけであり、まさにホームレス支援の第一人者である奥田さんの出番です。「ハウスレスとホームレスは違います」という奥田さんの言葉も印象に残りました。家をなくした人はハウスレスだけれども、絆をなくした人はホームレスだというのです。多くの人々が「絆」を取り戻し、「有縁社会」を再生するのが、わたしの願いです。

現在ではすでに数十世帯が東北から北九州に移住して来られ、新生活をスタートさせているそうです。住まいは整い、家具や家電も寄付で十分に用意されています。後は、移住された方々の仕事が必要になってきます。その件で奥田さんから具体的な相談を受け、わたしは快諾いたしました。ぜひ、被災者の方々にわが社に入社していただきたいと思っています。

「絆プロジェクト北九州」は全国的にも注目度が高く、先日も「朝日新聞」の全国版で大きく紹介されました。記事の最後には、わたしも「雇用に前向きな冠婚葬祭会社の社長」として紹介されています。そして、「地域の絆で受け入れる趣旨に賛同した。震災で受け入れる側の地域力も試されている」という発言が掲載されています。

もうすぐ、被災者の方々の採用面接を行いますが、一人でも多くの方々が入社いただけることを楽しみにしています。けっして、「当社の人員は間に合っているのだけれども、困った時はお互い様だから採用しましょう」ではありません。わたしは、大震災の被災者だからこそ採用したいのです。というのは、地震や津波や放射能で極限の体験をされた方々にとって、その体験は「強み」となりうると思っているのです。極限の体験をされたからこそ、他人の痛みがわかる方が多いのではないかと期待しています。特に、グリーフケア・サポートの現場において、被災者の方々の活躍に大いに期待しています。

ということで骨休み（?）をしながらも、いろんな方とお会いして、自分なりに世直しについて考えております。これから暑さがさらに猛威を増すと思われますが、Ｔｏｎｙさんも熱中症などにならないように、くれぐれも御自愛下さい。では、オルボワール！

二〇一一年七月十五日

一条真也拝

一条真也ことＳｈｉｎさんへ

骨折のギブス装着からの解放、まことにおめでとうございます。が、直りかけが大事ですので、くれぐれもお大事にしてください。杖のことは、大変興味深く思います。というのも、わたしも「東山修験道」を始めて、闇の中で杖を突くことを覚えました。「転ばぬ先の杖」を文字通り経験しています。杖のあるなしで、天と地ほどの違いがあります。特に段差のあるところのリスクを格段に回避することができるようになります。事前に段差を察知し、体勢を整えることができるからです。杖の妙味を感じました。今は杖なし生活をしていますが、昨年の夏、北海道の利尻島の利尻山に登った時の杖は、わたしの守護神でした。その利尻島からの帰りに民宿に、杖を忘れてきて以来、物理的には杖なし人生に入りましたが、心の中にはしっかりと「杖」があります。「わたしはあなたの杖になりたい」とか、「人生の杖となる」とか、杖はガイドとかサポートとかの暗喩となります。友だちや夫婦も一種の杖だと思います。支えとなるものはみな杖的ですね。

わたしたちは、七月二十日（水）に、〈京都大学シンポジウムシリーズ『大震災後を考える』――安全・安心な輝ける国作りを目指して～Ⅳ『大震災後の「心のケア」を考える』「災害と宗教と「こころのケア」～東日本大震災現場からの報告と討議」〉という長ったらしい題のシンポジウムを開催しました。大型台風六号が日本列島に襲いかかった時でしたが、「想定外」の一三〇名余の方々が参加してくれました。ありがたいことです。今回の東日本大震災は、すでに何度か言及してきましたが、阪神淡路大震災（一九九五年一月十七日）と大きく異なります。まず、被害の規模・広域。大地震に加えて、大津波の被害、そして「未曾有・想定外」とされる原発被害。この被害の質と量の違いです。

さらに、今回の東日本大震災では、宗教界が活発に支援活動に向けて動いている点でも異なります。阪神大震災の時は、震災の二ヶ月後の三月二十日に地下鉄サリン事件・オウム真理教事件が起こり、「宗教不信・宗教批判」と警戒感が一挙に高まりました。その時、すべての宗教と精神世界やスピリチュアルな活動に大きく深いダメージが与えられました。今のそのダメージから回復しきっていない、オウム真理教問題は解決していないと思います。

けれども、それはそれとして、今回、東日本大震災後、本来の宗教的活動である祈り、祭祀、修法、儀礼や傾聴ボランティアなども実に活発に行われています。特に、伝統仏教教団の活動が顕著です。また、物資輸送や義援金の送付などの物質的救援活動や泥出しも活発です。多くの伝統仏教教団は後継者や檀家や『葬式は要らない』や「無縁社会」などのもろもろの流れの中で瀕死の状態に近づいていましたが、ここで息を吹き返さなければ未来はないという深刻な危機感があると思います。

それから、宗教者と宗教研究者と医療従事者との協力により、宮城県仙台市で「心の相談室」の活動が始まったことも特筆すべきことだと思います。このたび、こころの未来研究センター連携研究員になってくれた鈴木岩弓東北大学大学院文学研究科教授（宗教民俗学）がその「心の相談室」の事務局長を務めていますが、ここには、宗教関係者間の友愛ネットワークが生まれつつあるといえます。宗教者と宗教研究者と医療関係者との三者間協力の仙台モデルの始まりがあり、とても期待しています。たとえば、お坊さんが、「カフェ・デ・モンク」というカフェを開いて、そこで、「お茶っこ話」をして、「モンク（僧）」やみんなに「文句（好きなこと）」を言い合う場を作っているなどの活動も起こっています。これは大人気らしく、なんと、一号店から三号店まであるそうです。今ではもっと増えているかもしれません。現代の「モンク」はなかなかの洒落者です。

また、「宗教者災害支援連絡会」（宗教学者の島薗進氏が代表）が立ち上がったことや、「宗教者災害救援ネットワーク」（同じく宗教社会学者の稲場圭信氏と黒崎浩行氏が共同代表）が立ち上がったことも、一一年前の阪神淡路大震災時とは大きな違いです。もちろん、一一年前にはインターネットが今ほど普及していませんでした。わたしも、使っていませんでした。が、今はインターネット革命が起こり、ツィッターやフェイスブックなどの新しい草の根情報網が発達しています。それらを活用しつつ、そこで、情報の整理や統合や接続などの提供が行なわれています。

ところで、今日、七月二十三日付の「毎日新聞」朝刊京都面に、わたしたちのシンポジウムについての記事が掲載され、そこで玄侑宗久さんの基調報告の一部が、次のように紹介されました。「震災後、福島県で自殺者が増えた。我々が築き上げてきた感覚でとらえられない放射能と向き合うことによる心のダメージが大きい」、「ただちに健康に影響は与えないと言い続けながらホウレンソウや原乳の出荷が停止された。二〇ミリシーベルトで計画的避難をしなさいという一方、子供たちは校庭で遊んでいいという。こうしたことが繰り返されているうちに我々の中で情報の価値が暴落し、『どうせ、また』という最悪の心情が芽生えた」、「義捐金が出たらお葬式を出したいとか、津波で奪われた位牌を返してほしいとか、宗教心の強い地域で起こった震災が人々のつながりを再確認させた」。

玄侑宗久さんは、芥川賞作家ですが、本職は、福島県三春町の臨済宗妙心寺派のお寺・福聚寺の住職です。だから、宗教の問題点も力や可能性も、当事者としてよく認識していますし、現実を知っています。その宗教施設を、玄侑さんが委員を務める内閣の「復興構想会議」は、文化財や観光資源として復興の対象にしていくという文言を入れたそうですが、しかし、「地域のコミュニティの拠点」などという文言は入れられなかったそうで、大変残念がっていました。特に、お寺や神社は地域のコミュニティセンター的な機能や役割を果たしてきた歴史や文化があるので、その伝統文化力を活かさない手はないと、「フリーランス神主」や「神道ソングライター」や「東山修験道」者として、伝統文化を研究もし、ある程度実践もしてきたわたしも悔しく残念に思います。

とはいえ、わたしたちは、着々と自分のやれることをやっていくだけです。我らの義兄弟近藤高弘氏が「宮城県・七ヶ宿・命のウツワ・プロジェクト」の趣意書を書き上げ、明日くらいから七ヶ宿でまるまる一ヶ月に及ぶ「ウツワ」づくり作業を始めます。近藤さんは、「無限の会」の代表で陶芸・美術家ですが、Ｓｈｉｎさん同様、二〇〇八～二〇〇九年度まで、こころの未来研究センターの「こころとモノをつなぐワザの研究プロジェクト」の共同研究員を務めてくれました。わたしは、近藤さんがつくる「ウツワ」づくりのように、物から心に届ける道と、気功や瞑想や芸能や音楽・舞踊などのような体から心に届ける道と、祈りや慰霊祭や儀式などのように魂（霊）から心に届ける道の三つの道の総合と立体交差を着実に実行していきたいと考えています。ぜひＳｈｉｎさんも協力してください。十月十日には宮城県の七ヶ宿町の安藤家で「命のウツワ」に関するシンポジウムを行ないます。その時、この十数年取り組んできた野焼きワークや「解器《ホドキ》」ワークのことも話されると思います。

前回のムーンサルトレターで、六月十八日に福島県相馬市中村神社と長友公園で、羽黒修験道の大先達の星野文紘さんが中心となって開催した「東日本大復興祈願並びに犠牲者慰霊大採燈祭」のことを書きましたが、その時の写真を写真家の三好祐司さんが送ってくれました。三好さんの最後の写真にはきれいに北斗七星が写っていますが、この長友公園隣の中村神社は北極星と北斗七星で象徴される「妙見さん」（神社神道的には、天御中主神）を祀っています。この日の夜空。とても美しい光景であり、写真です。宇宙の神秘というか広大さと深遠と崇高を改めて感じます。そしてこの地球もまた神秘で深遠で崇高な水の惑星であることに、改めて、ありがたくも、よろこびとかなしみとともに感じます。

二〇一一年七月二十三日

鎌田東二拝

第七三信

● ジブリ映画

● ロイヤル・タッチ

鎌田東二ことＴｏｎｙさんへ

Ｔｏｎｙさん、日本中がお盆休みの最中ですが、いかがお過ごしですか？

月刊誌『清流』九月号でのＴｏｎｙさんのインタビュー記事を拝読しました。「日本人はなぜ月に魅せられるのか？」というテーマで、大変興味深かったです。

平安貴族たちが月を愛でる観月宴を開き、即興で和歌を詠んで楽しんだこと。それ以前に、太古から脈々と流れる月への信仰があったこと。それが、わたしたち現代人にも確実に受け継がれていること。それらの話題が語られていましたが、宮崎駿監督のアニメ「となりのトトロ」には〝月待ち〟の風習が登場するというくだりに特に関心を持ちました。

Ｔｏｎｙさんもおっしゃるように、本当に日本人は月が好きですよね。日本文化を考えるキーワードの一つは「自然」でしょうが、松尾芭蕉は、自然を「造化」と呼びました。「造」はつくりだすこと、「化」は形を変えることです。英語の「ネイチュア」と見事に一致していますね。すなわち、ネイチュアとは、物ではなく運動です。そして日本の自然において、「雪月花」がそのシンボルとなります。つまり、雪は季節の移り変わり、時間の流れを表わし、月は宇宙、空間の広がりを表わします。花は時空にしたがって表われる、さまざまな現象そのもののシンボルといえるでしょう。「造化」の三大要素の一つが「月」である意味はとても大きいと思います。日本では、明治の初めまで暦は中国にならって太陰暦を使っていました。いうまでもなく、農耕のプランもそれによって決められていました。当然、日本人の生活全体にわたって月が深く関わってきたことがわかります。わたしたちの「ムーンサルトレター」も、いわば日本的感性の延長線上にあるわけですね。

Ｔｏｎｙさんのインタビュー記事には「となりのトトロ」が登場しましたが、最近、わたしはスタジオジブリの最新作「コクリコ坂から」を大学一年生の長女と一緒に観ました。なかなか心に沁みる佳作でした。足を骨折して以来、久々の映画館でした。場所は、東京の六本木ヒルズにあるＴＯＨＯシネマズです。今年から新たにスタートする高齢者介護事業の打ち合わせのため東京を訪れ、打ち合わせ終了後に大学の前期試験を終えた長女と一緒に映画鑑賞したのです。わたしたちは、親子揃ってジブリ映画の大ファンです。わたしは「となりのトトロ」や「魔女の宅急便」が大好きですが、長女は「猫の恩返し」の大ファンで、「ゲド戦記」もなかなか気に入ったそうです。

「コクリコ坂から」の原作は、一九八〇年頃に「なかよし」に連載された少女漫画です。原作者は男性ですが、明らかに七〇年代の経験を引きずっており、宮崎駿氏によれば「学園紛争や大衆蔑視が敷き込まれている」印象です。校内討論会の最中に俊が反対意見を壇上で述べている生徒の発言を遮って立ち上がり「ナ〜ンセンス！」と叫んで、壇上に駆け上がる場面などは正直言って不快でした。こういったルール無視を青春のシンボルとしてとらえることこそ「ナンセンス」だと思いました。

しかし、三人の生徒が、カルチェラタンの保存を直訴するために、学園の理事長である会社社長を東京まで訪ねていくシーンは良かったです。なにより進歩的な行動を起こしている三人が、訪問先の会社では、とても礼儀正しく振る舞いました。その社長も非常に「理」を重んじる人物で、また色眼鏡をかけずに若者の意見を聞いてくれました。いわゆる腹の据わった経営者で、たいへん魅力的に描かれていました。高度成長期ぐらいまでは、あのように腹の据わった、スケールの大きな経営者がたくさんいたのかもしれません。わたしは、「ぜひ、こんな社長になりたい！」と思いました。

また、主人公の海がカルチェラタンの大掃除を提案したことも良かったです。その案は実行され、生徒たちは明治時代に建てられた古建築を必死に掃除します。その結果、建物は見違えるように綺麗になり、生徒たちの望みもかなえられるのです。わたしはこの場面を観て、男は「保存、保存」と観念的に訴えるばかりですが、女は清掃という現実的な行動を思いつくところが面白いし、また素晴らしいと思いました。世の中は掃除ブームとやらで、よく「掃除力」などという言葉が使われます。この映画こそは、掃除の持つ偉大なパワーを見事に示したのではないでしょうか。

ところで、わたしは、この映画を観るのを非常に楽しみにしていました。三月二十九日の「朝日新聞」に出ていた宮崎駿氏の談話を読んでいたからです。自ら企画した「コクリコ坂から」の主題歌を発表する記者会見で、東日本大震災についての思いを述べたのです。彼は「埋葬もできないままがれきに埋もれている人々を抱えている国で、原子力発電所の事故で国土の一部を失いつつある国で、自分たちはアニメを作っているという自覚を持っている」と述べ、さらに「今の時代に応えるため、精いっぱい映画を作っていきたい」と語ったそうです。その記事を読んで、わたしは感動しました。

同じ新聞には、「遺体の二五％身元不明」という記事も出ており、大震災の遺体の保管を警察側も苦慮していると書かれていました。胸が痛みました。葬儀とは「人間の尊厳」を守ることに他なりません。宮崎氏がコメントの最初に「埋葬もできないままがれきに埋もれている人々を抱えている国で」と発言したのは、そのことが何よりも重要な問題だからでしょう。わが社のミッションは、「人間尊重」です。わたしたちは、一件一件のご葬儀を「人間の尊厳」を守るという使命感をもってお手伝いしたいと考えています。

宮崎駿氏は談話の最後に、「僕たちの島は繰り返し地震と台風と津波に襲われてきた。しかし、豊かな自然に恵まれている。多くの困難や苦しみがあっても、より美しい島にしていく努力をするかいがあると思っている。今、あまりりっぱなことを言いたくないが、僕たちは絶望する必要はない」と語りました。その宮崎駿氏は、映画パンフレットに寄せた「港の見える丘」という企画のための覚書の中で、次のように作品について述べます。

「『コクリコ坂から』は、人を恋うる心を初々しく描くものである。少女も少年達も純潔にまっすぐでなければならぬ。異性への憧れと尊敬を失ってはならない。出生の秘密にもたじろがず自分達の力で切りぬけなければならない。それをてらわずに描きたい」。

「ふたりはまっすぐに進む。心中もしない、恋もあきらめない。真実を知ろうと、ふたりは自分の脚でたしかめに行く。簡単ではない。そして戦争と戦後の混乱期の中で、ふたりの親達がどう出会い、愛し生きたかを知っていくのだ。昔の船乗り仲間や、特攻隊の戦友達も力になってくれるだろう。彼等は最大の敬意をふたりに払うだろう」。そして、最後に宮崎駿氏は次のように書いています。「観客が、自分にもそんな青春があったような気がしてきたり、自分もそう生きたいとひかれるような映画になるといいと思う」。

この映画のテーマの男女の恋愛だけではありません。親子、それも父親と娘の関係というのも大きなテーマです。これ以上ないほど父を慕い会いたがる少女の映画なのです。そんな作品を長女と一緒に観たのも不思議な偶然です。東京の社長に直訴に言った帰り、海と俊が横浜の山下公園を歩くシーンがあるのですが、ほんの三ヵ月ほど前に長女と山下公園を歩いたことも思い出しました。

長女が住んでいる横浜の街も美しく描かれていました。おそらく、この「コクリコ坂から」はわたしたち父娘にとって忘れられない映画になりそうです。そう、映画の記憶とは、その内容のみならず、誰とどこで観たかということが重要なのでしょう。翌日、一緒に飛行機に乗って、わたしたちは北九州に帰りました。

Ｔｏｎｙさんは息子さんと一緒に「手塚治虫のブッダ」を観られたと以前のレターに書かれていましたね。もし「コクリコ坂から」をまだ観ておられないなら、美しい横浜の物語である「コクリコ坂から」を横浜在住の龍明さんと一緒にぜひ御覧下さい。今月の二十日に小倉にお越しとのこと。もうすぐですね。お会いできるのを心より楽しみにしています。

二〇一一年八月十四日

一条真也拝

一条真也ことＳｈｉｎさんへ

残暑お見舞い申し上げます。本日の夜、京都は「五山の送り火」をします。午後八時に大文字（大文字山）に点火の後、妙法（松ヶ崎・西山）、舟形（船山）、左大文字（左大文字山）、鳥居形（曼陀羅山）と次々に点火、およそ一時間ほどで送り火の火は消え、お盆で帰ってきていた先祖のみたまが還っていきます。

お盆の迎え火や送り火の習俗は、祖先祭祀（先祖崇拝）の一つの形ですが、一年に一度、このような形で先祖と子孫との時空を超えた交わりを持つ文化というのは大変奥ゆかしいものだと思います。若い頃はこのような「習俗・慣習」に因襲的なしがらみや圧迫を感じることもありました。特にわが家の場合、平安時代末から続く「酒なし正月」の「習俗」とそれにまつわる史実か伝説かよくわからない歴史的言い伝えがあって、その因襲の圧力にはある時期抵抗感もありました。が、わたしも還暦を迎え、同級生で癌や心臓病や脳出血で亡くなっていく者も出てくる年齢となり、先祖から受け継いできた生活や産業や文化をどう未来に媒介していくことができるかに、心と体と行動をはたらかせなければならなくなって、いわゆる「伝統文化」というものが持っている「安全弁」というか、「社会関係資本《ソーシャルキャピタル》」というか、生存のための文化的安定装置には、大変深い知恵と経験と願いが込められていることがだんだんと身に沁みて分かるようになってきました。

総じて、わたしは「伝統文化」を大事にしてきた一人だと思います。その「伝統文化」も、『古事記』や『日本書紀』に、天照大神を中心神格とする「天つ神」と、大国主神や大物主神や猿田彦大神などを中心神格とする「国つ神」の二系統があるとすれば、主に後者に関わる「伝統文化」の形をより重要視しながら生きてきたと言えると思います。

しかし今、京都に住み着いて五年。「3・11」後の日本の混乱を見据えながら、これからの未来を構想しようとする時、そんな「系統」や「立場」や「流派」を超えてしなければならない大事なことがあるのではないかという思いに衝き動かされます。「大国主神」が「国譲り」をしたという神話はいったい何を物語っているのでしょうか？　改めて、そんなことを考えています。

今回の震災で、今もいろんな方々が身を削りながら被災地支援や原発事故の収束に努力し続けています。そしてこれからも復旧や復興や復活・再生・新生に向けて継続努力がなされねばなりませんし、わたしも微力を尽くしたいと思っています。

そのような状況下の中で、天皇・皇后両陛下の被災地訪問は現地の方々の心と体に身に染みて深く届いたのではないかという印象を持ちました。以前、タイで、現在のタイ国王のプーミポンアドゥラヤデート国王とシリキット女王両陛下をあるパビリオンに案内する場面に立ち会いました。対面するくらいの間近な距離で両陛下を案内するのに同行した際に、タイ国民の王室に対する強く深い親愛と尊敬の念を感じ、「ああ、『ロイヤル・タッチ』というのは、このような文化の中で効果を持つのだろうな」と納得するものがありました。古くから、シャーマン同様、王のタッチ（手で触ること）には一定の治癒効果があると信じられてきましたが、確かにそのようなタッチの呪力というのか霊力がある、と、そこで確信したのです。そして、今回の今上天皇の被災地訪問を報道で知り、かつてのタイ国王と国民との「通じ合い」のあり方を思い出したのです。わたしは天皇制にはアンヴィバレントで、天皇の戦争責任も存在すると考えてきたものですが、今回、そのような思いを抱きました。

多数の身元不明・行方不明者を抱え、帰る当てのない避難所生活をしている方々の中に、どのように心の安らぎやがもたらされるのか、と問うなら、もちろん、「ロイヤル・タッチ」によって一挙に心の安らぎが得られるなどとは思いませんが、しかし、今目の前に起こっている現実を、長い歴史のスパンの中に置いて、自分たちの来し方行く末を見つめるまなざしの身体基盤が無意識であれ意識的であれそこに立ち現れるのは間違いないことではないかと思ったのです。あえて言えば、安心という感情が生起する基盤や土台をなす「ありがたい」という感情と状況の横溢とでもいえるでしょうか。

「全方位外交」ではありませんが、わたしが『神と仏の出逢う国』（角川選書）などで提唱してきた「神仏（n）共働きの時代」とは、自分たちの持てる文化力やリソースや方策（方法論）をすべて「奉納」し「活用」する中で成り立つものです。大国主神の「国譲り」というある種の「超越解」が日本を作った（救った?）のだとすれば、そのような発想と方法の転換が必要ではないかとも思っています。しかしながら、言うまでもなく、あるものは「何でもいい」というわけではありません。すべてを「活用し尽す」という精神で臨みつつも、「活用」できるものの先後や優先順位や効用がその場の状況に応じつつ活かされなければ実際的な「活用」とはならないでしょう。そして、そのような臨機応変的な「活用」と、それを活かすためのグランドデザインが同時的に構想され、提示され、共有されねばならないのはいうまでもないことです。

実は、わたしは、八月八日から十日までの三日間、横浜トリエンナーレ二〇一一の特別連携プログラムである「クシシュトフ・ヴォディチコ〜アートと戦争」国際シンポジウムに参加していました。会場は馬車道駅のすぐ傍の北仲スクールとヨコハマ創造都市センターだったので、三日間横浜にいたのです。そのヨコハマ創造都市センターの一階エントランスで、何気なく何種類かのチラシが置いてあるのを見ていて、見覚えのあるタッチのイラストがあって、手に取ってみると、それが「コクリコ坂から」の宣伝パンフでした。

その表紙は、海が船の帆を上げようとしているイラストでした。そして、海のまなざしの少し上に、「上を向いて歩こう。」と手書きの言葉が書いてありました。右上には、「コクリコ坂から@横浜市KDDI」、左には「コクリコ坂からヨコハマガイド」と書いてあります。そして全体はA4・八頁仕立てで、「不易流行変わらないこと変わりゆくこと〜ようこそ! 現在と過去が共存する街へ‼」とタイトルがあり、「『コクリコ坂から』の面影を訪ねて」と、港ヨコハマ、横浜マリンタワー、日本郵船氷川丸、商店街、学校、タグボート、交通、カルチェラタン、洋風建築、東京オリンピック、一九六〇年代のヨコハマ、暮らしと生活、スタンプシート、「コクリコ坂から」紹介などが掲載されていたのです。

Shinさんもご存じのように、わたしは学生時代一〇年ほど横浜市神奈川区神大寺に住んでいました。駅で言えば、東横線の反町駅、です。なので、横浜駅や桜木町駅や関内駅や石川町駅や氷川丸が停船している山下埠頭や山手の外人墓地や港の見える丘公園にはよく行ったものです。自分の庭みたいに。もちろん、その後、東横線の多摩川園、田園都市線の宮前平、埼玉県大宮市と引っ越し、そして、「大宮人」から五年前に「都人」として完全に京都に身を移したのでした。そんなわけで、「コクリコ坂から」には注目していました。そして、この前息子と会った時、『コクリコ坂から』見た?」と聞いたら、「観たよ、二回。結構よかったね」という答えが返ってきました。

このアニメーションの舞台は、一九六三年の横浜です。その時、わたしは一二歳。中学一年で、徳島県阿南市桑野中学に通っていました。その年の十一月二十二日、ケネディ米大統領が暗殺されました。そのことを、わたしは桑野中学校の体育館でバスケットの練習をしている時に聞かされました。わたしは中一の夏まで剣道部に属し、夏の大会で阿南市で個人戦で準優勝して将来を期待されていたようですが、生意気だったために先輩と殴り合いの喧嘩をし、それがもとで退部した(させられた?)のです。そして、一年生の同級生だけで新たにバスケット部を立ち上げてその練習をしていました。そんな時に、ケネディ暗殺のニュースが流れて来たのです。

あれから、ほぼ半世紀。昨日は「終戦記念日」(この命名は自己欺瞞的でいまだに納得できません。「敗戦の日」とすべきだと思います)、そして、今日は各地でお盆の送り火、京都では「五山の送り火」の日です。ですが、まことに残念なことに、せっかく陸前高田市から送ってもらった松の薪をセシウムが検出されたとか、すったもんだの末、燃やすことができず、悪い火種を残してしまいました。京都市民の一人として本当に残念に思います。

祈りも儀式もとても大事だと思います。そのことをずっと大事にしてきましたし、いくらかは実践もしてきました。しかし、今回、これまでの祈り方や儀式の仕方ではたしてよいのだろうかという疑問が深いところで巻き起こってきました。「伝統文化」の「伝統形式」だけでいいのか? という疑問というか問いが湧き起こってきたのです。被災地の沿岸部を巡っている時に。このような祈り方や儀式でどのように死者のみたまに届くのか? ではここに、どのような祈りがあればよいのか?

どのような祈りがどのように亡くなった方々やまたそれを今も見つめているわたしたち自身に届くのか？　葬儀も祭りも今までのままで通用するのか？　という問いは、根本のところからわたしを揺さぶり、今もその余震は消えていません。わたしは被災地を巡る中で、直接的にではなく間接的に津波と原発事故を追体験し、「存在論的行方不明者」になってしまった、と思っています。

七ヶ浜町の海岸に飛び込んで禊が出来なかった、というのが、その「行方不明」のきっかけでした。禊は神道の前提をなすものです。その神道の土台が崩れた。「草木国土悉皆成仏」という天台本学思想があった。けれども、福島第一原発で振り撒かれた放射性物資の残存する松の薪すら五山の送り火で燃やすことができない状況の中で、本当に、どうすれば「草木国土悉皆成仏」の道を辿ることができるのか？

日本仏教にとっても、日本神道にとっても、思想的・実践的正念場を迎えている。そしてそれを受け止め、立ち越えてゆく思想基盤と方策はまだ見いだせていないと思わざるを得ません。わたしは、今日、これから比叡山に登ってきます。四時になったら登り始め、八時には山から下りてきて麓から五山の送り火に手を合わせたいと思います。けれど、わたしの心の中には「平安京」と命名された「平安」の心には程遠いさまざまなわだかまりと行方不明と闇があります。それらのもろもろの「非平安」を抱えたまま、五山の送り火と今宵の十六夜の月に掌を合わせるしかありません。

二〇一一年八月十六日

鎌田東二拝

第七四信

● 黄泉の国

● 天河火間

鎌田東二ことＴｏｎｙさんへ

松柏園ホテルにて

先日、八月二十日は小倉でお会いできて嬉しかったです。Ｔｏｎｙさんは講演先の下関から、わたしは出張先の鳥取から駆けつけ、小倉の松柏園ホテルで落ち合いました。本当は五月二十一日にお会いするはずでした。

それが、わたしの骨折というアクシデントによって中止され、ちょうど三ヵ月後に改めて再会したわけです。松柏園のロビーでコーヒーを飲みながら、二人で東日本大震災の話題を中心に意見を交換しましたね。

わたしが『のこされたあなたへ』（佼成出版社）という被災者へのグリーフケアの本を執筆していることから、考えていることをＴｏｎｙさんに投げかけ、いろいろとアドバイスを頂きました。その本のプロデューサーは長谷川紗耶香さんという方で、じつは昨年の九月二十三日に奈良の天川村でＴｏｎｙさんから紹介されました。天川といえば、このたびの台風一二号では甚大な被害に遭われたようですね。地震、津波、台風……ここ最近、自然の脅威を痛感する出来事が続いています。

松柏園でお話したとき、原発事故の問題を含めて、大震災の問題はいまだに終わっておらず総括することなどできないとＴｏｎｙさんは言われていました。その後も、二人で夕食をともにしながら、そのことを話しましたね。Ｔｏｎｙさんが放射能の問題を深刻にとらえられ、日本の未来に大きな不安を抱かれていることが印象的でした。

Ｔｏｎｙさんは被災地入りしたとき、海や川が汚染されていて禊ができなかったことに大変なショックを受けられていましたね。今後、日本が禊ができない国土になってしまえば、神道の存亡に関わります。その強い危機感は、わたしにも痛いほど伝わってきました。

九月に入って、わたしは東北の三陸海岸沿いの被災地を回ってきました。本当は五月に訪れるはずだったのですが、わたしが足を骨折したために被災地訪問が大幅に遅れてしまったのです。二〇一一年三月十一日は、日本人にとって決して忘れることのできない日になりました。三陸沖の海底で起こった巨大な地震は、信じられないほどの高さの大津波を引き起こし、東北から関東にかけての太平洋岸の海沿いの街や村々に壊滅的な被害をもたらしました。その被害は、福島の第一原子力発電所の事故を引き起こし、いまだ現在進行形の大災害は続いています。この国に残る記録の上では、これまでマグニチュード九・〇を超す地震は存在していませんでした。地震と津波にそなえて造られていたさまざまな設備施設のための想定をはるかに上回り、日本に未曾有の損害をもたらしました。じつに、日本列島そのものが歪んで二メートル半も東に押しやられたそうです。

大津波による大量死の光景は、仏教でいう「末法」やキリスト教でいう「終末」のイメージそのものでした。わたしは、今も海の底に眠る犠牲者の御霊に対して心からの祈りを捧げるとともに、「ぜひ、祖霊という神となって、次に津波が来たら子孫をお守り下さい」との願いを込め、数珠を持って次の歌を詠みました。

「願はくば海に眠れる御霊らよ神の心で子孫をまもれ」

のどかなイメージの岩手県の一関から宮城県の気仙沼に近づくにつれ、周囲の風景が一変しました。いたるところ建物が崩壊しており、ガレキだらけです。きわめつけは、陸上に漂着した船です。まるで宇宙戦艦ヤマトのような異様な光景に慄然としました。

それから、気仙沼から南三陸へ向いました。途中で、三陸線の鉄道線路がブッツと切れていました。わたしは、多くの人命を奪った三陸の海をしばらく眺めました。南三陸町は根こそぎ津波にやられており、一面が廃墟という有様でした。そんな中に、かの防災対策庁舎がありました。津波が来たとき、最後までマイクで非難を住人に呼びかけ続け、自らは犠牲となってしまった女性職員がいた庁舎です。ここには建物の廃墟の前に祭壇が設えられ、花や飲み物やお菓子などが置かれていました。そして、多くの人々がこの場所を訪れていました。それにしても、見渡す限り一面が廃墟です。

震災後の気仙沼にて

この場所のみならず、東北一帯で多くの人が亡くなりました。大地震と大津波で、3・11以降の東北はまさに「黄泉の国」となりました。古代、「あの世」と「この世」は自由に行き来できたと神話ではされています。それがイザナギの愚かな行為によってその通路が断ち切られてしまいました。

イザナギが亡くなった愛妻イザナミを追って黄泉の国に行ったことは別に構わないのですが、彼は黄泉の国で見た妻の醜い姿に恐れをなして、逃げ帰ってきたのです。イザナギの心ない裏切りによって、あの世とこの世をつなぐ通路だったヨモツヒラサカが一〇〇〇人で押しても動かない巨石でふさがれました。

『古事記』にはそのような神話が語られているわけですが、このたびのマグニチュード九・〇の巨大地震は時間と空間を歪めてヨモツヒラサカの巨石を動かし、黄泉の国を再び現出させてしまったのではないか。そのような妄想さえ抱かせる大災害でした。わたしは、「東北でヨモツヒラサカが再び通じた3・11をけっして忘れず、生存者は命が続く限りおぼえておこう」という願いを込め、数珠を持って次のような短歌を詠みました。

「みちのくのよもつひらさか開けたるあの日忘るな命尽くまで」

南三陸の防災対策庁舎の横には、グニャリと曲がった自動車がありました。まるで、サルバドール・ダリの描いた熱で曲がった時計の絵のような光景です。そんなシュールな絵をながめながら、わたしは目に映る世界が現実であることを確認していました。見ると、「チリ地震の津波水位」を示した看板が倒壊しており、非常に切なかったです。

さらに、南三陸から石巻に向いました。まず、巨大なクジラ大和煮の缶詰が地上に転がっているのに度肝を抜かれました。缶詰工場の巨大オブジェが津波で流されてきたのです。

その近くには、おびただしいガレキの山が延々と続いていました。石巻といえば、大好きな漫画家である石ノ森章太郎の「萬画館」があります。訪れてみると、もちろん閉館でしたが、「再開して」とか「がんばれ、石巻」とか多くの寄せ書きが扉に書かれていました。萬画館の前には教会がありましたが、これも津波でボロボロになっていました。ふと空を見上げると、月が上っていました。

それから、土葬が行われた公営地に向いました。わたしが想像していたよりも、ずっと街中にあったので驚きました。「撮影禁止石巻市」の看板がいくつも掲げられていました。おそらく、無神経に鎮魂の土地をカメラに収めようとする輩が後を絶たなかったのでしょう。当初、二年後の三回忌を目安に掘り起こして火葬にするとされていましたが、火葬場などの復旧を受けて、多くの遺体はほぼ掘り起こされて火葬され直したようです。ただし、一部の身元不明遺体はそのまま土葬の状態です。そこには、「火葬して遺骨を手元に置いておきたい」「先祖と同じ墓に入れてあげたい」「変わり果てた姿をそのままにして土葬しておくのはしのびない」など、さまざまな考えがあるでしょうが、「人並みに火葬にしてあげたい」という遺族の強い想いは共通しています。

今日は、九月十一日です。そう、あの米国同時多発テロ事件から一〇年が経過しました。一九九九年七の月にノストラダムスが予言した「恐怖の大王」も降ってこず、二〇世紀末の一時期、二〇世紀の憎悪は世紀末で断ち切ろうという楽観的な気運が世界中で高まり、多くの人々が人類の未来に希望を抱いていました。

二〇世紀は、とにかく人間がたくさん殺された時代でした。何よりも戦争によって形づくられたのが二〇世紀と言えるでしょう。もちろん、人類の歴史のどの時代もどの世紀も、戦争などの暴力行為の影響を強く受けてきました。二〇世紀も過去の世紀と本質的には変わらないが、その程度には明らかな違いがあります。本当の意味で世界的規模の紛争が起こり、地球の裏側の国々まで巻きこむようになったのは、この世紀が初めてでした。なにしろ、世界大戦が一度ならず二度も起こったのです。その二〇世紀に殺された人間の数は、およそ一億七〇〇〇万人以上といいます。そんな殺戮の世紀を乗り越え、人類の多くは新しく訪れる二〇世紀に限りない希望を託していたのです。

しかし、そこに起きたのが二〇〇一年九月十一日の悲劇でした。テロリストによってハイジャックされた航空機がワールド・トレード・センターに突入する信じられない光景をCNNのニュースで見ながら、わたしは「恐怖の大王」が二年の誤差で降ってきたのかもしれないと思いました。いずれにせよ、新しい世紀においても、憎悪に基づいた計画的で大規模な残虐行為が常に起こりうるという現実を、人類は目の当たりにしたのです。

あの同時多発テロで世界中の人びとが目撃したのは、憎悪に触発された無数の暴力のあらたな一例にすぎません。こうした行為すべてがそうであるように、憎悪に満ちたテロは、人間の脳に新しく進化した外層の奥深くにひそむ原始的な領域から生まれます。また、長い時間をかけて蓄積されてきた文化によっても仕向けられます。それによって人は、生き残りを賭けた「われら対、彼ら」の戦いに駆りたてられるのです。グローバリズムという名のアメリカイズムを世界中で広めつつあった唯一の超大国は、史上初めて本国への攻撃、それも資本主義そのもののシンボルといえるワールド・トレード・センターを破壊されるという、きわめてインパクトの強い攻撃を受けました。その後のアメリカの対テロ戦争などの一連の流れを見ると、わたしたちは、前世紀に劣らない「憎悪の連鎖」が巨大なスケールで繰り広げられていることを思い知らされました。まさに憎悪によって、人間は残虐きわまりない行為をやってのけるのです。

人は、地震や津波や台風などの天災によって死に、殺人やテロや戦争などの人災によっても死ぬのです。石巻では、ひっそりと静まりかえる土葬の地の上空を見上げると、そこに月が上っていました。それを見ていると、月こそ「あの世」であるという想いが強くなりました。世界中の古代人たちは、人間が自然の一部であり、かつ宇宙の一部であるという感覚とともに生きていました。そして、月を死後の魂のおもむくところと考えました。月は、魂の再生の中継点と考えられてきたのです。多くの民族の神話と儀礼において、月は死、もしくは魂の再生と関わっています。規則的に満ち欠けを繰り返す月が、死と再生のシンボルとされたことはきわめて自然でしょう。
夕暮れ時の石巻の上空にかかる月を見上げながら、わたしは次の歌を詠みました。
「天仰ぎあの世とぞ思ふ望月はすべての人が帰るふるさと」
9・11から一〇年、3・11から半年となる今日、わたしは『生き残ったあなたへ』を脱稿し、そのままこのムーンサルトレターを書きました。今宵は夜空に浮かぶ満月を見つめながら、すべての死者の冥福を心より祈りたいと思います。

二〇一一年九月十一日　一条真也拝

一条真也ことShinさんへ

九月のムーンサルトレターの返信を、東京から京都経由で天川に向かう新幹線の中で書き始めます。いつも宿泊する天川村坪ノ内の天河大辨財天社の鳥居の前の民宿今西さんは、今回の台風一二号による被害で床上浸水していて、参拝客を泊めることができない状態です。九月六日にもお見舞いに駆けつけましたが、これほどの被害は、柿坂神酒之祐宮司さんが言われるように、「有史以来の大災害」というほかないでしょう。

じつは、前から今日、九月十一日の夜の一二時頃天川入りして、明日、九月十二日の中秋の名月に天河大辨財天社で行なわれる「観月祭」に参加する予定だったのです。そして、それに合わせて、われらの義兄弟の一人、造形美術家の近藤高弘さんが設計した「世界一美しい窯」である「天河火間《てんかわかま》」で窯入れ・火入れ式を行い、三日三晩窯焚きをしてたくさんの器や作品を焼き上げる予定でした。

しかし、今回の被災によりその観月祭も火入れ式も窯焚きもすべて中止になってしまいました。そこで、近藤高弘さんを始め、これまで一四年間、「天河護摩壇野焼き講」として活動してきたメンバー有志で、何かお手伝いができないかと駆けつけることにしたわけです。

そもそも、天川村を流れる「天ノ川」は南に下る途中、十津川村に入ると「十津川」と名前を変え、さらに和歌山県に入ると「熊野川」と名前を変えます。ですから、天ノ川というのも、十津川というのも、熊野川というのも、同じ一つの川のローカルネーム、地域地域の名付けと名前にすぎないのです。ですから、天川の被害は、十津川の被害と連動し、同時に熊野川下流の新宮の被害と直結しているのです。

今回、北と東に張り出している高気圧の影響で、記録的なまでにゆっくりした速度で進んだ台風一二号は、紀伊山地で未曾有の大雨をもたらしました。もともと雨量の多い地域ではありますが、上北山村では総雨量二〇〇〇ミリを超える記録的な大雨となったとのことです。死者・行方不明者は一〇〇人を超えているようです。

この集中豪雨により、天ノ川—十津川—熊野川水系に二〇〇ヶ所ほどの土砂崩れが起きた模様です。その土砂崩れにより、土砂ダム(天然ダム)や堰き止め湖が作られ、それによって、逆流や滞留が起こり、その増水により大被害が発生し、天ノ川の川筋で甚大な被害が発生したのです。

天河大辦財天社も社務所と参集殿が床上浸水しました。一階天井までは達してはいませんでしたが、一階床上でわたしの身長くらいの高さまでは水が来た模様です。坪ノ内に入る橋の弁天橋を軽々と乗り越えた濁流は三つの土砂ダムに遮られて、途中の山崩れで川幅が狭まった北から南に流れる天ノ川本流の濁流と、東から西に流れる支流の坪ノ内川の土砂崩れを伴う奔流と、南での土砂崩れがもたらした土砂ダムによる逆流の三流が、「天河火間」のあたりの合流点でぶつかって、一挙に坪ノ内の集落に押し寄せたのです。

「これは、有史以来の大災害だ」と柿坂神酒之祐宮司さんは繰り返し言われました。本流と逆流と坪ノ内川の激流の三つの流れが天河火間の前で鉢合わせしたのですから、その言葉は大げさではありません。そのぶつかり合いで、禊殿の前の天河火間のところで三〇メートルの水柱がみるみるうちに立ち上っていって、山の尾根を越えるほどだったとのことです。それはあたかも、天空に牙を剥き出す龍のようだったでしょう。

その光景を地元住民の西岡さんが目撃し、すぐそれを天川村の村役場に知らせ、緊急避難の指示を出して、三五分後に全員が避難したので、その増水による死傷者はなかったとのことです。それはまさしく、この世ならざる光景だったでしょう。気仙沼や宮古で見かけた陸地の上に打ち上げられた巨大なマグロ船のように。超シュールで、想定外も想定外な光景。普通ではありえない風景。天地がひっくり返ったような現場。

そんな中でも、「天河火間」本体は奇跡的に無事でした。生き残りました。これは凄いことです。この大洪水の中で生き延び、水の中から再生した「天河火間」。不死鳥、フェニックスのような。と、ここまで書いたところで、すでに二日が過ぎました。今は、九月十三日（火）の二〇時。奈良県吉野郡天川村北小原の青葉民宿に泊まっています。十一日の夜一二時に到着して、翌十二日と今日十三日は神社や地元の坪ノ内地区の民家の片付けなどのボランティアと土砂崩れの被災場所の視察と観月祭への参加をしました。昨日の満月は被災地の天河大辨財天社の境内から心ゆくまで見上げました。先に記したように、天河大辨財天社の社務所や参集殿を含む坪ノ内地区の民家のほとんどが一階の鴨居の近くまでも床上浸水し、境内の太鼓橋は流され、禊殿の鳥居の一番上の笠木が流されるという状態の中で、「天河火間」は奇跡的に無事でした。屋根が浮き上がって、持ち上がり、五メートルほど前方に流されてい半倒壊していますが、穴窯の「天河火間」本体の方はほとんどまったくといっていいほど被害がありません。

昨日、京都の山科から夫人と弟子の高木さんとともに片付け手伝いと観月祭に駆けつけてくれた近藤さんの話では、二～三回ほど、乾燥させるために窯の空焚きが必要だけれども、しかし、その次には間違いなく一二〇〇度を超す燃焼に持って行けるとのことでした。これまで、二回、「天河火間」をそれぞれ三日三晩焚いていますが、一一五〇度前後まで行ったもののも、最後の最後で一二〇〇度にまで上昇しなかったのです。

一二〇〇度まで行かないと、釉薬などが溶けないこともあって、それぞれ素晴らしい作品は焼き上がりましたが、完全な窯変が起こらなかったために、期待したような完成度の高い作品とまでは行き着かなかったのです。過去二回。しかし、完全に洪水のために水没し、三〇メートルの水柱の波状攻撃を何波にもわたって受けながらも、壊れることもなく、どっしりとそこにあり続けた「天河火間」は、これによって心の御柱を打ち建て、芯が生まれ、魂が籠り、命が宿り、不死鳥のように甦って、次の火入れには必ずや素晴らしい作品が生み出されると確信しました。

近藤高弘さんは、八月いっぱい、一ヶ月かけて一〇〇〇個の「命のウツワ」を作りました。宮城県七ヶ宿町の西山学院高校に一三年前に造った登り窯の「無限窯」で。お弟子さんたちのものを入れると二〇〇〇個になるとのことです。これをまず、仙台市の「心の相談室」を窓口にお届けし、それから福島県と岩手県の被災地の方々に届ける接点ができました。どちらも、地元のお坊さんです。お一方は被災者で原発一五キロ圏内のお寺を離れて、福島県相馬市で仮設のお寺を作って頑張っている僧侶の方。もうお一方は、盛岡を拠点に岩手県大槌町で震災直後からずっと傾聴ボランティアを続けてこられた女性の僧侶の方です。

来月、十月十日（月・祝日）には、近藤高弘さん主宰の「無限の会」の一〇周年の記念イベントがあり、ライブや記念式典や「東北被災者支援活動『命のウツワ』シンポジウム」を開催します。場所は、宮城県刈田郡七ヶ宿町字滑津の「七ヶ宿・安藤家本陣」で行います。シンポジウムのパネリストは、近藤高弘さん、心の相談室事務局長で東北大学教授（宗教民俗学）の鈴木岩弓さん、安藤家十九代当主で宮城県県議会議員の安藤俊威さん、NGO月山元気村代表で山形県県議会議員の草島進一さんです。わたしが司会を務めます。

ところで、NPO法人東京自由大学の恒例の夏合宿は、八月二十七日から三十一日まで、屋久島に行きました。去年は北海道で、室蘭から小樽、宗谷岬、利尻島、礼文島に行き、「宮沢賢治の詩魂を訪ねる旅」でしたが、今年は屋久島に住んで農作と詩作と思索に専心した詩人の故山尾三省さんの「詩魂」を訪ねる旅でした。テーマは、「原生林と水の島・屋久島と山尾三省の詩魂を尋ねて」。同行講師として、去年の北海道の旅と同様、音楽家のあがた森魚さん。さらに現地講師として、作家で野鳥研究家の鳥飼否宇さんと自然体験ファシリテーターで本然庵庵主の中野民夫さん。

おかげさまで、すばらしい自然とすばらしい人々との出逢いの中で、大変充実した実りのある東京自由大学らしい夏合宿ができたと思います。山尾三省さんの弟の山尾明彦さんや三省夫人の山尾春美さんにお会いできたことも、ありがたいことでした。山尾三省さんは、二〇〇一年八月二十八日に満六二歳で亡くなりました。

それから、丸一〇年が経ち、NPO法人東京自由大学として、没後一〇年の法要に参列したのです。NPO法人東京自由大学では、この三年、故山尾三省さんの精神を引き継ぐとともに、その功績を顕彰するための催しとして「三省祭り」を開催してきました。本年十月二十九日（土）にはその三回目の「三省祭り」を実施します。

今回東京自由大学では、「3・11」東日本大震災の後の日本社会に生きているわたしたちのこころとたましいの深いところに鳴り響いている山尾三省さんの三つの遺言を、自分たちの生き方と社会のあり方として取り上げます。

①「故郷の、東京・神田川の水を、飲める水に再生したい」

②「この世界から原発および同様のエネルギー出力装置をすっかり取り外してほしい」

③「日本国憲法九条をして世界のすべての国々の憲法に組み込ませたまえ」

山尾三省さんは、わたしたちが「自然に属している」ことを繰り返し指摘しました。わたしたちはよく「自然と人間との関係」と言いますが、しかしよく考えてみれば、自然と人間とは対等に存在しているのではありません。山尾さんが強調されたように、わたしたちは「自然内存在」として、自然の「中」に、自然に「属して」生存しているにすぎません。そこで、実際の多くの問題は、「自然の中における、自然をめぐる人間と人間の確執と闘争」にほかなりません。問題の根っこは、人間自身と人間社会にあります。

「故郷の、東京・神田川の水を、飲める水に再生する」ためには、「生態智」というエコロジカルな知恵を生きていく生活革命と社会変革の双方が必要です。また、「この世界から原発および同様のエネルギー出力装置をすっかり取り外す」ためには、第二次産業革命が必要です。そして、地球上のあらゆる生存を根底から脅かすエネルギー出力装置を取り外すための社会デザインと具体的な方策を構築しなければなりません。さらに、「日本国憲法九条をして世界のすべての国々の憲法に組み込ませる」ためには、各国法の変革のみならず国際法革命が必要になります。それも、ガンジーやキング牧師やダライ・ラマが提唱実践する非暴力平和主義の手法で。

これが、どれほど困難なことであるか、この一〇年で身に染みて思い知りましたね。二一世紀に入ってのこの一〇年、世界は山尾三省さんが遺言した方向と反対の方向に突き進んできましたから。

そんな中で、どのような努力も無駄であるかのような勢いで破局的な事態に突き進んできて、ついに本年三月十一日に東日本大震災が起き、福島第一原子力発電所の事故が発生したのです。

山尾さんは、「詩人というのは、世界への、あるいは世界そのものの希望を見出すことを宿命とする人間の別名である」と主張しました。「3・11」後、その「希望《ヴィジョン》」をわたしたちは探究しています。先送りしてきた諸問題に正面から取り組みながら、新しい事態の展開と構想を手作りしていかなければなりません。そんな手探り・手作り状態の中で、九月初旬に天河大辨財天社を始め、近畿一円の天ノ川水系の大きな被害が起こりました。

昨日、天河でわたしたちは、龍村仁さんの呼び掛けにより、有志で相談しつつ、被災状況の報告と義援金などの支援のお願いの原案を作りました。

三月に東日本大震災、そして半年後の九月に西日本大災害と呼べるほどの大災害が起こりました。これからのわたしたちの生き方や社会デザイン、文明のあり方を再考し、立て直さなければならない、あまりにも自明の事柄に向き合っています。その向き合いの中からわたしは、あさってを向いて生きていきたいと思います。ではまた次の満月の夜に。

二〇一一年九月十三日

鎌田東二拝

第七五信

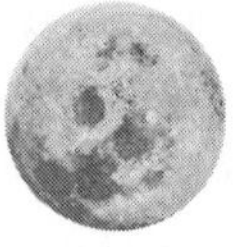

● 矢作直樹

● 命のウツワ

鎌田東二ことＴｏｎｙさんへ

また満月の夜が来ました。前回のＴｏｎｙさんのレターで、台風による天川村の被害を伝える写真を見たときは言葉を失いました。台風一二号および一五号は、全国各地で甚大な被害を残しましたね。北九州に住むわたしは台風一二号の被害は受けませんでしたが、一五号が首都圏を直撃した九月二十一日の夜、ちょうど東京にいました。

大塚のホテルベルクラシックで開催されていた業界の先輩経営者の叙勲祝賀会に出席していたのです。まさに祝賀会の最中に台風一五号が東京を直撃。ＪＲ山手線をはじめ、各種交通機関がストップしました。わたしは大塚からなんとか目白まで行き、そこから三〇分ほど待ってタクシーを拾い、赤坂見附の宿まで帰りつきました。

本当は、横浜に住んでいる長女と落ち合うために山手線で新橋まで行く予定でした。しかし、乗り込んだ電車が目白で止まってしまったために目白駅で降りたのです。新橋では、タクシー待ちの人々が長蛇の列をなし、二〇～三〇分に一台しかタクシーの空車が来なかったそうです。北九州の自宅でテレビを見ていた妻から連絡が入りました。あのまま新橋に向かっていたら、危うく帰泊難民になるところでした。

傘は吹き飛ばされそうだし、骨折した足は痛いし、引出物の大きな袋を二つも抱えているし、一時は絶体絶命かと思いました。それにしても、一九時半にはすでに雨はやみ風が強めに吹いていただけでしたが、あれでも山手線が止まるのですね。まるでバブル全盛期の銀座や六本木みたいにタクシーも全然拾えないし、国際都市・東京は意外と災害などのトラブルに弱いということがわかりました。台風一五号は、首都圏を直撃した後、東北に向かいました。気仙沼や石巻といった東日本大震災の被災地が台風の被害に遭う光景をテレビのニュースで見て、涙が出ました。仮設住宅に住む方々にまで避難勧告が出るのは、やりきれません。せめて、東北だけは避けてほしかったです。しかも、涙ぐんでいたら地震までありました。

まったく、今年は自然の脅威を嫌というほど思い知らされます。よく、「自然を守ろう」とか「地球にやさしく」などと言います。しかし、それがいかに傲慢な発想であるかがわかります。やさしくするどころか、自然の気まぐれで人間は生きていられるのです。生殺与奪権は人間にではなく、自然の側にあるということです。

実際、今回の台風でも、多くの死者・行方不明者が出ています。また、四国・中国地方を縦断した台風一二号は、紀伊半島などで一〇〇人以上の死者・行方不明者を出し、平成最悪級の被害となりました。わたしは台風の脅威を目の当たりにしながら、日本が台風と地震の国、すなわち自然災害の国であることを再確認しました。そして、台風や地震を畏れる気持ちが日本固有の宗教である「神道」を生む原動力となったように思いました。

神道とは何か。宗教哲学者にして神道ソングライターであり、また神主でもあるＴｏｎｙさんは、著書『神道とは何か』（ＰＨＰ新書）で次のように述べておられます。「さし昇ってくる朝日に手を合わす。森の主の住む大きな楠にも手を合わす。台風にも火山の噴火にも大地震にも、自然が与える偉大な力を感じとって手を合わす心。どれだけ科学技術が発達したとしても、火山の噴火や地震が起こるのをなくすことはできない。それは地球という、この自然の営みのリズムそのものの発動だからである。その地球の律動の現れに対する深い畏怖の念を、神道も、またあらゆるネイティブな文化も持っている。インディアンはそれをグレート・スピリット、自然の大霊といい、神道ではそれを八百万の神々という」。

また、Ｔｏｎｙさんは述べています。現代の若者風に言えば、「ちょー、すごい！」「すげー、かっこいい！」「めっちゃ、きれい！」「ちょー、ありがたい」「ありえねーくらい、こわい」などの形容詞や副詞で表現される物事への総称が神である、と。まさに、このたびの東日本大震災や台風は、日本人にとって「ありえねーくらい、こわい」ものでしたね。

さて話は変わりますが、彼岸の中日となる「秋分の日」に、「死」と「死者」についての本を読みました。『人は死なない』矢作直樹著（バジリコ）という本です。新聞の書籍広告で見つけた本ですが、タイトルに惹かれて注文しました。「人は死なない」とは、わたしの口癖の一つでもあるからです。その本には、「ある臨床医による摂理と霊性をめぐる思索」というサブタイトルがついています。著者は、東京大学大学院医学系研究科・医学部救急医学分野教授にして、さらに東京大学医学部附属病院救急部・集中治療部部長です。

何といっても、現役の東大医学部の教授で臨床医である著者が「霊」の存在を確信し、「人は死ない」と言い切ったところに、この本の最大の価値があります。著者は、医師という仕事を通して死と生に直視してきた経験、大好きな登山で二度も死にかかった経験を語りながら、西洋医学では説明のつかない事実のエピソードを紹介します。また、これまでの宗教研究やスピリチュアリズム研究の事例なども目配りよく豊富に紹介しています。

ところで、著者の矢作先生は、同書の一三八頁で次のように述べているのです。

「遺体というのは不思議なものです。遺体は遺体でしかなく、単なる『モノ』でしかないわけであり、したがって執着するような対象ではないということを頭では理解していても、愛する者にとっては抜きがたい愛着を感じずにはいられないというのが、偽らざる本心です。おそらく、遺体への配慮は理屈ではなく、情として自然に出てくるものなのでしょう。

『愛する人を亡くした人へ』という好著があり、自ら冠婚葬祭の会社を営んでいる一条直也氏は本の中で、葬儀とは『成仏』という儀式（物語）によって悲しみの時間を一時的に分断し、その物語の癒しによって、愛する人を亡くして欠けた世界を完全な状態にもどすこと、と願っています。私も、まったくその通りと思うのです」。

このように、わたしの著書が突然紹介されて、非常に驚くとともに感動しました。ただ、わたしの「真也」という名前が「直也」になっていたので指摘させていただいたところ、矢作先生からお詫びのお手紙が届きました。矢作先生の「礼」を重んじる姿勢には頭が下がりました。東大病院の緊急医療のトップとして目の回るような忙しさのはずなのに、わざわざ丁重なお手紙を書いて下さったのです。矢作先生に返信の手紙と一緒に『満月交感』をお送りしたところ、大変喜んでいただきました。そして、「鎌田先生との共著とは、さすがですね」と言って下さいました。矢作先生とは十四日に東京でお会いすることになりました。

グリーフケアに対するわたしのささやかな想いを、東大医学部教授という日本の医学界のトップの方に多少なりとも評価していただき、感無量です。グリーフケアと並んで、現在わたしが最も情熱を傾けているのが高齢者の介護事業です。十月七日、わが社が介護事業に進出することが「毎日新聞」に報道されました。同日、最初の施設となる老人ホーム「隣人館」の起工式を行いました。場所は福岡県飯塚市です。

現在、日本の高齢者住宅は、さまざまな問題を抱えています。民間施設の場合、大規模で豪華なものが多いですね。数千万円単位の高額な一時金など、金銭的余裕のある人しか入居できていません。また、公的施設の場合、比較的安価で金銭的余裕のない人でも入居はできます。しかし、待機者が多くて入居するまでに相当な年数がかかるなどの問題があります。さらに、高齢者はそれまで暮していた愛着のある地域を離れたがらない傾向があり、地域に根ざした施設が必要とされているのです。

わが社の「隣人館」の月額基本料金は、なんと、七万八〇〇〇円となっています。その内訳は、家賃三万三〇〇〇円、管理費五〇〇〇円、食費四万円です。まさに究極の地域密着型小規模ローコストによる高齢者専用賃貸住宅なのです。

「隣人館にさえ入居すれば、仲間もできて、孤独死しなくて済む」を常識にしたいです。全国の独居老人にも、どんどん隣人館に入居していただきたいと真剣に願っています。いよいよ、長年あたためてきた「理念」を「現実」に移す時が来ました。わたしは、この世から孤独死を完全になくしたい！　有料老人ホーム「隣人館」は、来年三月一日にオープンの予定です。住宅型有料老人ホームとともに、通所介護事業ならびに訪問介護事業も同時にスタートさせます。かつて、「介護革命」を唱えて時代の寵児となりながらも道を踏み外した経営者がいましたが、わたしは本当の意味での「介護革命」を成功させたいと思っています。

最後に、今夜は北九州市八幡にあるサンレーグランドホテルで「隣人祭り〜秋の観月会」が開催されました。満月ということもあって、三〇〇人以上の方々がお越しになられました。何といっても、ハイライトは今夜のメインイベントである「月への送魂」です。まずはスクリーンに「月の神秘」を解説する映像を映し出します。その後、神官が天に向かって弓矢を放つと、緑色のレーザー光線が発射されます。夜空に浮かぶ満月をめがけて、故人の魂をレーザー（霊座）光線に乗せて送るという、まさに「月と死のセレモニー」です。今夜は、満月が雲に隠れたり姿を見せたりの繰り返しでハラハラしましたが、みなさんの願いが通じたのか、最後には見事な姿を現してくれました。その瞬間、盛大な拍手と歓声が起こったことは言うまでもありません。「隣人祭り〜秋の観月会」は、すっかり秋の風物詩になったようです。今宵の満月を見上げながら、わたしは東日本大震災の犠牲者の方々の御冥福を心より祈りました。それでは、Ｔｏｎｙさん、また次の満月まで。オルボワール！

二〇一一年十月十二日

一条真也拝

一条真也ことＳｈｉｎさんへ

東京で台風一五号の直撃に遭われた由、本当に大変でしたね。その日は多くの学校や企業も早引きを実施したようですが、電車が止まってしまったために、逆に早く引けたサラリーマンなどで大変な混雑になったと報道で知りました。

猛烈な風雨の中、まだ治りかけの足を引きずりながらの苦闘、その大変さを察します。本当に大変でしたね。「想定外」の「異常気象」も、もう「異常」というにはあまりに当たり前のように頻発しているので、「異常」という言葉も似つかわしくなくなってしまいそうです。怖ろしい時代です。しかし、そんな「怖ろしい時代」だからこそ、わたしたちは、これまでの自分たちの生き方や在り方を根本のところから問い直し、立て直していくこともできるのだと思います。危機は転機であり、創造的飛躍が生まれる時でもあります。

実はわたしはこの四日間、東日本大震災の被災地を巡っていました。そしてこのムーンサルトレターの返信を盛岡で飛び乗ったはやぶさの中で書き始めています。十月九日から十三日の今日まで、宮城県七ヶ宿、仙台市若林区、塩釜市、石巻市雄勝町と北上町、南三陸町、気仙沼、岩手県陸前高田市、釜石市、大槌町、宮古市、山田町、田野畑村、野田村、久慈市などを巡っていたのです。五月初旬に行なった東北二県の沿岸部被災地約四〇〇キロの視察の時と同じ場所を定点観測するつもりで、追跡調査したのです。それは同時に、自分自身の壊れた心を見つめ直し、リハビリするような過程だったように思います。

五月の訪問の時は、沿岸部四〇〇キロを来る日も来る日も大地震と大津波で瓦解した東北の町々・村々を見続けたためか、わたし自身が行方不明のような状態に陥ってしまいました。もちろん、そこで、自分の名前を忘れるほどになったわけでもなく、津波に押し流されたわけでもありません。しかし、被災地の被害の大きさを来る日も来る日も見続け、三五〇キロ近くも沿岸部を走り続けていくことで、目には見えないけれども瓦礫の山の向こうから押し寄せてくる事後の津波に、心も魂も押し流されてしまったような感覚に陥ったのです。そんな状態をわたしは、「存在論的行方不明」と感じてきました。現象的には、「存在的」には行方不明ではない。しかしスピリチュアル的には、また「存在論的」には、「行方不明」になっている、そんな感じ。

そんな数ヶ月を過ごしているさ中に、台風一二号の影響で、天の川・十津川・熊野川、そして那智大社や那智の大滝が大きな水害被害と土砂崩れの深層崩壊に見舞われました。そして、そこでわたしは完全に壊れ、崩壊し、どん底を突き抜けて、そこから飛び出してしまいました。もう、「開き直った」というか、「壊れ切った」というか、「吹っ切れた」というか、「なりふり構っていられるか」というか、なんでもよいが、ここから、ゼロからスタートするしかない、ここから前進するしかないというような、サバサバした無手勝流にリセットされてしまったのでした。台風一二号と一五号によって。

そんな状況の中で、今回、十月十日に宮城県七ヶ宿町で「命のウツワ」シンポジウムに参加し、その翌日の十月十一日の朝早くから十三日夜まで、東日本大震災の被災地を巡りました。五月に巡った時からすでに五か月が経っていて、確かに瓦礫の撤去はほぼ終了しているところが多かったのですが、しかし、いたるところに、瓦礫の集積場が石炭のボタ山のように積み上げられてあるのが目につきました。まだまだ瓦礫の完全撤去は終わっていない、復旧・復興への道のりは遠い、と感じました。

女川や南三陸町や気仙沼や陸前高田のように、漁港の間近にあって、激しい地盤沈下により海抜0メートル地帯に変わってしまったところでは、常時満潮時などに海水が浸水したり、噴き出たりしていて、なかなか水が引きません。とすれば、このままの状態でもう一度建物を建てたり、生活圏を再構築することは難しいのではないかと思いました。これらの町は、古い歴史と漁労文化を持つところですので、新しい、「生態智」を組み込んだ漁港を再建してほしいと願わずにはいられません。

石巻は、瓦礫撤去などのボランティア活動の拠点となったところですが、そこで、物凄い数の瓦礫を運んでいるトラックの渋滞に出くわしました。一〇〇台以上のトラックやタンク車ばかりが鈴なり状態になっていて、こんな光景を見たのは生まれて初めてです。

「震災特需」という言葉を報道の上だけで理解していましたが、その光景を見た時に、戦争や災害の後の国や街の再建時には、特に土建業者や鉄鋼業者や家電メーカーなど、ライフラインや基本インフラを整備する産業部門が活況を呈し、そうした労働者が集まるところで飲食店など盛り場もまた連動活況を呈す、ということの循環構造が瞬時に理解できたように思います。

「ああ、戦後の日本もこのようなプロセスを経て、経済復興の道を辿り、高度経済成長を果たして経済大国化の道をしゃにむに突き歩んだのか」と思いましたが、しかし、これからの「復旧・復興」は、かつてのような、経済優先の復旧・復興でいいのかどうか、が問われています。

もちろん、生活の質を保証するためには、基本インフラを始め、「物量」が必要です。と同時に、その「物量」に、言葉の本来の意味で、「物『質』」—「心質」—「魂質」—「霊質」が連係し関与していなければならないでしょう。その全体構造の中で、生活の質（ＱＯＬ）が問われなければならないのではないでしょうか。

ところで、石巻で、「鯨大和煮」の宣伝の巨大タンクが横倒しになっているのを五月三日にも目撃しましたが、十月十一日の震災七か月にも同じ光景を目撃しました。それを較べてみると、国道四五号線脇の防風林の松林がほぼ取り除かれていることがわかります。以前は、横倒しのタンクの先に松林の並木がありましたが、それが完全に取り除かれて、右手には瓦礫の集積場が続いていました。石巻の街の復興デザインがどのようなものか、聞いておりませんが、この巨大タンクは「震災メモリアル」として残すという話を漏れ聞きました。

同じような光景は、石巻市雄勝町でも見ました。二階建ての公民館の屋上には、大型バスが乗っかったままでした。そしてその左隣には、前にはなかった瓦礫の集積場が広がっていました。このバスも、被災の経験を伝える「震災メモリアル」として残すのかどうかは聞いておりませんが、雄勝町の復旧・復興もなかなか容易ではないと感じました。

十月十一日の夕方、葉山神社の仮社務所にいる伊藤博夫さんのところに、義兄弟の近藤高弘さんがこの八月に精魂込めて作った「命のウツワ」を届けました。とても喜んでくれました。震災後、「心のケア」の重要性がいろいろなところで指摘されましたが、わたしたちは「心のケア」を、①物から心へ（「命のウツワ」プロジェクトなど）、②体から心へ（気功、ヨーガ、身体運動、瞑想、芸能などの活用、大重潤一郎監督「久高オデッセイ」被災地上映など）、③心・霊性から心へ（傾聴、祈り、祭り、儀礼、音楽など）を通して実践・実現したいと考えていて、その最初の取り組みとして、十月十日に、近藤高弘さんたちが制作した「命のウツワ」を、まずは仙台の「心の相談室」の事務局長の鈴木岩弓さん（東北大学教授・宗教民俗学）に届け、そしてその次に、十月十一日に雄勝法印神楽衆に届け、さらに、十二日にサンガ岩手代表の浄土真宗僧侶の吉田律子さんの導きにより岩手県大槌町の仮設住宅に届けました。

盛岡在住の「サンガ岩手」代表の吉田律子さんは、震災後すぐに大槌町に入って、寄り添いと傾聴ボランティアの活動をずっと続けてきました。その吉田律子さんの活動とその話を東京大学仏教青年会の「宗教者災害支援連絡会」の催しでお伺いして、ぜひ何かの支援ができればと思っていました。そして今回、ようやくにして近藤高弘さんの「命のウツワ」を届けることができました。心から喜んでくれました。また、死んだ母が大宮の家に移植して植えてくれた徳島のスダチが今年は三〇個ほども実を稔らせたので、それも一〇個ほど持参して大槌町の仮設住宅のみなさんに手渡しましたが、そんな小さな届け物も喜んで受け止めてくれ、各自が手に持って記念撮影に応じてくれました。うれしかったです。死んだ母の想いが通じたような気がして。

吉田律子さんは、浄土真宗大谷派の僧侶ですが、震災後、団体ではなく、個人でできるボランティアをすぐさま実践に移しました。東京大学仏教青年会で吉田さんが話をされたとき、初めて釜石で瓦礫を見た時の衝撃、「無常」ということを頭の先から足の先まで感じ「地獄」ということも同時に感じたと実感を込めて報告されていました。津波に現われた後の被災地は生き物が一匹もいない、まさに死の世界のようであったと。

そしてそこで、自分にできることが何かあるかと、とるものもとりあえず行ってみたけれども、弔いとかお経とかも全部すっとんでしまって、大自然の大きさに無力感を感じたと語られました。しかし毎日毎日、死体安置所や避難所に通い、ひとりひとりの個と向き合うことから、ぽつりぽつりと被災者・避難者の心の奥底にある感情がもれてくる現場にに立ち会うことができてきたそうです。

吉田さんは、黒い衣（袈裟）をつけないで入った時と、着けて入った時の違いも生々しく体験したようです。袈裟を着けた時、最初の頃は、「まだ坊さん早いよ。縁起が悪い」とも言われたのですが、しかし、一対一で信頼関係を築き、四十九日が過ぎて、僧であることをカミングアウトした時ごろから、僧でなければ話してくれない傾聴ボランティアが進み始めたとのことでした。

傾聴ボランティアといっても、できることは、ただ「寄り添う」ことだけで、とにかく、一対一で向き合う日々だったといいます。そして、そこで共に寄り添いながら、一緒に乗り越えていく。今必要なのは、今寄り添うこと。それが、一人でできる、個人でできる宗教者のボランティアの一つのかたちであることを、切実に、誠実に語られて、心に響き、染み入ってきました。そんな吉田さんの活動に少しでも「寄り添う」ことができればと思ったのは、その六月十九日のことでした。

それから三ヶ月後、大槌町の吉田さんのボランティア活動現場に足を運びました。吉田さんとともに、その大槌町の仮設住宅のみなさんと交流した際、百均の食器などを使っている日常の中で、近藤さんが精魂込めて作った「命のウツワ」は本当に喜ばれました。心の潤い、生活の質、そんな生の襞に入り込んだ「物」の力だと感じました。「物量」支援も必要だけれども、こんな「物質・生質・心質」支援も絶対に必要だと痛感しました。

「命のウツワ」を手にした七〇歳の男性の方が、「行政に掛け合ってもなかなか動いてくれません。そんな中で、わたしたち自身が動いていく必要があります。わたしたちには、『夢』が必要なんです」とせつせつと話されたことが心に突き刺さりました。その「夢」という言葉の重さと深さと切実さに涙がこぼれました。その男性は今なお時々、流される前の家の夢を見たり、朝目覚めた時にその家にいる錯覚にとらわれると話をされました。その話に、何人もの女性の方が、「そうそう、そうなの」

と深く相槌を打っていました。

わたしは、今回の追跡調査で、被災地の伝統文化の動向、被災地での祈りや祭り、被災地での宗教者の活動、行政の取り組みなどに焦点を当てていきました。そこで感じたことは、傾聴ボランティアの重要性とその難しさです。仙台の「心の相談室」が開いている「カフェ・デ・モンク」の活動は鈴木岩弓さんから聞いて知っていましたが、釜石の仮設住宅に行った際、「ボウサロン（坊茶論）」という喫茶（行茶）活動をしている山口県のお坊さんたちのグループと出会いました。そこの代表者は南健司さんで、山口県美祢市の願成寺（曹洞宗）のお坊さんでした。

みなさんは、曹洞宗の「行茶」の伝統を、宗教色を一切表に出さない傾聴ボランティアの活動として活用されていました。禅のお茶の伝統が、東北の「お茶っこ」文化の残っているところで、新たな形で生かされることは、地元の被災した方々にとっても、伝統仏教の側にとっても、一つの救いではないかと思いました。確かにそれは、まだまだ小さな小さな救いともいえないような安らぎづくりかもしれませんが、しかしそのようなきめ細かく小さな活動がとても大事だと思います。

また、宮城県北上町の釣石神社を訪ねた際、偶然、宮司さんの岸浪均さんにお会いし、お話を聞くことができました。岸浪さんは町役場（北上支庁）に勤めながら、神社を護ってこられたのですが、津波が押し寄せた時には保育園の子供たちを誘導していたそうですが、「この生き延びた命を世のため人のために使いたい」と語ってくれました。その思いと決意が痛いほど伝わってきました。

また、釜石市教育委員会和田利男生涯学習スポーツ課長さんは、釜石の「虎舞」や「釜石祭り」など、祭りや伝統芸能が持つ地域の力について、いくつもの事例を挙げて説明してくれました。

こうして、いろいろなところで、いろいろな方々のお話を伺って行ったのですが、金光教気仙沼奥原志郎教会長さんの話も強く心に残りました。奥原さんは、傾聴ボランティアに来てくれている若者たちと毎晩七時から九時までミーティングをしていた際、ある若者が、泥かきをしている時に最初はとても投げやりな感じだった家主さんが泥かきが進んでだんだん家がきれいになってきたら表情がとても明るくなって元気になってきたのを見て、「泥かきは心のお掃除だ」と思ったという話をしてくれました。「泥かきは心のお掃除だと思いました」と語った若者の「心」は、その経験によってピカピカと輝いていたに相違ありません。ここでも、「泥」という「物」が「心」と密接に関与していることが明らかですね。

今後、「心のケア」というものが、どのような形で可能か、さまざまな取り組みをしていきたいと思います。少なくとも今後三年や五年は、この沿岸部四〇〇キロを半年に一回は追跡調査しつづけたいと思います。「東日本大震災の被災地の定期的調査とそこにおける宗教文化の動向と『心のケア』の展開」をテーマとして、ハード面（政治経済・社会制度）での復旧・復興とソフト面（宗教・芸能芸術・教育・文化）での復旧・復興がどのように連関しているか、またそこにいかなる問題が発生・生起しているかを、そのつど確認しつつ分析し、その結果を社会発信し、「支援」や「支縁」の形を探り実践していきたいとも思います。その第一弾のつもりで、来月、『現代神道論――霊性と生態智の探究』（春秋社）を上梓します。

この被災地巡りの最後は、わたしたちの「心の聖地」となった岩手県久慈市の山中の廃屋の松の木を拝しました。そこには、「想定外」の生存の形があり、そこから学び、勇気づけられるものが多々ありました。その教えを受けてさらにしぶとくしたたかに生きていきたいと思います。

二〇一一年十月十六日　　鎌田東二拝

第七六信

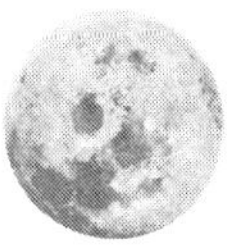

● ホスピタリティ・カンパニー
● 現代神道論

鎌田東二ことＴｏｎｙさんへ

十月二十日の夜、Ｔｏｎｙさんから一通のメールが届きました。そこには、「友人が送ってくれた地震予測・食糧難予測のメッセージです」と書かれていました。中央大学総合政策学部教授のイ・ヒョンナン氏が、ＨＰ「宇宙人の愛のメッセージ危機の地球、希望を語る」を立ち上げられ、十九日に熊本県天草市で「希望のメッセンジャー宣言」を行いました。ＹｏｕＴｕｂｅ上でも公開されています。わたしも拝見しましたが、画面上からも強い危機感が感じられるメッセージです。わたしも自身のブログに「九州に大地震？」のタイトルで記事を書いたところ、大量のアクセスが寄せられました。

このメッセージの正式名称は「希望のメッセンジャー声明文〜切迫した食糧危機と地球規模の災害に対する対策促求声明」だそうです。

動物や宇宙人とも交信しているというイ氏によれば、十一月の初旬にも南九州で大地震が起こるそうです。Ｔｏｎｙさんは、「地震予測が当たるかどうかは不明ですが、主張はよく理解できます」とメールに書かれていました。ちなみに、『国語という思想』の著者として有名な一橋大教授のイ・ヨンスク氏は、イ・ヒョンナン氏の妹さんだそうです。イ・ヒョンナン氏は、今月末に『動物たちのダイイング・メッセージ』（晃洋書房）を刊行される予定です。

この手の情報をＴｏｎｙさんが知らせてくれるのは初めてのことですよね。おそらく、九州で大規模災害が起こるというので、わたしを心配してくれたのでしょう。Ｔｏｎｙさんは神秘学の第一人者であり、ルドルフ・シュタイナーや出口王仁三郎らの「予言」にも精通されているので、ちょっと気になります。

そういえば、Ｔｏｎｙさんはこのたびの地震・津波・台風の被害も予言されていました。菅前首相が首相就任時に発表した「最小不幸社会」というスローガンに疑問を抱き、第五九信で次のように述べられているのです。「わたしが怖れているものの一つは天災です。気象の変化がもたらす地球環境、居住環境の変動は予測のつかない事態を招きます。そのような変則事態がこれから次々と生起すると思っているので、『最小不幸』などという事態はありえないのではないかと思ってしまうのです」（『満月交感』下、二九五頁）ちなみに、この発言は二〇一〇年七月のものです。ですから、Ｔｏｎｙさんから予言の話が出ると、心配になってきます。

その後、十一月八日の一一時五九分に沖縄で地震が発生しました。マグニチュード六・八、最大震度四というから、かなりの大きさです。幸いにして津波の心配はありませんでしたが、沖縄は海抜が低いので大津波が来たらひとたまりもありませんでした。今後、さらなる大地震が九州を襲うのでしょうか。正直、心配です。なお、イ・ヒョンナン氏からわたし宛に後日メールが届き、ブログでメッセージを紹介したことのお礼を述べられていました。

さて、話題は変わって、来る十一月十八日はわが社サンレーの四五回目の創立記念日であり、十一月は創立記念月です。そして、サンレー創立四五周年を記念して『ホスピタリティ・カンパニー』（三五館）を上梓しました。「サンレーグループの人間尊重経営」というサブタイトルがついています。著者名ですが、「一条真也」ではなく、「佐久間庸和」となっています。ペンネームでは多くの著書を上梓しましたが、本名、そして、サンレーの社長としては、『ハートフル・カンパニー』（三五館）に続く二冊目の出版となります。同書は上下二段組で四四〇ページという大部の本にもかかわらず、幸いにして多くの方に読んでいただけました。また、わが社の創立四〇周年の記念出版でした。今回の『ホスピタリティ・カンパニー』は、四五周年記念出版になります。

書名にある「ホスピタリティ」は今後の会社のみならず、社会全体の最大のキーワードであると思います。キリスト教の「愛」、仏教の「慈悲」、また儒教の「仁」まで含めて、すべての人類を幸福にするための思想における最大公約数とは、おそらく「思いやり」の一語に集約されるでしょう。そして、その「思いやり」を形にしたものが「礼」や「ホスピタリティ」で、それは、わが社のキーワードになっています。洋の東西の違いはあれど、「礼」も「ホスピタリティ」もともに、「思いやり」という人間の心の働きで最も価値のあるものを形にすることにほかなりません。

もともと「ホスピタリティ」は、わが社の創業者である佐久間進会長が五〇年以上も前から日常的に使い、わが社の経営理念にも取り入れていました。佐久間会長が生まれた昭和一〇年に日本にYMCAホテル学校が誕生し、「ホスピタリティ」という言葉も日本に入ってきたようです。大学を卒業してからYMCAホテル学校に通った佐久間会長は、その語になじみました。そして、後に社団法人・全日本冠婚葬祭互助協会（全互協）の初代会長としてアメリカのフューネラル大会において講演した際に、「冠婚葬祭業はホスピタリティ産業である」と述べたそうです。初めて、「冠婚葬祭」と「ホスピタリティ」が結びついた記念すべき瞬間でした。一般には、ホテル業やレストラン業などをホスピタリティ産業と呼んでいました。佐久間会長が、日本における「ホスピタリティ」の概念を拡大したわけです。

佐久間会長は、社団法人・北九州市観光協会の会長を永く務めました。そのとき、「百万にこにこホスピタリティ運動」をスタートさせ、観光ボランティアなど、市民参加のさまざまな企画を実施し、ホスピタリティが北九州市の大きな魅力として定着するよう、運動を通して全市的にアピールしました。今年も、「百万にこにこホスピタリティ運動」のポスターが届きました。わたしは、北九州市が「ホスピタリティ・シティ」となることを願い、そしてわが社は「ホスピタリティ・カンパニー」をめざしています。そういう想いを込めて、『ホスピタリティ・カンパニー』という書名にしました。Ｔｏｎｙさんにも一冊送らせていただきますので、御笑読のうえ御批判下されば幸いです。それでは次の満月まで、ごきげんよう。オルボワール！

二〇一一年十一月十二日　　一条真也拝

一条真也ことＳｈｉｎさんへ

今回のムーンサルトレターは、山形県鶴岡市庄内空港の搭乗待合室で書き始めます。昨日、鶴岡国際村で行われた鶴岡致道大学で、「縄文文化と神仏習合文化の底力」と題して講演をしたのです。ありがたいことに、同志的な友人で地元の山形県議会議員の草島進一さんが聞きにきてくれ、ともに懇親会に出席しました。

草島進一さんは、一九九五年一月から「神戸元気村」の副代表（カヌーの船尾：スターン、通称）としてまる三年間活動していました。そして、一九九八年一月、その活動に区切りをつけて、地元の鶴岡に帰る途中、京都の鳥料理や「鳥居本」で開催した「神戸からの祈り」の第一回ミーティングで会ったのが最初の出会いでした。

この「神戸からの祈り」は、一九八八年八月八日にメリケンパークで、十月十日（平成十年十月十日）に鎌倉の大仏・高徳院で「東京おひらきまつり」として開催しました。その時の出会いが、草島さんの市会議員や県会議員の活動や「災害NGO月山元気村」や、NPO法人東京自由大学の活動につながり、今に至るも深いつながりになっていると思うと感慨無量のものがあります。この「神戸からの祈り」や「東京おひらきまつり」や「NPO法人東京自由大学」の活動は、Ｓｈｉｎさんの提唱する「有縁社会」のわたしたちなりの実践でもありました。

なので、Ｓｈｉｎさんの主張には基本的に賛意を表するものです。と同時に、わたしとしては、「無縁社会」という社会現象にも、ある意味性を見い出さざるを得ません。というのも、「無縁」にも、大変重要な創造的な局面があると考えているからです。

そもそも、「無縁」概念を「自由」や「公界」と「楽」と絡めて論じたのが、中沢新一氏の叔父さんに当たる網野善彦氏の『無縁・公界・楽――日本中世の自由と平和』（平凡社ライブラリー）でした。網野氏は、「無縁」が駆け込み寺や四条河原など、一種の治外法権的なアジールであり、そうした場に発生する主従関係や税の取り立てなどから切り離された中世的な「自由と平和」について実証的かつ理論体系的にポジティブに描き出すことに成功し、中世像を一新しました。

こうして、中世社会においては、それまでの律令体制的な社会的「縁」から「自由」になって「法外」な活動を展開することが可能になりました。それは、一方では社会秩序の混乱であり、戦乱であり、アウトローでもありますが、もう一方では活動の「自由」と「新縁の構築」を生み出したわけです。そのような新縁の新たな結び方を提唱したのが、葬儀に関わった遁世僧や、法然や親鸞や一遍などの念仏層や、日蓮や道元らのいわゆる「鎌倉新仏教」や、唯一宗源神道を提唱した吉田兼倶らでした。したがって、「無縁」にも、消極的無縁と新しい縁の構築＝新縁結びにつながる創造的・積極的無縁があることになります。

そのような、「自由」と「新縁結び」に連動するような「無縁」の一面を、わたしとしては評価し、大事にしたいと考えています。なぜなら、これまでの悪しき縁やしがらみから「自由」になって、新しい社会づくりを志す人びと（誤解を受けやすいわたしの言い方では「海賊や山賊」）と共に「世直し」することが、少年時代からのわたしのやりたいことなのですから。わたしにとって、『久高オデッセイ』の監督・大重潤一郎さんや音楽家の岡野弘幹さんや、羽黒山伏でもある草島進一さんなどは、そういう意味での海賊であり山賊の仲間です。言ってみれば、鹿児島と香川生まれの大重さんと岡野さんは現代海賊、鶴岡と徳島生まれ育ちで羽黒山伏でもあり東山修験道者である草島さんとわたしは現代山賊です。別に、この現代海賊や山賊は、悪いことをするのではなく、むしろありうべき新しい社会を構想し、その実践に情熱と知と行動を注ぐ一種の「奇人・変人」、現代社会の変わり者、ストレンジャー。わたしは、子供の頃からそんな意識を持っていましたから、誰に何と言われようと、「世直し」への意思を持ち続けています。

そんな「山賊（山伏）仲間」の草島進一さんが学び進めている「ナチュラス・ステップ」は、この数年わたしが問題提起してきた「モノ学」や「生態智」と密接につながっています。そうした持続可能な循環型バランス維持社会の方向こそが、人類の未来だと考えています。そうした方向にＳｈｉｎさんの言う「有縁社会」も連動していると確信しています。

そんな方向で書いた新著『現代神道論——霊性と生態智の探究』（春秋社）と『遠野物語と源氏物語——物語の発生する場所とこころ』（創元社）の見本が、ともにあさって出来てきます。『現代神道論』の方は、出来てき次第、神田明神（神田神社）に献本するつもりです。というのも、この本の「あとがき」にも書いたように、この本は二〇〇八年に行なった「神田明神塾」での連続講義がきっかけでできたからです。その折の講義は、その年に起こった秋葉原で起こった事件、加藤智大被告の殺傷事件の話から始まりました。

加藤智大被告は、一九八二年生まれで、神戸での連続児童殺傷事件の被告酒鬼薔薇聖斗と同級生でした。彼らは、一七歳の時に「キレル一七歳」として社会問題化した「問題」の世代で、息子も同級生でした。わたしは酒鬼薔薇や加藤被告の両親とほとんど同世代でしたから、この「問題」は大変深刻にわが事として受け止めました。ちょうど一九九七年に酒鬼薔薇事件が起きた年、たまたまわたしは埼玉県大宮市の大成中学校のPTA会長をしていたのです。そしてそれからきっかけになって、翌年、一九九八年からわたしは「神道ソングライター」として歌い始めました。自分の息子や娘たちの世代に向かって、素で無手勝流で向き合わなければ先がないという危機感から始まったのが「神道ソングライター」の活動でした。

そんな活動がいろいろなことにつながり、わが新縁結びとなり、「有縁ネットワーク」を生み出してきたと思っています。「神道ソングライター」の活動も一三年。その時、中三から高一になっていた子供たちも二八歳か二九歳。まもなく三〇歳になり、自分たちの子供を持ち始め、次の世代につながってきています。また二〇〇八年に、神田明神でわたしの連続講義の世話をしてくれていた清水祥彦さんは、この間に、禰宜さんから権宮司さんに昇任しました。いろいろな動きがある中で、二〇一一年、今年は日本の社会にとって大きな転換の年になったと思っています。

ともかく、『現代神道論』内容は、もちろん、神田明神塾で話をした内容も含まれていますが、しかし、本年の「3・11」（東日本大震災）と「9・3」（西日本大水害）後のことがメインとなり、書き下ろしに近いようなものとなりました。ここでわたしは、持論の「現代大中世論」や「スパイラル史観」（歴史は直線的に発展ないし変化していくのではなく、螺旋構造的に前代および前々代の課題を隔世遺伝的に延引させ引き継ぎながら拡大再生産していくという史観）を問題提起しました。

そして、そこからの再建、再生、復活の道のりが新しく創出されたのが日本中世であり、現代から向かうべき未来なのです。この本の冒頭は「3・11」の那智の滝の前での大震災の体験で、結びは「9・3」の天河大辨財天社の水害被害のことを取り上げました。

Shinさんも、今月、サンレー創立四五周年記念の出版物『ホスピタリティ・カンパニー』を本名で出しましたね。凄いですね、その筆力と精力と志の強さは。

内容を読んで思ったのですが、サンレーの社員はいつも最新の思想と情報に基づく「社長訓示」を受け取っているのですね。「社長訓示」をそのまま一冊の本にできるなんて、凄いことですよ。特にいま大事だと思ったのは、「新しい組み合わせを探せ」という「社長訓示」でした。これは、今、日本の喫緊の取り組むべきことだと思いました。縄文時代の昔から、ものづくりについては日本はかなりな想像力と創造力を発揮してきましたから、その技術水準やポテンシャルパワーはすごいものがあると確信しています。だからこそ、中国大陸・朝鮮半島からも西洋からも新文明を貪欲に受け入れながらも日本流に取り込み、「習合」できたのだと思います。そのような「習合文化」の集積回路であり、ハイブリッド・クロスポイントが日本列島です。

そんな日本で、今、必要なのは、新しい「習合力」を発揮することだと思います。伝統と革新の同起的連動。わが「神道ソングライター」の活動も、そんな新しい「習合力」によるスサノヲ的和歌の伝統とロックやフォークやレゲエを含むJPOPとのハイブリッドであります。

わたしは、十一月六日に、近藤高弘さんが主宰する「無限の会」の事務局長の氏家博昭さんと一緒に相馬市の原発被災者の清水寺住職の林心澄さんの仮設寺に行って、「命のウツワ」を届けました。その日はずっと雨が降り続いていましたが、途中、通過した「霊山」の紅葉が実がとても美しく心に沁みました。放射性物質の汚染度の高い地域にもかかわらず、今年は豊作の上に紅葉もきれいだということです。ほんとうに皮肉なかなしい事態ですが。

福島原発から九キロのところに立地していた熊野山蓮華院清水寺（真言宗豊山派、福島県双葉郡浪江町）の林心澄住職さんは、原発災害を受けた寺院連合の事務局長をしています。この夏、七月二十四日、東京大学仏教青年会で開催された「宗教者災害支援連絡会・第四回情報交換会」（代表：島薗進氏）において、わたしは林心澄住職の被災地からの報告を聞いたのでした。そしてその席上、近藤高弘氏が中心になって進めている「命のウツワ」プロジェクトの話をし、それを受け取っていただけるかどうか確認したのです。林さんは、喜んで受け取ってくれるということでしたので、準備ができたらお届けすると約束したのです。それから、三ヶ月余、ようやくにして、近藤さんが精魂込めて焼いたお茶碗四〇個と湯飲み茶わん八〇個を届けることができました。これを、被災した檀家の方々に分けていただくことになっています。

わたしは、「命のウツワ」を届け、仮設寺の仏壇の前で般若心経を奉唱し、石笛・横笛・法螺貝を奉奏した後、ゆっくりと林住職からお話をうかがいました。浪江町の被災者は何度か一時帰宅を許可されていて、林住職は通算七回帰宅したとのことですが、その際、地域の多くの方が家の仏壇の位牌を持ち帰ったというのです。東北は民間信仰や伝統文化の強く保持されてきたところではありますが、ほとんどの人が「葬式は要らない」とも「戒名は要らない」とも思っていないのです。その反対に、多くの人が「菩提寺の住職にお経を上げてもらいたい」、「戒名を付けてほしい」、「位牌を作りたい」と言っていると林住職みずからの体験を語ってくれました。

福島第一原発から一〇キロ圏の浪江町は少なくとも三〇年は故郷に帰ることはできないといわれていますが、もちろん、三〇年後に帰ることのできる保証はありません。その時点で、コミュニティがどうなっているか、予測がつかないからです。そこで、原発被災地区のお寺の住職さんたちが相談して、すべての寺院が集まって一つの宗教都市を作る「高野山構想」を考えたらしいのですが、行政がどこに拠点を置くかわからないことや、各檀家との交通や交流のありようなどから、その構想は立ち消えになったといいます。

わたしたちは、林住職に案内されて、相馬市の仮設住宅を巡回しました。第一から第九までの仮設住宅は、およそ一〇〇〇軒はありました。浪江町の九二軒の方々は第八応急仮設住宅に入居しています。けれども、その周囲は丘陵から山に近い地域で、近くには店舗の一つもありません。そこで、つい最近、美容室やスーパーや魚屋さんや郵便局の仮設ができて、一部オープンしました。そこも見学したが、やはりこの冬が心配です。最低限の生活を維持することと「心のケア」を含む一定の生活の質を保ちながら潤いのある暮らしをしていくことの間に解決しなければならないさまざまな問題があるからです。

昨日、NHKスペシャルで東日本大震災の被災地の方々の中で起こってきている自殺の問題が取り上げられていましたが、大変深刻な事態に直面しています。予想された事態ではありましたが、この問題に国も地方自治体も対策と対応に立ち遅れていると思います。こころの問題は微妙で複雑でいつなんどきどうなるかわからない不安定さと不測を抱えています。そこに立ち向かわなければならないのです。臨機応変に。しかも迅速に。確かに、巨大な仮設住宅群のそれぞれの群には必ず集会所が建てられています。しかしながら、そこでどのようなコミュニティの交流や外部との交流が図られるかが問題です。いろいろな意味で、孤立することがないように気を配る必要がありますし、それこそ「有縁・つながり」と「心の熱（＝ハートフル）」が必要です。

浪江町の人たちが入っている第八応急仮設住宅の集会所の入り口に、十月二十六日と二十七日の両日、仙台仏教青年会の「念珠作り」のチラシが貼られていました。亡くなった方の供養のために、仙台から青年僧侶たちがボランティアで念珠作りに来ているのだと思いました。そのような交流も含め、今後組織的で継続的な交流や支援なしには復興と自立は困難ではないかと思いました。

そのあと、林住職さんに松川浦など被災地区を案内してもらいましたが、復旧・復興まではまだまだだと感じました。六月十八日に、羽黒山伏の大先達の星野文紘さんや草島進一さんたちと一〇〇日慰霊祭を中村神社と長友公園で行なった際にこの地に足を運びましたが、それから五ヶ月ほど経っているにもかかわらず、予想以上に動きが鈍いように思いました。

これは、国や県や市などから来る行政の問題なのか、それと絡む生活再建や産業再建の見取り図がまだまだ描けないことが問題なのか、その問題の所在を含め、さらなる追跡調査と問題点の洗い出しが必要です。やるべきことは山積していますが、その中で、自分たちのできること、また支縁・支援を継続的に続けていきたいと決意を新たにした次第です。それぞれの「有縁社会」づくりに共に進んで行きましょう。今年もまもなく終わりますが、なんとかこの冬を乗り越えましょう。

二〇一一年十一月十四日　　鎌田東二拝

第七七信

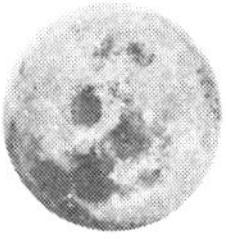

● のこされたあなたへ

● 天河の浴酒神事

鎌田東二ことＴｏｎｙさんへ

Ｔｏｎｙさん、いよいよ師走ですね。今夜は満月のみならず、「皆既月食」でした。今年の日本は皆既月食の当たり年で、六月十六日以来二度目の皆既月食を楽しむことができるはずでした。しかも今回は、一一年ぶりの好条件だったそうです。しかし、北九州はあいにくの雨で、皆既月食を見ることは叶いませんでした。残念です。

さて、ご高著『現代神道論』（春秋社）をお送りいただき、ありがとうございました。早速、拝読させていただきました。テーマはずばり「神道」で、帯には「『神道』という日本人の生き方」というキャッチコピーが記されています。また、「『3・11』後の時代を見据え、霊性と生態智の視点から、原発と震災を超えて、日本人の生きる道を問う、刮目の書」とも書かれています。東日本大震災についても書かれていますので、非常に興味深く読ませていただきました。

Ｔｏｎｙさんは、自ら主張される「現代大中世論」を一言で言えば、四つの「チ縁」の崩壊現象とそれを踏まえた再建への課題を指しているとし、次のように述べておられます。「それはまず、地縁・血縁、知縁、霊縁という四つのチ縁の崩壊現象として現れてくる。限界集落を抱える地域共同体やコミュニティの崩壊。家族の絆の希薄化と崩壊。知識や情報の揺らぎと不確定さ。『葬式は要らない』とか『無縁社会』と呼ばれるような先祖祭祀や祖先崇拝などの観念や紐帯や儀礼が意味と力を持たなくなった状況。物質的基盤から霊的・スピリチュアルなつながりまで、すべてのレベルでチ縁が崩落し、新たな効果的な再建策やグランドデザインを生み出せないでいるのが、今日の現状である」

まさに、Ｔｏｎｙさんの文通相手であるわたしは「葬式は、要らない」とか「無縁社会」と呼ばれるような先祖祭祀や祖先崇拝などの観念や紐帯や儀礼が意味と力を持たなくなった状況に強い危機感を抱いています。そして、新たな効果的な再建策やグランドデザインを生み出すべく悪戦苦闘しているところです。

本書を読んで、「神道」の意味について論じた部分が特に興味深かったです。『神道とは何か』（Ｐ

HP新書）のときには「神からの道」としての神道、そして「神への道」（The Way to KAMI）としての神道と、二つの「神道」の意味が紹介されていましたが、今回の『現代神道論』では新たに「神との道」としての神道という第三の「神道」が紹介されていましたね。三つの意味が揃ったことによって、日本人にとっての「神道」の本質がより明確になったように思います。

また、「フォルダ」とか「ファイル」といったパソコン用語を使って日本の神仏習合文化を説明するくだりも面白かったです。このようなPOP性こそTonyさんの真骨頂であり、他の宗教学者には決して真似のできない「強み」であると思います。わたしは、もともとTonyさんのことを稀代の「コンセプター」であり「コピーライター」であると思ってきました。なかなか言葉に表現しにくいものを概念化し、言語化する著者の能力にはきわめて非凡な才能を感じます。

『現代神道論』を読んでまさに今、生きている人たちへのケアと、亡くなった人たちへのケアの両方が必要であることを確信するとともに、現代は「ケアの時代」とさえ言えると思いました。

さて、わたしもこのたび「ケア」についての、また東日本大震災についての本を上梓いたしました。『のこされたあなたへ』（佼成出版社）という本です。ある意味で、『現代神道論』に通じる問題意識を持っているのではないかと思います。この本には、「3・11その悲しみを乗り越えるために」というサブタイトルがついています。東日本大震災で愛する人を亡くした方に向けて書いた本なのです。

大津波の発生後、しばらくは大量の遺体は発見されず、いま現在も多くの行方不明者がおられます。火葬場も壊れて通常の葬儀をあげることができず、現地では土葬が行われました。さらには、海の近くにあった墓も津波の濁流に流されました。葬儀ができない、遺体がない、墓がない、遺品がない、そして、気持ちのやり場がない……まさに「ない、ない」尽くしの状況は、今回の災害のダメージがいかに甚大であり、辛うじて助かった被災者の方々の心にも大きなダメージが残されたことを示していました。現地では毎日、「人間の尊厳」というものが問われました。亡くなられた犠牲者の尊厳と、生き残った被災者の尊厳がともに問われ続けていたのです。

あの地震、津波、原発事故にはどのような意味があったのか。そして、愛する人を亡くし、生き残った人は、これからどう生きるべきなのか。そんなことを考えながら、残された方々へのメッセージを書き綴ってみました。もちろん、どのような言葉をおかけしたとしても、亡くなった方が生き返ることはありませんし、その悲しみが完全癒えることもありません。しかし、少しでもその悲しみが軽くなるお手伝いができないかと、わたしは一生懸命に心を込めて本書を書きました。時には、涙を流しながら書きました。今年のうちに書き上げ、なんとか年内に上梓できたことに深い安堵の思いを抱いています。なお、この本のプロデューサーであり、編集者でもある長谷川紗耶香さんは、天河大辮財天社でＴｏｎｙさんから紹介していただいた方です。この本もまた、「現代の縁の行者」の作品と言えるかもしれませんね。

それから、今月はもう一冊、上梓しました。『世界一わかりやすい「論語」の授業』（ＰＨＰ文庫）です。わたしのライフワークの一つである『論語』についての初の著書です。『論語』に出てくる孔子は完全無欠な聖人としてではなく、血の通った生身の人間として描かれています。そして、孔子は何よりも偉大な先生でした。たとえば、弟子それぞれによって教え方を変えたりしました。すなわち、相手に一番ふさわしいメッセージを与えたのです。本書には、タイプの異なる五人の弟子が登場します。きっとこの本の読者に似た弟子が必ず見つかると思います。

わたしは現在、北陸大学未来創造学部の客員教授として、「孔子研究」の授業を担当しています。学生の中には、孔子を生んだ国である中国や儒教が盛んな韓国からの留学生もたくさんいます。彼らに孔子が残したメッセージをわかりやすく伝えるため、わたしは黒板に『論語』の一節を書き、身振り手振りをまじえ、ゆっくりとした日本語で説明しています。日本人のみならず、中国人や韓国人の「こころ」のDNAの中には、孔子が説いた「人の道」がきっと生きていると信じています。

この本では、マンガを大いに取り入れるなど、とにかく、わかりやすさにこだわりました。その結果、非常にPOPな『論語』入門書になったと思います。『論語』は全部で二〇篇あり、五一二の短文が収められています。その中でも、特に現代人が生きるうえでの指標となる金言を一〇〇程度選びました。『のこされたあなたへ』と『世界一わかりやすい「論語」の授業』は、Tonyさんにも送らせていただきますので、ご笑読の上、御批判下されば幸いです。

Tonyさん、今年も大変お世話になりました。何よりも、今年は『満月交感』（水曜社）という共著を刊行することができた記念すべき年として、また東日本大震災が起こった年として、忘れられない年となりました。寒さが厳しくなっていますので、風邪など引かれませんよう御自愛下さい。それでは、良い年をお迎え下さい。また、来年もよろしくお願いいたします。オルボワール！

二〇一一年十二月十日

一条真也拝

一条真也ことShinさんへ

Shinさん、わたしは一昨日の夜、皆既月食の様子を夜中に一時間近くも見続けました。その日は、本務先のこころの未来研究センターの一年に一度の研究報告会があって、お昼から夜まで報告会や議論や懇親会で、夜の一〇時過ぎまで忙しくしていました。が、一歩外に出ると、すでに少し月蝕が始まっており、いつも行く居酒屋（ただし、わたしはこの一四年、一滴も酒を飲んでおりませんが）の「くれない」から家に帰る途中、ずっと見上げ続け、家にかばんをおいて、近くの曼殊院や武田薬品の薬草園などの周りを一時間ほどかけてお月様を見上げながら歩きました。これほど完璧な皆既月蝕を見たのは生まれて初めてで、じつに美しくも見事でした。

けれども、こんな見事な皆既月蝕を愛する人と共に見上げることのできない東北・関東・近畿の被災地の方々やさまざまな地域の方々がいるかと思うと、申し訳なく、また哀しく思います。どんな美しさの中にも悲しみの味が隠れている。そんなせつない、かなしみが消えることはありません。こんな時ほど気丈に振る舞い、笑いが大事だと思いつつも、しかし、いつしかかなしみの感情に引き戻される自分がいます。

わたしは二〇年以上前から「現代大中世論」を主張し、時代が「乱世」に向かっていると予測し、そんな時代には、自然災害、戦争や闘争・紛争、暴力、疾病が災難のように次々と降りかかって来ると予感し、そのようなことを折に触れて言ってきましたが、何の力にもなれなかったという無力無念の思いもぬぐえないのです。自分は自分の果たすべき役割をこの世できちんと果たしているのだろうかという自責の念は、オウム真理教の時ほど強くはありませんし、大酒を飲んでいた時のようにどうしようもないほど自己処罰をするような蟻地獄に陥ることはありませんが、しかし、自分の力不足と食い止めることのできない状況に無念であり臍を咬む思いをしています。でも、もう、くよくようつうつすることは止めました。堂々巡りをしてもしょうがないからです。少しずつでも前を向いて一歩一歩歩いていきます。

先回のムーンサルトレターで書いたように、『現代神道論』(春秋社)は、わたしにとって、まさに「3・11」後の現代を、中世という時代と二重写しにしながら「スパイラル史観」で串刺しにする試みで、わたしは現代の「霊性と生態智」を探究する修験者という山賊です。この前後、こころの未来研究センターの研究報告会やグローバルCOE「心が活きる教育の国際拠点」の総括シンポジウムに参加したり、天河大辨財天社で行われた「浴酒」神事に参列したりしていました。この天河の浴酒神事は、十二月十六日の朝九時半から一二時半に行なわれたもので、新たに奉納された宇賀神将のお浄めと御魂入れのような不思議な儀式でした。天河大辨財天の宇賀神王とは、太陽の中で黄金の衣をまとった姿で現れる存在だそうですが、確かに、六〇年に一回御開帳の「日輪天照辨財天」も太陽神仏格ですので、弁才天という水の神様でありながら、太陽神格を持つという両極性・両義性・総合性・統合性を天河大辨財天は具現しているということになります。

わたしは、前日の十五日の午後五時前に天川入りし、近藤高弘さんたちと「天河火間」の状態を確認し、奇跡的な復旧と蘇りと目の当たりにして仰天しました。ここまできれいに復旧が進んでいるとは！　柿坂神酒之祐宮司さんのなみなみならぬ熱情と思いを強く感じました。

半端でなく凄いです、この復旧・復活は。まるで不死鳥のよう。そして、それを確認して、柿坂宮司さんといろいろと話をし、翌日の神事に神職や僧侶として参加する人たちの精進料理の夕食を共にしました。神事の最中に法螺貝を奉奏することと、神事そのものをよく見て確認することの二点の役割を以って、柿坂宮司さんのお心遣いによりわたしは今回の神事の神職の仲間入りすることになったのです。天河で狩衣を来て神事のお手伝いをするのは、一九八九年（平成元年）の天河大辨財天社の御造営の神事の時依頼ですから、二二年ぶりのことになります。

神事は、宇賀神王浴酒の報告神事と、善光寺本坊大勧進副住職の瀧口宥誠大僧正による浴酒神事の二段階で行われました。瀧口大僧正は自坊が滋賀県大津市坂本の龍珠院内善学院で、天台密教の有数の修法者とのことです。その浴酒修法の僧侶の中に、千日回峰行を成就した成満大阿闍梨の藤波源信師がいました。藤波師は滋賀県大津市坂本の飯室谷松禅院の住職さんで、ホリスティック医学協会会長の医師・帯津良一氏と『いのちの力』（経済界）という対談集を出しています。戦後一二人目に千日回峰行を達成された方です。

神仏分離令と廃仏毀釈以来、一二四年ぶりに行なわれることになった神仏習合の浴酒神事で、大変貴重で有難い修法に身近に参列できて大変光栄であり、幸運でした。その昔、天河大辨財天社には一二八人の神主と二八人の社僧がいたそうです。その後、参集殿で直会。龍村仁さん、龍村修さん、岡野弘幹さんたちと会って、いろいろと話をしました。

大塔村の方に行く国道二四八号線も時間制限はあるけれども、一週間ほど前に開通したということですから、復旧は着々と進んでいるということですね。那智大社など天の川・十津川・熊野川流域がどうなっているのか、その手がかりがつかめたと思います。

Ｓｈｉｎさん、今年もいよいよ残るところ、後二週間弱。本当に大変な年でした。同時に、これまでの文明の矛盾やつけが回ってきたことがはっきりとした年でもありました。これから先の未来をどう創造していくことができるか。それに賭けたいと思います。もてる力を二〇〇パーセント出し尽くして、臨機応変に進みたく思います。来る年もどうぞよろしくお願いします。そして、このムーンサルトレターを読んでくださるみなさま方もどうぞよいお年をお迎えください。

二〇一一年十二月十八日
鎌田東二拝

第七八信

●有縁凧
●朝長

鎌田東二ことＴｏｎｙさんへ

二〇一二年最初の満月が夜空に上りました。Ｔｏｎｙさん、新年あけましておめでとうございます。今年も、どうぞよろしくお願いいたします。お正月は、いかがお過ごしになられましたか。わたしは、例年通り、九州最北端にある門司・青浜の皇産霊神社に会社の幹部一同と元日参拝しました。七時二五分から「初日の出遥拝」が予定されていましたが、あいにく厚い雲に阻まれて、初日の出を拝むことはできませんでした。それでも、元日に神社を参拝するというのは、じつに気持ちが良いものです。

今年は、午前八時から神事「歳旦祭」が行われました。例年は、午前七時です。佐久間進会長に続いて、わたしは玉串奉奠をしました。また、サンレーグループの幹部社員と一緒に二礼二拍手一礼で参拝しました。「天下布礼」をめざす同志とともに、それぞれの家族の幸福と会社の繁栄を祈願しました。今年も、日本が「無縁社会」から「有縁社会」へ、「孤族の国」から「家族の国」へとシフトするお手伝いができるようにと心から祈りました。

その後、佐久間会長の新年の挨拶がありました。「縁」の大切さから始まって、人が集まる場所としての「園」、そして人間関係の理想としての「円」について語りました。すべて、「エン」と読むことが共通点です。最後に、アランの『幸福論』に触れていました。

佐久間会長に続いて、わたしも挨拶をしました。わたしは、「エン」といえば、「宴」も人をつなげるものであると述べました。それから、「礼」の旧字体が「心」と「豊」から成ることから、「礼とは、心を豊かにするもの」であると述べました。すなわち、「礼」と「ハートフル」は同義語なのですね。そして、アランの『幸福論』には、幸福に生きるための真髄として「礼儀正しくする」ことが挙げられていることを紹介し、今年も「天下布礼」に努めて、世の人々の良い人間関係づくりのお手伝いをしたいと語りました。

一月四日には、わが社の新年祝賀式典が行われました。さまざまな部署から総勢四〇〇名以上が、会場の松柏園ホテルに参集しました。「ふれ太鼓」で幕を明け、全員で社歌を斉唱し、社員代表によって「経営理念」が読み上げられ、全員で唱和しました。

そして、佐久間進会長による「会長訓示」に続いて、わたしが「社長訓示」を行いました。今年は、以下のような話をしました。平成二十四年、二〇一二年の新しい年を社員のみなさんとともに迎えることができて、幸せを感じています。昨年はサンレー創立四五周年の記念すべき年でした。しかし、何と言っても、東日本大震災の発生に尽きる一年でした。

大量の犠牲者を出した未曾有の大災害は、「無縁社会」や「葬式は、要らない」といった流行語を一気に死語と化し、日本に「隣人の時代」を呼び込みました。わが社は、ずっと「隣人祭り」の開催サポートに努めてきました。いま、その先見性が社会からも認められているように感じます。そして、今年はいよいよ三月に高齢者介護施設である「隣人館」をオープンします。わが社の「天下布礼」の新しいチャレンジです。

結婚式場や葬祭会館も続々とオープンする予定です。といっても、けっして「ハード」だけでなく、グリーフケアの普及や上級心理カウンセラーの取得に代表される「ハート」を大切にして、あらゆる心の仕事を提供できる「心の総合商社」をめざしたいと思います。

そして、「有縁凧」を示して、「血縁」と「地縁」の再生を訴えました。有縁凧は、「縁」と大きく書かれた凧です。見事な字は、ダウン症の天才書家として有名な金澤翔子さんによるものです。金澤さんは、NHK大河ドラマ「平清盛」の題字も書いておられます。

彼女の素晴らしい書は、わが社に大きなエネルギーを与えていただいています。まず、「天下布礼」

と書かれた書は現在、額に入れられてサンレー本社の社長室に大切に飾られています。それから、彼女が一〇歳の頃に書いた「涙の般若心経」がグリーフケア・サロン「ムーンギャラリー」に飾られ、愛する人を亡くした方々の悲しみを癒しています。その金澤翔子さんの書いた「縁」の字を戴く凧が「有縁凧」なのです。

それにしても、なぜ凧なのか? じつは、わたしは人間の幸福をよく凧にたとえます。現代人はさまざまなストレスで不安な心を抱えて生きています。ちょうど、空中に漂う凧のようなものです。そして、凧が安定して空に浮かぶためには糸が必要です。さらに安定して空に浮かぶためにはタテ糸とヨコ糸が必要です。タテ糸とは時間軸で自分を支えてくれるもの、すなわち「先祖」です。また、ヨコ糸とは空間軸から支えてくれる「隣人」です。この二つの糸があれば、安定して宙に漂っていられる、すなわち心安らかに生きていられる。これこそ、人間にとっての真の「幸福」の正体ではないかと思います。

昨年、ブータンの国王ご夫妻が来日され、話題を呼びました。ブータンといえば、「幸福度世界一」の国として有名です。ブータンの人々は宗教儀礼によって先祖を大切にし、隣人を大切にして人間関係を良くしています。だから、しっかりとした縦糸と横糸に守られて、世界一幸福なのでしょう。冠婚葬祭業とは、まさに「先祖」と「隣人」を大切にするお手伝いをする仕事です。人間が心安らかに生きていくための縦糸と横糸を張る仕事です。

わたしたちは、「幸福」そのものに直結している仕事をしているのだと思っています。いま、冠婚葬祭互助会の社会的役割と使命が問われています。わたしは、互助会の役割とは「良い人間関係づくりのお手伝いをすること」、そして使命とは「冠婚葬祭サービスの提供によって、たくさんの見えない有縁凧を見えるようにすること」だと思います。それは、そのままサンレーのミッションでもあります。

無事に四五周年を過ぎることができたわが社は、これから五〇周年へと向かいます。今年は辰年ですが、昇り龍のごとき勢いで世直しをめざしたいという願いを込めて、最後に「昇りゆく龍のごとくにわが社世直しめざし今年も行かん」という歌を詠みました。

昨年の大晦日に、NHK「紅白歌合戦」が放映されました。嵐やAKB48を知らないわたしの両親は、「若者向けに偏りすぎている」と不評でした。しかし、今回の紅白は非常に高視聴率を示したそうです。東日本大震災からの復興、再生に向け「あしたを歌おう。」をテーマに掲げていました。わたしも少しだけ観ましたが、「あした」とともに「家族」もテーマだったように感じました。その中で、横浜からの中継で福山雅治が歌った「家族になろうよ」が心に沁みました。

何より感心したのは、「いつか、お父さんみたいな大きな背中で」「いつか、お母さんみたいな静かな優しさで」と実際の家族のイメージが湧いてくる歌詞です。両親だけではありません。「いつか、おじいちゃんみたいな無口な強さで」「いつか、おばあちゃんみたいな可愛い笑顔で」と祖父母も登場します。さらには、「いつか、あなたの笑顔によく似た男の子と」「いつか、わたしと同じ泣き虫の女の子と」といったように未来の子供たちまで歌われているのです。

人間には、さまざまな縁があります。しかし、多くの「縁」の中でも最も基本となり、最も重要なものこそ「血縁」です。「血縁」には、「先祖」という過去と「子孫」という未来があります。そして、何よりも「家族」という現在があります。家族を作るのは「夫婦」という単位です。そこから、「親子」や「兄弟」という血縁が派生していくのです。「家族になろうよ」という歌には、二つの糸が登場します。祖父母という過去の糸、これから生まれてくる子供という未来の糸です。過去と未来の糸がつながったとき、けっして切れない強いタテ糸となります。

わたしは、久々にウクレレを弾きながら「家族になろうよ」を歌いました。来年度の入社予定者たちも一緒に歌ってくれました。この歌は、「みんな、サンレーの家族になろうよ」というメッセージにもなりました。アメリカ型のマネジメントが行き詰まり、日本型の家族経営が再び見直されているそうですが、わたしも「社員」ではなく、「家族」や「仲間」が欲しいです。「家族」といえば、正月で帰省していた長女が横浜に帰りました。家族が一人いなくなって、わが家は寂しくなりました。特に、次女がショボリしています。家族全員が揃う次の帰省が待ち遠しいです。

今年も、Ｔｏｎｙさんとの御縁を大切にさせていただきたいと存じます。どうぞ、よろしくお願いいたします。

二〇一二年一月九日

一条真也拝

一条真也ことＳｈｉｎさんへ

あけましておめでとうございます。こちらこそよろしくお願いいたします。正月はわたしは山形県鶴岡市羽黒町の出羽三山神社合祭殿で迎えました。大雪の中の年末年始となりましたが、それは、出羽三山神社（羽黒神社）の羽黒修験道の年末年始儀礼である「冬の峰入り」とも呼ばれる「松例祭」に参加・参列したためでした。

先回のムーンサルトレターで、科学研究費「身心変容技法の比較宗教学―心と体とモノをつなぐワザの総合的研究」が採択された話をしましたが、その研究計画の中に、当初から「修験道」における「身心変容技法」の参与観察・フィールドワークが入っていて、いよいよ晴れてそれを実施できることになったのです。

修験道は、大きく、蜂子皇子が開祖とされる出羽三山神社の羽黒修験道と、役行者を開祖とする大峰・吉野熊野修験道（天河大辨財天社もこの中に入ります）と、福岡県にある英彦山修験道の三つに分かれます。これが、日本三大修験道と呼ばれるものです。

面白いのは、この松例祭では、正月元旦、あらたまの新年に切り替わった零時に、「国分神事」という修験者の儀礼が行なわれるのですが、ここでは反閇（禹歩法）を踏んで地霊を鎮めながら、日本列島の六六ヶ国が三つに分割支配される取り決めがなされます。羽黒修験道の支配する領国が三三ヶ国、吉野熊野修験道の領国が二四ヶ国、そして英彦山の領国が九ヶ国とされ、羽黒修験道圏がもっとも広大であることが宣言されます。なぜ、羽黒修験道の領国がこんなに多いのでしょうか？

それは、後発の羽黒修験道の自己主張と自負心の表れだと思いますが、かりにそうだとしても、山形県の奥深い地で、このような古き時代の「国分神事」が今なお降り積もった雪の中で厳粛に行なわれているという日本という国は、本当につくづく不思議な文化と歴史と感性を持つ国だと思います。

さてわたしは、このムーンサルトレターを東京から京都に帰る新幹線の中で書いています。実は今日、渋谷の観世能楽堂に行って、観世流宗家の観世清和氏に、能楽（申楽）における「身心変容技法」と「負の感情」処理についてインタビューを行なっていたのです。

観世清和師とは二度目の面談となります。先回は、昨年の四月に、同じ渋谷の観世能楽堂で、東京大学教授の能研究者・松岡心平氏と観世清和師とわたしの三人で、能の「絵馬」について鼎談をしたのでした。その時、わたしは初めて観世清和氏とじっくりと話をする機会を持ったのです。もっとも、その少し前の二月末に、NHKホールで行われた「地域伝統芸能まつり」で挨拶をしたので、面識そのものはその時点でありましたが。

ともあれ、観世清和氏は大変な勉強家で、その芸熱心は半端ではありません。もちろん、世阿弥の子孫（世阿弥の弟の観世元重の直系の子孫）で、能楽界全体の総帥ともいえる観世宗家ですから、その役職は半端な心構えと取り組みでは到底務まるものではありません。大変なプレッシャー・重圧であり、負荷だと思います。若い頃から宗家としてその重責に耐えてここまで来た方ですから、その苦労も覚悟も並大抵のものではなかったと思います。

二時間余りにわたるインタビューの中で、興味深いさまざまなことが語られました。「頭の後ろに目があること」とか。「幕が上がった途端、今日のお客様のことが一瞬で分かる」とか。中でも、「朝長」という曲の持つ鎮魂の念の深さについてですが、とりわけ印象に残りました。「朝長」とは、源義朝の二男で、源頼朝や義経の異母兄に当たる人物ですが、平治元年（一一五九年）に起こった「平治の乱」で敗れた源義朝とともに敗走する途中、岐阜の大垣（青墓）で、太腿に矢傷の負傷を負ったこの身ではもはやこれ以上逃げ伸びられぬと覚悟し、父義朝に自分を切ってくれと懇願し、殺されたとされます。

実はこの殺害は、朝長の父である源義朝が実行するに忍びなく、義朝の乳兄弟の鎌田正清にさせたと考えられますが、この鎌田正清がわが家の先祖なのです。今年のＮＨＫの大河ドラマは「平清盛」ですが、その中で、源義朝の家臣の一人として、鎌田正清とその父・鎌田通清が出てくるそうです。わたしは、子供の頃から、我が家の先祖のことではずいぶん悩まされてきましたが、今では、この先祖なくしてわたしもない、と思っています。

その平氏が滅亡したのが、関門海峡の壇ノ浦です。その平家の総師「平清盛」を主人公にした大河ドラマの題字を金澤翔子さんが書いているのも不思議な縁です。確か、サンレーが祀る九州最北端にある門司・青浜の皇産霊神社の向こうには、壇ノ浦も見えました。以前、Ｓｈｉｎさんとともども参拝した皇産霊神社は、門司の延喜式内社である古社の和布刈神社の近くの風光明媚なところに鎮座していたと記憶しています。

さてその「朝長」の話に戻りますが、能は鎮魂の芸能ですが、能の「朝長」はその中でも特別に鎮魂の意が込められているようです。ここでは、一六歳の朝長は、父に殺されるのではなく、自害したとされます。世阿弥の子・元雅は、この朝長の自害の曲をどんな思いを込めて作劇したのでしょうか？　この「朝長」の小書きに、「朝長懺法」がありますが、そこでは、「後のお調べ」という太鼓の調べがあります。上演終了後、シテもワキも囃子方もみな橋掛りを戻っていきますが、最後の囃子方の中の太鼓方は、本幕の中か、あるいは引き返して三の松のところで正面を向いて着座し、そこで「懺法太鼓」を打って、正面に一礼してすべてを終了するとのことなのです。この「後のお調べ」のことを、観世流では、「青響ノ調べ」とも言うそうです。

ともあれ、この「観音懺法」の太鼓方が「懺法太鼓」を打った後、正面に向かって深々と一礼をすることを、観世清和師から聞きましたが、その一礼は、観客に向かってではなく、舞台上のどこかを浮遊している朝長の霊に対して行なうのだそうです。凄いことです、こうした鎮魂劇を七〇〇年近くも続けている能は。

それから、能の中で、もう一つ、わが先祖と関係するのが、「烏帽子折」（四番目物・二場）です。実は、最近、観世清和師は長男の三郎太君とこの「烏帽子折」を上演したようです。そのことが、『ミセス』二〇一二年二月号に大きく写真入りインタビューで出ていました。その中にも、「烏帽子折」の解説があります。今日、観世清和師は、「私は小さい頃から『鎌田兵衛正清』という言葉を聞いて育ってきました。その名前でインプットされています。どうも、この人は、キーワード、キーパーソンですね」と言われました。どのような意味でそう言われたのか、改めて次の機会にお訊ねしたいと思いますが、Ｓｈｉｎさんの言う「血縁」の重みを感じているこの頃です。

わたしは、この三年ほど、世阿弥研究会を主宰していますが、世阿弥って人はやはり大変凄い人ですね。役者であり、劇作者であり、演出家であり、興行主である、多様多面体。わたしは、能とは、平和時の修験道、舞台空間の中で生き延びた修験道、演劇的修験道だと思っているので、能と修験道、そしてそれを媒介する天河大辨財天社の位置の重要性を再度考え直しています。

だからわたしが、「世阿弥研究会」と「東山修験道」を実施・実践することになったのも、何かの「縁」だと思っています。これも、「地縁」と「結縁」と「血縁」と「霊縁」のなせる業と。

阪神淡路大震災が起きたのが、一九九五年一月一七日の朝五時四五分でした。それから、丸一七年の歳月が過ぎました。この一七年は、本当に「失われた二〇年」の中にあったといえます。ここからどこへわたしたちが突き抜けていくかが問われています。

わたしは、大雪の中の羽黒山で年末年始を過ごしながら、この一年が大きな切り替わりの年になることを確信していました。そんな大きな切り替わりの節目の時代の中で、わたしも、自分自身の「能——中楽——神楽」と「修験道」をしっかり実践しながら、〈神ながら無手勝流〉で「世直し」に邁進したいと思いますので、今後ともよろしくお願いします。それでは、一月十六日、お父上の喜寿をお祝いする会でお会いできるのを楽しみにしています。今日は満月がきれいです。

二〇一二年一月九日　　　鎌田東二拝

第七九信

● 冠婚葬祭互助会

● はひふへほの法則

鎌田東二ことＴｏｎｙさんへ

つい、この前、新年を迎えたと思ったら、もう二月ですね。

今年の一月は、Ｔｏｎｙさんに二度もお会いできました。まず、一月十六日に小倉でお会いしました。その日の夜、父である佐久間進サンレーグループ会長の「喜寿の祝い」および「サンレー新年賀詞交歓会」が小倉の松柏園ホテルで開催され、Ｔｏｎｙさんもわざわざ京都からお越し下さいました。祝宴に先立ち、わたしが特別講演を行いました。テーマは「天下布礼をめざして」というものです。「天下布礼」とは、冠婚葬祭業の経営、本やブログの執筆、講演、大学の教壇に立つことなど、わたしの一連の行動を貫くキーワードです。それは、「人間尊重」思想を広く世に広めることです。

講演会の終了後は場所を移し、「佐久間会長の喜寿祝いおよびサンレー新年賀詞交歓会」が開催されました。じつに、三〇〇名近い方々にご参集いただきました。最初に、佐久間会長が沖縄の長寿祝いの衣装を着て、舞台に登場。まずは、ご参集いただいた方々に御礼の挨拶をしました。会長は、「これまでの人生を振り返ると、どこに行っても大変でした。何を始めても大変でした。そして、いくつになっても大変です。でも、すべてを陽にとらえて、これからも精一杯に生きていきます」と語っていました。また、ご参集下さったみなさんから喜寿を祝っていただく「縁」を得たことに心からの感謝の言葉を述べました。

そして、幸せになるための「はひふへほ」の法則について語りました。すなわち、「半分でいい」「人並みでいい」「普通でいい」「平凡でいい」「ほどほどでいい」の心です。また、「縁」「援」「宴」「園」「円」の五つの「エン」の重要性についても説きました。

続いて、わたしが挨拶しました。わたしは、「父の喜寿をお祝いいただき、佐久間家の長男として心より御礼を申し上げます」と述べた後、賀詞交歓会のチャンネルに切り替えて、わが社の昨年の業績、そして今年の抱負についてお話しました。

それから、来賓を代表してＴｏｎｙさんが挨拶をされました。Ｔｏｎｙさんからは「佐久間会長は國學院の先輩です。折口信夫らが理論国学者だとしたら、佐久間会長は応用国学者です。先程の『はひふへほ』の法則といい、わかりやすい説明と実践には感服しております」との有難いお言葉を頂戴し、それから祝いの法螺貝を吹いていただきました。

祝宴の終了後は、サンレーグループ社員のみなさんが佐久間進会長の「喜寿祝い」のために集まって下さいました。もちろん、わたしも参加しました。Ｔｏｎｙさんをはじめとした特別ゲストの方々にもご同席いただきました。全部で、一五〇名近くが松柏園ホテルの大広間に集まりました。「喜寿の祝い歌」として、民謡が披露されました。九州を代表する民謡歌手である岩原美樹さんと頼実かおるさんが登場しました。岩原さんは「博多節」を、頼実さんは「秋田大黒舞」を披露してくれました。また、シンガー・ソングライターならぬ神道シングライターであるＴｏｎｙさんも歌ってくれました。曲は、京都大学ボート部の応援歌「琵琶湖周遊歌」です。会場全体が大いに盛り上がったことは言うまでもありません。

その二日後、十八日には横浜でお会いしました。（社）全日本冠婚葬祭互助協会の新年賀詞交歓会の記念イベントとして、画期的なパネルディスカッションが開催されました。題して、「無縁社会を乗り越えて～人と人の〝絆〟を再構築するために」という新春座談会です。これは、「無縁社会の克服」をテーマとする画期的な座談会です。

会場は、新横浜の「ソシア21」です。司会には、佐々木かをり氏をお招きしました。

そして、本日の出演者は、以下のメンバーでした。

・奥田知志氏（日本ホームレス支援機構連合会会長、NHK「無縁社会」コメンテーター）
・鎌田東二氏（哲学者、宗教学者、京都大学こころの未来研究センター教授）
・島薗進氏（東京大学大学院人文社会系研究科教授）
・山田昌弘氏（中央大学教授、内閣府男女共同参画会議・民間議員）
・一条真也（作家・経営者・平成心学塾塾長・北陸大学客員教授）

業界関係者として小生も参加しました。冠婚葬祭互助会の社会的役割が根本から問われている今、自分なりの考えを業界のみなさんに訴えました。

会場は超満員の二〇〇以上の方々が集まりました。マスコミ関係も多く取材に来ていました。無縁死の問題は、今後ますます深刻化する社会問題と捉えられており、冠婚葬祭互助会業界においても重要な課題となってきています。この座談会では、無縁死問題をどのようにして克服していくか、また冠婚葬祭互助会業界としてどのように関わり、対応していけばよいのか、といった点についてディスカッションを行いました。

冒頭に、出演者がそれぞれ自己プレゼンを行いました。

わたしは、以下のような話をさせていただきました。二〇一〇年より叫ばれてきた「無縁社会」の到来をはじめ、現代の日本社会はさまざまな難問に直面しています。その中で冠婚葬祭互助会の持つ社会的使命は大きいと言えます。じつは、「無縁社会」の到来には、互助会そのものが影響を与えた可能性があるように思います。互助会は、敗戦で今日食べる米にも困るような環境から生まれてきました。そして、わが子の結婚式や老親の葬儀を安い価格で出すことができるという「安心」を提供するといった高い志が互助会にはありました。しかし、おそらく互助会は便利すぎたのかもしれません。結婚式にしろ葬儀にしろ、昔は親族や町内の人々にとって大変な仕事でした。みんなで協力し合わなければ、とても冠婚葬祭というものは手に負えなかったのです。それが安い掛け金で互助会に入ってさえいれば、後は何もしなくても大丈夫という時代になりました。そのことが結果として血縁や地縁の希薄化を招いてきた可能性はあります。もし、そうだとしたら、互助会には大きな責任があるということになります。

もちろん、互助会の存在は社会的に大きな意義があることは事実です。戦後に互助会が成立したのは、人々がそれを求めたという時代的・社会的背景がありました。もし互助会が成立していなければ、今よりもさらに一層「血縁や地縁の希薄化」は深刻だったのかもしれません。つまり、敗戦から高度経済成長にかけての価値観の混乱や、都市部への人口移動、共同体の衰退等の中で、何とか人々を共同体として結び付けつつ、それを近代的事業として確立する必要から、冠婚葬祭互助会は誕生したのです。

互助会がなかったら、日本人はもっと早い時期から、「葬式は、要らない」などと言い出した可能性は大いにあります。ある意味で、互助会は日本社会の無縁化を必死で食い止めてきたのかもしれません。しかし、それが半世紀以上を経て一種の制度疲労を迎えた可能性があると思います。制度疲労を迎えたのなら、ここで新しい制度を再創造しなければなりません。すなわち、今までのような冠婚葬祭の役務提供に加えて、互助会は「隣人祭り」の開催によって、社会的意義のある新たな価値を創るべきであると考えます。

東日本大震災以後、多くの日本人が「支え合い」「助け合い」の精神に目覚めた今こそ、相互扶助の社会的装置である互助会のイノベーションを図る必要があります。私は、有縁社会、そして互助社会を呼び込むことが、互助会の使命であると考えます。「孤独死防止ディスカッション」あるは婚活イベント「ベストパートナーに会いたい」などの最近の全互協の一連の取り組みは、まさに無縁社会を乗り越える試みでしょう。活発な意見が交換され、パネルディスカッションは盛況のうちに幕を閉じました。

会場のみなさんも熱心に聴いて下さり、必死でメモを取っている方も多くいました。メディアの取材もたくさん受けました。なお、この座談会の内容は映像に残し、全互協のHPで配信される予定です。その映像をもとに広くアンケートを実施し、その結果を報告書にまとめます。また、単行本としても出版されることが決定しています。

この座談会が、無縁社会を乗り越え、新しい「絆」をつくるための礎となることを願っています。わたし自身が大変勉強になり、貴重な体験をさせていただきました。Ｔｏｎｙさんと一緒にパネル・ディスカッションに参加できて、今年は幸先の良いスタートが切れたように思います。

今後とも、よろしく御指導下さい。それでは、オルボワール！

二〇一二年二月八日

一条真也拝

一条真也ことＳｈｉｎさんへ

このたびの「孔子文化賞」受賞決定、まことにおめでとうございます！　筋金入りの孔子主義者のＳｈｉｎさんに受賞が決まり、審査員の選択眼に敬意を表します。ほんとうによかったです。生来の孔子主義者にして礼楽の実践者であるＳｈｉｎさんが受賞するのは、「天命」です。来年は満五〇歳だと思いますが、まさしく、『論語』の「五〇にして天命を知る」そのものですね。

日本の冠婚葬祭業と互助会の発展に務めた父上の佐久間進サンレー会長を始め、ご家族もサンレー社員のみなさんも大喜びのことと思います。もちろん、義兄弟の造形美術家の近藤高弘さんもわたしも、です。

「孔子文化賞」とは、孔子の子孫の孔健氏が会長を務める一般社団法人・世界孔子協会が昨年に制定・実施している賞で、孔子・論語・儒教の精神を広めた人物に贈られるものと聞いております。その第一回目には、野村克也氏（プロ野球・東北楽天名誉監督）、渡邉美樹氏（ワタミグループ創業者）、北尾吉孝氏（ＳＢＩホールディングス代表取締役執行役員ＣＥＯ）、酒井雄哉氏（比叡山延暦寺大阿闍梨）の四名が受賞。今年の第二回目には、福田康夫氏（元内閣総理大臣）、稲盛和夫氏（財団法人稲盛財団理事長）、高木厚保氏（会津藩校日新館名誉顧問）、一条真也氏（平成心学塾塾長）。

凄い顔ぶれですね。授賞式は二月二十八日、東京目白の椿山荘で開催される由。念願の「天下布礼」が着々と進行していきますね。慶賀に堪えません。というのも、Ｓｈｉｎさんはこれまでたびたび人類史上で孔子をもっとも尊敬していることを公言してきました。そして現役の方では稲盛和夫氏をもっとも尊敬しているとのことでした。その稲盛和夫氏と一緒に「孔子文化賞」を受賞するということは、「もっとも尊敬している歴史的人物の名前が入った賞をもっとも尊敬している現役社会人と同時受賞する」ということであり、大変得難い快挙です。

『孔子とドラッカー 新装版』（三五館）は平成心学塾の基本テキストで、中国語版の刊行も検討されているとのこと。これから必ずや礼楽の本場の中国で、孔子の思想について講演する機会も訪れることでしょう。

また、先月の一月十六日には母校の敬愛する大先輩である佐久間進会長の喜寿の会においてみなさまと共にお祝いすることができて、大変有難くも嬉しく思いました。その際、佐久間会長が「はひふへほの法則」を発表されましたが、本当に感心してしまいました。Ｓｈｉｎさんも稀代のコンセプトメーカーで、「ハートフル」など数々の時代の趨勢を象徴するキャッチフレーズを世に放っていますが、それは実は父上のＤＮＡと実践を拡大再生産し発展させたものだと改めて感じ入りました。「はひふへほの法則」、実に今日的、かつ未来的で、わたしは、これこそ今までの本居宣長や平田篤胤や柳田國男や折口信夫などの伝統的国学者・新国学者にはなかった「応用国学」「応用人生国学」だと思いました。それは、現代の「もののあはれを知る」道の実践であり、「少子高齢化社会」を粘り強く生き抜いていくライフスタイルでありましょう。

「は」……半分でいい
「ひ」……人並みでいい
「ふ」……普通でいい
「へ」……平凡でいい
「ほ」……程々でいい

これを聞きながら、「現代の妙好人」という言葉も浮かんできました。が、あえて言うなら、問題は、われわれを含む「高齢化社会」の高齢者にはこの言葉はリアルに響きますが、わたしたちの子供の世代以降の「少子」化の若者にこれがどのように響き、希望と生きる糧になるかですね。人生の折り返し点を過ぎた者には、そこに帰着することは、ある落ち着きどころでもあり、「安心立命」の場所でもあるでしょうが、しかし、「夢」を魂の養分としてこれからの人生を歩み始めようとする若者はどうでしょうか。そのような若者にも届く「はひふへほの法則」をさらに考案いただけば、「少子高齢化」時代の老若男女の生の指針が得られるのではないかと思いました。

わたしは、孔子主義者のＳｈｉｎさんとは違って、生来老荘的タオイストで、一種の自然居士だと自覚し、それゆえに「生態智」を探究する「東山修験道」の実践者になっていると思っていますが、この父上の「はひふへほの法則」は、儒教的に言えば「中庸」の道徳でしょうが、しかしそれだけでなく、ここにはどこか、人生の諦念を得たタオイストの風格も垣間見えます。「愚者の智」とも言えるパラドクシカルな「智」が。

失礼ながら、こうした一歩も二歩も引いた言葉は、「孔子文化賞」を受賞して「天命を知っ」て「天下布礼」を獅子吼していくＳｈｉｎさんからは当分出てこないのではないかとも思いましたが、それはそれ、それぞれの役目と立ち位置があるでしょう。どちらかだけが大事だとは思いません。中国には孔孟の道と老荘の道があることが強みですし、わが日本には神道の道と仏道の道の両方があることが非常なる強みであると思っています。さらに、わが国には、Ｓｈｉｎさんの奉ずる儒学の道もあるのですから、このような先祖の歩んだ「文化遺産」をうまく再活用することができれば、日本の底力もまだまだ創造的に発揮できるはずだと思っています。

さて、わたしは、一月にはシンポジウムが目白押しで、大忙しでした。一月十三日（金）の神戸の生田神社会館での「久高オデッセイ生章」上映と〈原初的な暮らしを遺す久高島から「1・17」そして、「3・11」へ〉シンポジウム、十八日の「無縁社会から有縁社会へ」シンポジウム、二十四日の研究プロジェクト「こころの再生に向けて～世直しの思想をめぐって」研究集会、二十七・二十八日の科研「身心変容技法の比較宗教学」シンポジウムと研究集会、二十九日法然院での「風の集い」、二月二～四日の天河大辨財天社の鬼の宿・節分祭・立春祭、二月四日・五日の京都大学第五回宇宙総合学研究ユニットのシンポジウム「人類はなぜ宇宙へ行くのかIII」、五日の比較文明学会関西支部第十六回例会、などなど。来週には、十九日に宮城県仙台市で行われる東北大学GCOE主催のナチュラル・ステップのワークショップ、二十日に東京大学東洋文化研究所で行われる第一回柳宗悦研究会、二十五日に和歌山県新宮市で行なわれる熊野学サミットなどなど、毎日のようにシンポジウムや研究会が開かれて、それに参加します。

こんな次第で、目まぐるしく催しが続いていますが、一月六日に比叡山からの下山中、アイスバーン化した雪山で激しく転倒し、背中や脇腹をとてつもなく強打した後遺症のため、この一ヶ月間コルセットをしながら何とか乗り切り、息つく暇もない感じでした。笑うと脇腹が痛いし、身を屈めると背中が痛いし、立ち居振る舞いも、小笠原流の師範か、観世流の熟達能楽師かと思えるほどのゆっくりとした優雅な起居動作でしたよ。日々是能、という感じで、世阿弥研究会をこの三年間やって来た我が身としては骨身に沁みて勉強になりました。

ところで、最近、寺山修司の作品や彼に関する著作を読んでいて、寺山修司の面白さとラジカリズムに新鮮な感動を覚えています。寺山修司は、高橋和巳の『生涯に渉る阿修羅として』をもじっていえば、「生涯に渉るホラ吹き」であったと思いますが、そのしたたかで柔軟な思考と行動は、この難局にある日本の状況下でいろいろなヒントと風穴を開ける力を持つと思います。前にも思いましたが、寺山修司の作品ではやはり一九六五年の歌集『田園に死す』と一九七〇年の詩集『長編叙事詩地獄篇』が寺山ワールド全開の圧巻的な作品でしょう。

大工町寺町米町仏町老母買ふ町あらずやつばめよ
新しき仏壇買ひに行きしまま行方不明のおとうとと鳥
地平線縫ひ閉ぢむため針箱に姉がかくしておきし絹針

『田園に死す』の冒頭「少年時代」の作品群です。こんな彼の作品を一七歳の頃、わたしはよく読んでいたものです。寺山修司の内包する「捨て子」幻想は彼の想像力の「翼」をどこまでも羽ばたかせていったのです。想像力の中でだけ、「汽車の中で生まれた」子供・寺山修司は「自由」であり、その力能を発揮できたのです。その精神的「捨て子」の「冥界遍歴」としての寺山修司の生涯は実に心に沁みるものです。「好奇心」の鬼・寺山修司は「奇人・奇形・奇譚・奇談・猟奇・怪奇」など、その「奇」嗜好を存分に発揮しつつ、蠱惑的な人買い。山椒大夫のような力で奇人変人ネットワークを作り上げ、実に不可思議でノスタルジックなバロック的地獄・犯罪・性・暴力・家出・自殺・荒野・魔術・劇場の仮想空間を実現しました。

「言葉の魔術師」寺山修司は、「託宣と詐欺の間」を、あるいは、「ホントとウソの狭間」を生き、そこで「大ホラ」を吹いた怪物です。その「神懸り（憑依）と演技（演戯）の間」を往来した魔法使いは、みずから「寺山修司という『職業』」を生きたと断言しましたが、それは、『仮面の告白』の三島由紀夫や、その三島が大いに嫌った太宰治の『人間失格』の間にあるエロスとロマンとニヒリズムとアナーキズムです。

一九六七年、寺山修司は東由多加や横尾忠則らと演劇実験室「天井桟敷」を旗揚げし、美輪明宏らを出演者に招いて、『青森県のせむし男』『大山デブコの犯罪』『毛皮のマリー』『花札伝綺』などを次々と上演していきました。その寺山修司が今を生きていたら父上と同じく本年七七歳です。一九三五年十二月十日（第二次大本事件の二日後！）生まれの寺山修司と一九三五年九月二十六日生まれの父上佐久間進会長は、同学年の戦前戦後を生きたのです。わたしの書いたものを最初に評価しれくれたのは寺山修司でしたが、同学年の佐久間進会長も過分にわたしを評価してくれていることも不思議な縁を感じています。

「マッチ擦るつかのま海に霧深し身捨つるほどの祖国はありや」で知られる寺山修司の歌の中で、

わたしが一番哀切に感じるのは、

　わが息もて花粉どこまでとばすとも青森県を越ゆる由なし

です。わたしたちはこの「息」を以てどのように「花粉」を飛ばそうとしてもこの「地球」を越えることはできないということの切実な現実を思い知りつつあります。そんな時、寺山修司はもう一つの「はひふへほの法則」、ホラ吹き男爵の法則を気球のように掲げてくれているのではないでしょうか?

二〇一二年二月十五日　　鎌田東二拝

第八〇信

●孔子文化賞

●パリとロンドン

鎌田東二ことＴｏｎｙさんへ

ボンジュール、ムッシュー・トニー・パリ・カマターニュ！　Ｔｏｎｙさんは、フランスとイギリスへ行かれているそうですね。十二日に帰国されると聞いていますが、「魂の故郷」であるパリは訪れられたのでしょうか？　このムーンサルトレターも、もう八〇信目になります。ついこの前、第六〇信を達成して、その後に『満月交感』として単行本化したばかりと思っていたのに、あれからさらに二〇通もレターを交換したのですね。まったく、時間の流れの速さには驚くばかりです。

さて、最近、わたしの心に強く残った出来事が二つ続きました。一つは、二月二十八日に第二回「孔子文化賞」を受賞したことです。東京は目白にある椿山荘の広い会場を埋め尽くす多くの参加者が集まりました。最初に、「孔子の子孫」である一般社団法人・世界孔子協会の孔健会長が挨拶しました。そして、わたしは、孔健会長から表彰状を読み上げられて手渡されました。続いて、『論語全集』と黄金の孔子像が手渡され、感激しました。

当日、主催者から受賞スピーチをしてほしいと言われ、以下の挨拶を用意しました。

「一条真也でございます。わたしのような若輩が、このような名誉ある賞を頂戴し、身に余る光栄です。孔健先生をはじめ、関係者の方々には深く御礼を申し上げます。

わたしは、冠婚葬祭の会社を経営しています。日々、多くの結婚式や葬儀のお手伝いをさせていただいていますが、冠婚葬祭の基本となる思想は『礼』です。

『礼』とは、『人間尊重』ということだと思います。ちなみに、わが社のミッションも『人間尊重』です。また、わたしは大学の客員教授として多くの日本人や中国人留学生に孔子の思想を教えてきました。主宰する平成心学塾では、日本人の心の柱である神道・仏教・儒教を総合的に学び、日本人の幸福のあり方を求めてきました。さらに、これまで多くの本も書いてきました。孔子や『論語』にまつわる著書もございます。それらの活動は、バラバラのようで、じつは全部つながっていると考えています。それらは、すべて『天下布礼』ということです。人間尊重思想を広く世に広めることです。

昨今、日本人の『礼』は危機的状況にあるように思います。親が亡くなっても葬式をあげない人が増え、『葬式は、要らない』などという本まで登場しました。わたしは、「このままでは日本人が大変なことになってしまう」と危惧し、『葬式は必要！』という本を書きました。世界に数ある宗教の中で、儒教ほど葬儀を重要視するものはありません。

わたしは、孔子という人は、二五〇〇年前に世界で初めて『葬式は必要！』と訴えた人ではないかと思っております。孔子が開いた儒教は、何よりも「親の葬礼」を人の道の第一に位置づけました。人生で最も大切なことは、親のお葬式をきちんとあげることなのです。逆に言えば、親のお葬式をあげられなければ、人の道から外れてしまいます。わたしたちの仕事は、多くの方々に堂々と人の道を歩んでいただくお手伝いをしているのです。これほど、世のため人のためになる仕事はないと心から誇りを感じています。今日みなさまにぜひお伝えしたいことは、日本の冠婚葬祭業は、孔子が説いた『礼』の精神をしっかりと守っているということです。

孔子文化賞を授与され、わたしは本当にこれ以上ない喜びに打ち震えています。というのも、わたしは人類史上で孔子をもっとも尊敬しているからです。ブッダやイエスも偉大ですが、孔子ほど「社会の中で人間がどう幸せに生きるか」を考え抜いた人はいないと思います。世に多くの賞あれど、自分が心から尊敬している人の名前が入った賞を授与される喜びはひとしおです。

わたしは、三九歳のときに『論語』の素晴らしさを知りました。四〇歳を目前にして『不惑』という言葉の出典である『論語』を四〇回読んだのです。すると、不思議なことが起こりました。もう何も惑わなくなったのです。『不惑』の出典である『論語』を四〇回読むことによって、わたしは実際に『不惑』を手に入れたのです。

わたしは来年、五〇歳になります。『五〇にして天命を知る』ということで、自らの使命を知るでしょう。それは、おそらく、『天下布礼』の道をさらに突き進み、孔子が説いた人間尊重の精神を広めていくことではないかと思います。

最後に、今日はこの会場に来ておりますが、かつて幼いわたしに『礼』という素晴らしい人間尊重の思想を教えくれ、今も教え続けてくれている父に心から感謝したいと思います。今回の受賞を励みに、これからも世のため人のためのお役に立ちたいと心より願っております。本日は、誠にありがとうございました。謝謝（シェイシェイ）！」。

授賞式の後、わたしは次の短歌を詠みました。

「かねてより敬ひ慕ふ人の名の栄誉授かり嬉しからずや」

授賞式が終わると、テレビ局をはじめとする多くのメディアからの取材を受けました。昨年の受賞者である野村克也夫妻も来られて、大いに盛り上がりました。また、日中映画賞を受賞された俳優の千葉真一氏と記念撮影しました。映画「キル・ビル」以来に拝む千葉氏の顔を見ていると、わたしの頭の中で、なつかしい「キイハンター」のメロディーが鳴り響きました。三五館の星山佳須也社長をはじめ、出版界の方々も多数駆けつけてくれました。今回は、尊敬する稲盛和夫氏との同時受賞ということで、生涯忘れられない思い出となりました。残念ながら稲盛氏はご病気のため欠席され、実弟である稲盛豊実氏（公益財団法人・稲盛財団専務理事）が代理で授賞式に出席されました。最後は、孔健会長と「これからも、世に孔子の思想を広めましょう！」と誓い合い、固い握手を交わしました。この感激を生涯忘れずに、これからも精進したいと思います。

さて、もう一つの心に残った出来事は、三月三日のことです。北九州の門司にある「世界平和パゴダ」のウ・ケミンダ大僧正の「お別れ会」が開かれたのです。わが社がセレモニーを担当いたしました。「世界平和パゴダ」は、日本で唯一のビルマ式寺院として知られています。第二次世界大戦後、ビルマ政府仏教会と日本の有志によって昭和三十三年（一九五八）九月に建立されました。「世界平和の祈念」と「戦没者の慰霊」が目的でした。

戦時中は門司港から数多い兵隊さんが出兵しました。映画化もされた竹山道雄の名作『ビルマの竪琴』に登場する兵隊さんたちです。残念なことに彼らの半分しか、再び祖国の地を踏むことができませんでした。そこでビルマ式寺院である「世界平和パゴダ」を建立して、その兵隊さんの霊を慰めようとしたわけです。

ウ・ケミンダ大僧正は、一九五七年に三五歳で来日されました。そして、じつに半世紀以上を日本の門司港の地で過されました。「ブッダの考え方」をストレートに伝える上座部仏教を説くなど、日本人との交流にも積極的な方でした。大僧正は、二〇歳で仏門に入られたそうです。戦後、海外での布教を命じられたとき、まだ貧しかった日本を選ばれました。

当日の「お別れ会」には、ミャンマーのキンマウンティン大使、壬生寺の松浦俊海住職、北九州市の北橋健治市長らが参列されました。また、一般市民を含む多くの方々が参列され、大僧正に哀悼の意を表しました。

ウ・ケミンダ大僧正の日本との縁は戦前にさかのぼります。連合軍の中国支援を断つため、日本軍は旧ビルマを攻撃して敵を一掃しました。大僧正は、出家する前、中南部のトングー駅で働いていました。そのとき、日本人から蒸気機関車の運転を教わるなど、仲良く接してもらったそうです。ちなみに、英国人は機関車に近寄らせてもくれなかったとか。

旧ビルマ戦線では多くの日本人兵が亡くなりました。来日したウ・ケミンダ大僧正は、日本各地で旧ビルマ戦線の戦没者を供養し、平和を祈ってきました。そして、祈りながら、戦後の日本をじっと見つめてこられました。六年前、読売新聞のインタビューに答えたとき、日本人について、「金持ちになったが、心は貧しくなった」と言われたそうです。また、東日本大震災の復興が進まない昨秋には、「今こそ、思いやりの心を取り戻さないと、日本は良くならない」と言われました。その発言から三ヵ月して、昨年十二月にウ・ケミンダ大僧正は肺炎で他界されたのです。享年八九歳でした。

ご本人の遺志で遺体は産業医科大学病院に献体され、葬儀も行われませんでした。亡くなられる前に「葬儀、通夜、位牌も一切いらない」と言われたそうです。しかし、「宗教法人世界平和パゴダ」の理事らでつくる実行委員会が「戦没者の慰霊と布教に尽くした大僧正の遺徳をしのびたい」と市民にも参加を呼びかけました。そして三月三日になって、ようやく「お別れ会」が開催されたのです。「お別れ会」の最後に、壬生寺の松浦俊海住職の講話がありました。「共結来縁」という演題の素晴らしい講話でした。「共結来縁」とは、「共に来縁を結ばん」という意味です。このたびの「お別れ会」の参列者との縁はまさしく「共結来縁」であり、一期一会で、この一瞬は今この時しかないと言われていました。

松浦住職は、奈良の唐招提寺の長老を務められ、律宗の管長でもありました。ウ・ケミンダ大僧正が来日されたばかりのとき、唐招提寺を訪れたそうです。また、松浦住職も旧ビルマへ修行に訪れたことがあるそうです。唐招提寺といえば、かの鑑真和上ゆかりのお寺です。井上靖の名作『天平の甍』に描かれているように、鑑真和上はさまざまな苦難に遭い、失明しながらも七五三年に来日。聖徳太子亡き後の日本に、仏法を広く説いた人でした。松浦住職は、一二五〇年の時間を超えて、鑑真和上とウ・ケミンダ大僧正には共通点が多いと言われていました。ともに異国の地に赴いて「ブッダの考え方」を伝え、最後は日本の土となられたからです。今年は日中国交回復四〇周年の記念すべき年ですが、鑑真和上は一二五〇年前に中国と日本の架け橋となりました。そして、ウ・ケミンダ大僧正はミャンマーと日本の架け橋となったのです。

松浦住職の講話が終了すると、キンマウンティン大使がミャンマー式のお祈りをウ・ケミンダ大僧正の霊に捧げました。それは、まるで「五体投地」のようでした。そう、平伏しながら心からの哀悼の意を表現する祈りでした。「お別れ会」の会場の床に平伏する大使の姿を見ながら、わたしは静かな感動をおぼえていました。そこには、心の底から亡くなった方を「悼む」という誠がありました。

もしかしたら、わたしのすぐ近くにブッダの化身がいたのかもしれません。それに、わたしを含む北九州市民、いや日本人は気づかなかったのかもしれません。せめて、ウ・ケミンダ大僧正の遺徳を偲び、現在は閉鎖中の「世界平和パゴダ」を一刻も早く再開しなければなりません。おそらくは、孔子やブッダや鑑真やウ・ケミンダ大僧正も見上げたであろう美しい満月を仰ぎながら、わたしはそんなことを考えました。それでは、Ｔｏｎｙさん、気をつけて帰国されてくださいね。

二〇一二年三月八日　　一条真也拝

一条真也ことＳｈｉｎさんへ

ムーンサルトレターの返信を、三月十一日（日）八時三〇分、ロンドン郊外のヒースロー空港の待合室でフライト前の時間を使って書き始めます。

今日は、東日本大震災が起来て、ちょうどまる一年。日本ではいろいろな行事が行なわれていると思います。朝五時に起きて、ロンドン大学近くのホテルの七階から西の方に沈んでいくお月様を見ながら祈りを凝らし、石笛二個、横笛、法螺貝を奏上しました。朝五時過ぎなので、少し控えめにしましたが、最後の法螺貝はしっかりラッセルスクエアーガーデンやロンドン大学や大英博物館にも響き渡るくらいの音で奉奏しました。はた迷惑でしょうねえ、きっと。「ユーラシア大陸の両耳」の左耳である日本列島へ、右耳のイギリス・ブリテン島からの思いを届けるには、やはり、気の入った響きが必要でした。安眠中のみなさま、申し訳ありません。

さて、Ｓｈｉｎさん、「孔子文化賞受賞」、まことにおめでとうございます。本当に素晴らしい快挙です。心よりお慶び申し上げます。義兄弟の受賞、わがことのように嬉しく思います。

「礼」に対する「礼」を持った対応。そして、「仁義礼智信」の「五常」のど真ん中に位置する「礼」を中核に、「智」においては六〇冊を超える書籍を出版し、「義」においては「義」兄弟の契りを結ぶばかりではなく、「葬式は要らない」という風潮に敢然と異議を唱えて本来の「義理」の大切さを訴え、「隣人祭り」をによって現代社会の只中に「仁」と「信」を取り戻そうとしてきたShinさんの活動が、高く評価されたのですよ。ほんとうによかったです。

Shinさんが孔子文化賞の受賞やウ・ケミンダ大僧正のお別れ会に参列している時、わたしはパリとロンドンに行っておりました。目的は、「身心変容技法の比較宗教学――心と体とモノをつなぐワザの総合的研究」ですが、特に、パリとロンドンの身体技法の現状や動向を探るのが目的でした。

今回、印象に残ったのが、パリ第一大学哲学研究所の伝統とパリでのButhoブーム、そしてロンドンのヨーガブームでした。まあ、どちらも、ブームというよりも、すっかりそこに位置づいているという感じですが、それぞれの国柄と特色と現代の動向を示しているように思われました。

日本の舞踏がヨーロッパで注目されることになったのは、麿赤兒さんの弟子の天児牛大さんの「Buthо」がきっかけだったとのことです。フランスのナンシー演劇祭で評価された一九八〇年代、第一次Buthoブームが起きました。ナンシー演劇祭で『金柑少年』が高く評価され、その年ヨーロッパで三万人の観客を動員しましたが、それは画期的な成功だったといえるでしょう。ヨーロッパに、日本の「ブトー」があることを知らしめたのですから。その功績は高く評価されるべきでしょう。

その第一次ブームがひとまず収まり、天児さんだけでなく、いろいろな舞踏家がパリで踊りましたが、その後、二〇〇〇年頃に第二波が来ました。それにはパリのシャトレにある天理日仏文化協会の設立も一役買っているといいます。おしゃれな展示会場と小劇場を持つ天理日仏文化協会は、舞踏やコンテンポラリーダンスのたくさんの新人を世に出しました。フランス国立科学センターの准教授だったかのベアトリス・ビコンさんがその名も『Ｂｕｔｈｏ』と題する大部な学術的な著作を著したことも後押ししました。

おもしろかったのは、パリでは体に、ロンドンでは心に関心があるように思えた点です。そもそも、イギリスよりもフランスで身体論が盛んになりましたが、そのルーツは、マルセル・モースの「身体技法」論でしたし、メルロ＝ポンティも『知覚の現象学』などで、現象学的身体論を展開しましたし、この「身体」の問題はなかなか「カトリック的問題」でもあるように思います。

それに対して、イギリスでは、フランスなどの大陸合理論やドイツ観念論と異なり、イギリス経験論と呼ばれる一種の学習理論が構築されていきました。人間の本性はラブラ・ラサ（白紙）で経験に基づく学習によってさまざまな観念連合が形成されると考えました。そこでは、生得的な「理性」などというアプリオリな超越論的な認識能力を想定していません。ここから、イギリスでは、臨床心理学よりも、認知心理学が目覚ましく展開されていくことになります。このあたりの、「フランスの体」志向と「イギリスの心」志向の差異は考えてみる余地のある問題だと思いました。

サンジェルマン・デプレ教会には、その大陸合理論の確立者といえるルネ・デカルトの遺体が眠っているようですが、そのすぐ近くにパリ第一大学科学哲学研究所があります。大変興味深かったのは、現代科学の常識になっている要素還元主義に対抗する「統合的な見方」の牙城になっていることでした。そこには、コレージュ・ド・フランス名誉教授でもあるアンヌ・ファゴー＝ラルジュオールさんなどがいて、その砦を堅守しています。

このパリ第一大学科学哲学研究所の初代所長が、『空間の詩学』や『火の精神分析』などでよく知られたガストン・バシュラールです。そして二代目の所長が、ジョルジュ・カンギレム。カンギレムには、『生命の認識』『反射概念の形成——デカルト的生理学の淵源』『正常と病理』『科学史・科学哲学研究』『生命科学の歴史――イデオロギーと合理性』（以上、すべて法政大学出版局）などの著書があります。カンギレムはもともと医者で、医学基礎論を追求し、バシュラールやアンリ・ベルクソンらの認識論的科学史や哲学的アプローチから、生命を物理化学現象に還元する機械論的還元主義を徹底批判しました。そのために、このパリ第一大学科学哲学研究所が、現代における反要素還元主義の砦になっているというわけです。

このパリのブトーに対抗するのが、ロンドンのヨーガでしょうか？　今回、トライヨーガとホットヨーガの二つのヨーガ道場を見学し、インストラクターにインタビューしました。インドに起こったヨーガのインストラクターの一人は日本人女性で、もう一人はシンガポール人男性でした。日本人女性の方は、特に、妊婦のヨーガ指導教室をしているとのことでした。このところ、ヨーガはストレス解消のためにセレブリティがやり始めて一気にミドルクラスに広まったといいます。トライヨーガはイギリスでは定評があるようで、ここで勉強したヨーガ教師があちこちの道場や教室で指導しているとのことです。それに対して、ホットヨーガはアメリカから始まりました。ビクラムというインド人がアメリカで始めて爆発的に広がり、イギリスやフランス、イタリア、オーストリア、オーストラリアなど、世界中の先進諸国に広がり、今も拡大しつつあるようです。日本でも、ビクラム氏の弟が東京で指導しているようです。

「ホット・ヨーガ」と呼ぶゆえんは、道場の温度を四〇度にして、そこで、九〇分ほどの時間内で決まったポーズを次々と取って行き、体内の老廃物を全部汗とともに排出し、身心をクリーニングするところにあります。シンガポールのインストラクターは、水泳パンツ一枚で男女五〇人ほどを、SMAPがワイヤレスマイクを耳元から口のところにかけて歌うように指導するのです。まるで、ミュージシャンかダンサーのように。タイツ姿の男女がその声に従って次々にポーズを変えていくのはなかなかの見ものでした。

　イギリスではもう一つ、ロンドンから列車で三〇分余り行った郊外にあるテーラワーダ仏教のインドにおける総本山のアマラワティ・モナストリーに見学とインタビューに行きました。ここには、一五人から二〇人ほどの僧侶と尼と僧侶見習いの人たちが修行していました。ちょうど、一月から三月まではその修行期間で、特にお彼岸の頃が大切な修行期間になるようです。

　驚いたのは、そこでインタビューした僧侶が日本人で、京都大学医学部出身の医師の資格を持つ人だったことです。彼は、大学四回生の時に生きることの悩みの直面し、医学部を卒業し、医師免許を取得してすぐ、遍歴の旅に出たそうです。インドやネパールや東南アジアを遍歴しているうちに、テーラワーダ仏教に出逢い、タイの東北部の森林派の寺院で修行して、このアマラワティ・モナストリーに二〇〇〇年に来て、ちょうどまる一二年になるとのことです。

　これにも驚きましたが、僧侶や信者やサポーターやワークショップ参加者と一緒に昼の祈りを捧げ、昼食をいただいている時、たまたま話をした、後ろにいたイギリス人の若い女性が、わたしが京都に住んでいると言うと、何と、この五月に京大宇治キャンパスに行って生物学の研究サポートに従事するというのです。特に能研究の分野だということでしたが、イギリスのこの寺院で、この日、二人の京都大学関係者に出逢うというのも、不思議なえにしを感じましたね。

　やはり、ここ、霧のロンドンは、ウィリアム・オッカムの唯名論やジョン・ロックのイギリス経験論を生んだところですが、同時に、十九世紀末に、「心霊研究（サイキカル・リサーチ）」や「スピリチュアリズム」やマダム・ブラヴァツキーの「神智学（セオソフィー）」の拠点となった心霊都市です。

　ところで、パリとロンドンの両方で、法螺貝にまつわる面白い体験がありました。三月六日、パリのど真ん中のシャトレにある天理日仏文化協会で、ダンス公演がありました。三人のフランス人と三人の日本人の合計六人のダンス公演があったのですが、その冒頭でわたしが法螺貝演奏などの飛び入り参加をしたのです。暗転した劇場の扉の外で特製横笛を吹き始め、歩きながら会場に入って舞台に出、横笛を吹き終わると、石笛を手に持ち替え、奉奏し、最後に法螺貝を吹き鳴らしました。これには、本物のパリジャンも度肝を抜かれたでしょう。わが「たましいのふるさと」でホラ吹き里帰り凱旋公演できてラッキーでした。

もう一つは、三月八日、トライヨーガとホットヨーガの二つのヨーガ道場を廻って、ロンドン大学（ＵＣＬ）コスモロジー研究会研究員のフィリップ・スイフトさんと一緒にプリムローズ・ヒルに行った時のことです。パリで言えば、モンマルトルの丘に似て、ロンドン市内がすべて眺望できる風光明美な場所にあるそこは、観光客もよく訪れる場所のようですが、久しぶりで春らしく晴れ上がったぽかぽか陽気のその日、わたしはその丘の頂上で思いっきり法螺貝を吹き鳴らしました。

その時、少し前に、丘の頂上に人の顔のモニュメントが地面に埋め込まれていたのに気づき、一瞬その上に立って吹こうかな、とも思ったのですが、やはり人の顔なので遠慮して、一歩下がったところで吹いたところ、犬を連れているおばあさんが私たちに話しかけてきて、わたしの法螺貝を聞いて、ケルトの集会の儀式を想い出したと話し始めたのです。

おばあさんによると、この丘は、何でもイギリスのケルト文化の復興の地で、一七九七年にそこでイギリスのケルトの末裔たちが集まり、ゴーゼスの祭りを行ない、バードと呼ばれる詩人の集いをしたとのことなのです。ヨロ・モルガニムという人が、その顔の当の人物でした。

実は、わたしは、一九九四年にロンドン大学ＳＯＡＳで神道国際シンポジウムが開催された時に、「ケルトと神道」について講演したのでした。そして、一九九五年に国際交流基金から派遣されてアイルランドのダブリン大学ケルティックスタディーズの客員研究員として身を置いて、ケルトと神道の比較研究をしたのでした。

このフィリップ・スイフトさんに連れられてきたプリムローズの丘がそんないわれがあるとは露知らず、しかし、近所のおばあさんからその由来を知らされた時、二〇〇年余を越えて、ケルトの末裔たちの呼び声が今ここの私たちにも届いているような不思議な感じがしました。もしかしたら、『ガリバー旅行記』の著者のアイルランド人ジョナサン・スイフトと同姓のスイフトさんのご先祖はアイルランドケルトかもしれませんからね。

今回のパリとロンドンは、とても、感じることの多い滞在体験となりました。もちろん、わたしは、大のふるさとパリ好きですが、花の都パリと霧の都ロンドンの比較霊性論をやってみると、なかなか面白いと思いました。そして、そこに、魔界都市京都を入れてみると、なかなか、面白く面妖な比較首都論ができると思った次第です。ヒースローで書き始めたこのムーンサルト・レターですが、フランクフルトで乗り継いで、ルフトハンザで関空に着くまでに書き上げました。日本は、もう、三月十二日になりました。東日本大震災から一年。これからの時代と日々に、悔いのない、責任を果たす生き方ができればと思っていますので、孔子主義者と東子主義者とのコラボ、今後ともよろしくお願いします。

二〇一二年三月十二日

鎌田東二拝

第八一信

● ショーヴェ洞窟
● 仰げば尊し

鎌田東二ことＴｏｎｙさんへ

Ｔｏｎｙさん、各地で桜が満開ですね。一昨日の夜、わたしは東北出張から九州に帰ってきました。仙台ではなんと雪が降って驚きましたが、小倉は桜が咲いていました。松柏園ホテルや小倉紫雲閣の桜も、わが家の桜も、それぞれ老木ながら咲き誇っていました。

この週末は、東京の上野公園をはじめとして各地で花見が開かれるでしょう。しかも、今夜は満月ですので、花見と月見がダブルで楽しめます。昨年は、東日本大震災の影響で花見が自粛されましたね。「もう、あれから一年か」と思われますが、このたびの宮城出張で被災地の人々の心の傷がまだ癒えていないことを思い知りました。

大学二年生の長女はいま、横浜の川沿いに住んでいます。そこには桜並木があり、とても綺麗だと言っていました。次女のほうは小学校を卒業し、三月十六日に卒業式が行われました。私立のカトリックの小学校なのですが、三クラス合計で一二〇名の生徒が卒業しました。卒業式では、保護者を代表して、わたしが謝辞を述べたのですよ。

「謝辞」の書状を掲げながら、わたしは、どうしても触れたかったことに言及しました。「昨年は、東日本大震災で多くの方々が被災されました。卒業式を迎えたくても、無念にもそれがかなわなかったお子様もいらっしゃいます。『人々のために生きる人』として、人の為に役立つことの大事さを、痛感した一年でもありました。そんな中、私どもの子供たちは、心に愛を持ち、具体的な行動によって、様々な形で人の為に役立つ喜びを教えていただきました。このような素晴らしいお導きに、深く感謝申し上げます」」。

「二十四の瞳」ならぬ「二百四十の瞳」が、こちらをじっと見ていました。それから、先生方の方向を向いて言いました。その後、小学校の益々のご発展と先生方のご健勝を祈念申し上げて、お礼の言葉とさせていただき、最後は「六年間、誠にありがとうございました」と述べました。

このような学校行事の場で謝辞を述べたことなど、生まれて初めてです。わたしは、これまで味わったことのない緊張感と高揚感に包まれました。謝辞を述べながら、次女が体調不良だったにもかかわらず小学校の面接試験で頑張ったこと、小学校へ行く初日に泣いてバスになかなか乗らなかったこと、初めての給食で出されたカレーライスが完食できずに泣いてしまったこと……いろいろな場面が走馬灯のように、次々と心に浮かんできました。泣き虫だった次女も、ずいぶん精神的にも体力的にも強くなりました。そして、この四月からは中学生になりました。本当に、子供の成長は早いものです。わたしは、いつも、年中バタバタ忙しくしています。そのため、次女の学校行事に行けないことも何度かありました。でも、最後に卒業式で保護者代表の謝辞を述べさせていただいて、良い思い出になりました。

卒業生たちが「仰げば尊し」を合唱したとき、会場の感動は最高潮に達しました。「我が師の恩」というフレーズが流れたとき、わたし自身の小学校のときの先生のことを思い出しました。大変なイタズラ小僧で先生方にはいつも御迷惑ばかりかけていましたが、あの頃のワルガキが成人して自分の子供の卒業式に参列して、しかも保護者を代表して謝辞を述べたと知ったら、みなさん、どんな顔をされるでしょうか。あの先生方は、まだお元気なのか。それは存じません。しかし、突如として思い出された「我が師の恩」への感謝で、わたしの胸は一杯になりました。

卒業式というものは、本当に深い感動を与えてくれます。それは、人間の「たましい」に関わっている営みだからだと思います。わたしは、この世のあらゆるセレモニーとはすべて卒業式ではないかと思っています。七五三は乳児や幼児からの卒業式であり、成人式は子供からの卒業式。そう、通過儀礼の「通過」とは「卒業」のことなのですね。

結婚式も、やはり卒業式だと思います。なぜ、昔から新婦の父親は結婚式で涙を流すのか。それは、結婚式とは卒業式であり、校長である父が家庭という学校から卒業してゆく娘を愛しく思うからです。そして、葬儀こそは「人生の卒業式」です。最期のセレモニーを卒業式ととらえる考え方が広まり、いつか「死」が不幸でなくなる日が来ることを心から願っています。葬儀の場面で、「今こそ別れめいざさらば」と堂々と言えたら素敵ですね。

さて、話題は変わって映画の話です。Ｔｏｎｙさんにはメールでもお伝えしましたが、先日、東京で「世界最古の洞窟壁画」を観ました。この作品は、ショーヴェ洞窟と、そこに残されていた世界最古の壁画をめぐるドキュメンタリー映画で、３Ｄ上映となっています。ショーヴェ洞窟とは、一九九四年十二月、ジャン＝マリー・ショーヴェが率いる洞穴学者のチームが発見した洞穴です。そこには、なんと三万二〇〇〇年前に描かれた壁画が奇跡的に保存されていました。三万二〇〇〇年前といえば、一万五〇〇〇年前のものとされるラスコー壁画よりも一万七〇〇〇年も古いわけです。まさに、世界最古の洞窟壁画！

ちなみに、わたしは「最古」という言葉にめっぽう弱い人間です。そこには底知れないロマンがありますし、なにより「文明」には「最新」という接頭語が似合いますが、「文化」には「最古」が似合うように思えてなりません。そして、わたしは最古の神話、最古の神殿、最古の儀式などに心惹かれてしまいます。

監督は、「アギーレ鬼神の怒り」や「フィッツカラルド」などで知られる巨匠ヴェルナー・ヘルツォークです。最先端の3Dカメラを携えて洞窟内を探索し、三万二〇〇〇年前に描かれた壁画を隅々まで余すところなくとらえます。現在のヨーロッパでは絶滅したホラアナグマやホラアナライオンをはじめ、野生の牛、馬、サイなどの動物を、スタンプ、吹き墨といった技法で生々しく描いた壁画をとらえていくのです。

洞窟内の風景は、「荘厳」そして「幻惑的」と表現する他はありません。そこに浮かび上がる壁画からは、それらを描いた古代人の「こころ」が見えてくるようです。わたしは、次々と映し出されるビジュアルに思わず息を呑みました。映画やアニメーションの原型を思わせる足が何本もある動物など、そのクオリティの高さは信じられないほどです。

ショーヴェ洞窟に描かれた壁画は、黒のモノトーンです。色では多色使用のラスコーに劣りますが、表現ではショーヴェの方がより現代的な印象です。それにしても、何のために古代人は壁画を描いたのでしょうか。人類学者たちは、絵画を描く行為そのものが「儀式」であったのではないかと推測しています。火の使用とか、石器の発明には、明白な動機が容易に推測できます。しかし、絵画を描くといったような行為の動機は謎が多いです。人間の「こころ」の秘密は、明らかに石器よりも絵画に潜んでいると言えるでしょう。

ショーヴェ洞窟内には、クマの頭蓋骨などを使った祭壇跡があります。そこで何らかの宗教儀式が行われたことを示しているのです。この映画には、「もうひとつの世界」の気配が強く感じられてきました。撮影スタッフは何度も奇妙な感覚にとらわれたそうです。それは、古代人にじっと見られているような感覚で、研究者たちも同じ感覚を抱いたとか。三万二〇〇〇年前の壁画がそのまま残されているような洞窟では、何が起こっても不思議ではありません。ひょっとしたら、洞窟内の時空が歪み、本当に古代人と現代人が同時にその場所に存在したのかもしれません。

この驚異的な映画を観て、わたしは特に二つのことが印象に強く残りました。一つは、このショーヴェ洞窟の近くには、かのネアンデルタール人も存在していたこと。ネアンデルタール人には死者を埋葬するという文化がありました。脳の容量も大きかったとされるネアンデルタール人ですが、なぜか現生人類のような絵画のような芸術を生むことはありませんでした。ある人類学者が言っていましたが、古代人たちに壁画を描かせた存在がいて、それは精霊だそうです。その学者は、現生人類を「ホモ・サピエンス」というのは間違いで「ホモ・スピリチュアリアス」と呼ぶべきだと語っています。人間にとって「知性」よりも「精霊」のほうが重要だからだそうです。

もう一つの印象に残ったものは、ラストに置かれたヘルツォークのメッセージです。ショーヴェ洞窟からすぐ近くに、原子力大国であるフランス最大の原子力発電所があるというのです。そして、そこには巨大な温室が併設されており、多数のワニが繁殖しています。そのワニたちは、なぜかアルビノになってきています。原子力の熱で温められた陰気な楽園に暮らす多くの白いワニたち……。そのグロテスクというよりも物悲しい映像から、ヘルツォークのメッセージが痛いほど伝わってきました。やはり、わたしは「最新の文明」よりも「最古の文化」にこそ人類を救う鍵があると思えてなりません。

ショーヴェ洞窟といえば、Ｔｏｎｙさんは最近、『身心変容技法研究』第一号を創刊され、そこに「身心変容技法生成の場としての洞窟」という巻頭論文を書き、ショーヴェ洞窟や天岩戸のことなどを書かれましたね。わたしも拝読しましたが、非常に刺激的な論考で、いろいろ考えさせられました。「生命孵化器としての洞窟、身心変容誘発空間としての洞窟、原宗教と原芸術の発生場としての洞窟が人類文化史上に立ち上がってくる」という最後の一文が心に沁みました。特に、「原宗教と原芸術の発生場」というキーワードが……。

原子力発電所という「原発」ではなくて、原宗教と原芸術の発生場という「原発」が洞窟なのですね。ということは洞窟と原子力発電所は、いわば正反対の存在ということになるのでしょうか。わたしのいう「最新の文明」と「最古の文化」という対比にも通じます。ショーヴェ洞窟の近くに、フランス最大の原子力発電所が存在することはシンボリックですね。それにしても、「原宗教と原芸術の発生場」というＴｏｎｙさんならではの言語感覚に感服いたしました。

二〇一二年四月七日　　　　　　　　　　　　　　　　　一条真也拝

一条真也ことＳｈｉｎさんへ

娘さんの小学校の卒業式、まことにおめでとうございます。

実は、わたしは「仰げば尊し」という歌がとてもとても好きなのです。特に、サビから三・四行目の「思えばいと疾しこの年月今こそ別れめいざさらば」のところが、中でも、「別れめ」のフェルマータの箇所でグッとくるのです。いつも。

この曲は、スコットランド民謡かとばかり思っていましたが、『The Song Echo: A Collection of Copyright Songs, Duets, Trios, and Sacred Pieces, Suitable for Public Schools, Juvenile Classes, Seminaries, and the Home Circle.』という、一八七一年にアメリカで出版された楽譜に収録されていて、作詞者T・H・ブロスナン、作曲H・N・Dとあります。

二〇一二年一月二十四日の共同通信は次のような記事を配信しました。

〈「あおげば尊し」原曲の楽譜発見十九世紀米国の歌

卒業式でよく歌われてきた唱歌「あおげば尊し」の原曲とみられる米国の歌の楽譜を、一橋大名誉教授（英語学・英米民謡、歌謡論）の桜井雅人さん（六七）が二十四日までに発見した。研究者の間で長年、作者不詳の謎の曲とされていた。

桜井さんによると、曲名は「SONG FOR THE CLOSE OF SCHOOL」。米国で一八七一年に出版された音楽教材に楽譜が載っていた。直訳すると「学校教育の終わりのための歌」で、友人や教室との別れを歌った歌詞という。作詞はT・H・ブロスナン、作曲はH・N・Dと記されていた。

旋律もフェルマータの位置も「あおげば尊し」と全く同じという。桜井さんは約一〇年前から唱歌などの原曲を研究。何十曲もの旋律を頭に入れ、古い歌集や賛美歌などを調べていたところ、一月上旬に楽譜を見つけた。

桜井さんは「日本にはたどれる資料がなく、今の米国でも知られていない歌。作詞・作曲者の実像など不明な点も多く、今後解明されればうれしい」と話している〉。

そうだったんですね。でも、たぶん、この「H・N・D」さんは、スコットランドかアイルランドからの移民だったのではないかな。そんな気がします。楽曲の響きの感じが。まちがいなく、アイルランドースコットランドーケルト的です。

ところで、この原詞（英詞）は次のようなものだということです。

We part today to meet, perchance, Till God shall call us home;
And from this room we wander forth, Alone, alone to roam.
And friends we've known in childhood's days May live but in the past,

But in the realms of light and love May we all meet at last.
Farewell old room, within thy walls No more with joy we、ll meet;
Nor voices join in morning song, Nor ev'ning hymn repeat.
But when in future years we dream Of scenes of love and truth,
Our fondest tho'ts will be of thee, The school-room of our youth.
Farewell to thee we loved so well, Farewell our schoolmates dear;
The tie is rent that linked our souls In happy union here.
Our hands are clasped, our hearts are full, And tears bedew each eye;
Ah, 'tis a time for fond regrets, When school-mates say "Good Bye."

この直訳が、ウィキペディアに載っていますが、それは次のような訳です。

私たちは今日別れ、またいめぐり逢う、きっと、神が私たちをその御下へ招く時に。
そしてこの部屋から私たちは歩み出て、自らの足で一人さまよう。
幼年期から今日までを共にした友は、生き続けるだろう、過去の中で。
しかし、光と愛の御国で、最後には皆と再会できるだろう。
さよなら古き部屋よ、汝の壁の内で、楽しく集うことはもう無い。
朝に声を揃えて歌うことも、午後の賛美歌も、もう繰り返すことはない。
だが、幾年も後の未来に、私たちは愛と真実の場を夢見る。
私たちの最も大切な思い出は、汝、幼き日々の教室となるのだろう。

さよなら私たちがかく愛した汝よ、さよなら親愛なる級友たちよ。
私たちの魂を、幸せなひとつの繋がりとしてきた絆は解かれた。
私たちの手は固く握られ、心は満ち、そして目には涙をたたえ。
ああ、これぞ惜別の時、級友たちの言葉は「さよなら」。

すばらしいですね。この原詞。直訳も。わたしたちが歌っている日本語訳よりずっと情感があり、また神への祈りと級友たちとの惜別の念に満ちていて。特に、一番の四行目の「But in the realms of light and love May we all meet at last.（しかし、光と愛の御国で、最後には皆と再会できるだろう）」のところなど。「いまこそ別れめいざさらば」もいいのですが、抽象的です。それよりも、具体的で、キリスト教の祈りを感じます。

Ｓｈｉｎさんの娘さんの卒業式の話を読んで、わたしも息子の卒業式のことを思い出しました。息子が中学三年の時、わたしはＰＴＡの会長を務めました。埼玉県大宮市立大成中学校と言います。ちょうどどの時は、創立五〇周年だったので、わたしは五〇周年記念事業の実行委員長も務めることになりました。そんな節目に当たる年に、あの「酒鬼薔薇聖斗事件」起こったのです。わたしの息子は酒鬼薔薇聖斗と同学年でした。その衝撃から、わたしは「神道ソングライター」になったと言っても過言ではありません。

一九九八年三月、わたしは校長先生の式辞に続いて、ＰＴＡ会長として祝辞を壇上から述べました。その時、わたしたちはみなひとりひとりが「世界の果て・宇宙の果て」であるという話をしました。だからこそ、その「世界の果て・宇宙の果て」から、新しい地平を切り開き、新しい海に航海していきましょうというような話をした記憶があります。

その冒頭で、息子が生まれた時の話をしました。彼はそのころ妻が勤務していた東京の虎の門病院で生まれました。住んでいた川崎市宮前区宮前平のマンションから虎の門病院に初めて面会に行った日の帰り、電車の中で胸の中に火が点ったような何とも言えないあったかい気持ちになりました。その火は今も消えずに胸の奥に燃え続けています。いのちというものは、そのようなあたたかい火なのだと、その時実感し、今もそう感じています。

Ｓｈｉｎさんのレターの感動的な話を読みながら、そんな昔のことをあれこれ思い出して、なつかしい気持ちに浸りました。そして、「仰げば尊し」の歌詞をもう一度調べてみようといろいろ検索していて、上記の記事に行き当たり、新たな発見に至りました。レターの後半で「洞窟」論を話してくれ、ショーヴェ洞窟の映画を例に挙げられましたが、実はわたしは先月、パリに行った時に、ショーヴェとラスコー洞窟を見学に行こうと計画したのですが、時間不足と実物見学不可能ということで今回諦めたのです。

なぜ、フランスのその二つの洞窟に行こうと思ったかというと、わたしは、この三月三十日に刊行した科研研究年報誌『身心変容技法研究』第一号の中で、「身心変容技法生死の場としての洞窟」という論文を書いたばかりだったからです。

洞窟論ですが、わたしは比叡山に登拝するようになって、改めて山・森・洞窟というものが持つ力に感じ入るようになったのです。山は一つの洞窟だ。森はそれ自体巨大な洞窟だ。洞窟はもちろん洞窟である。母胎・子宮も一つの人体洞窟である。人体もまた一つの洞窟である。この洞窟的な空間が持つ力と機能と創造性に大変興味を持つようになったのです。一七歳から聖地巡礼してきましたが、世界中の聖地の原型的空間が洞窟でもありました。そんなことがあって、Ｓｈｉｎさんの洞窟論にも大変興味があるのです。

昨日、わたしはその洞窟の一つ、比叡山という山洞窟に入ってきました。特に雲母坂などは洞窟そのものです。わたしは、二六歳くらいの時にカメラを捨て、昨年九月、天河大辨財天社の大洪水水害の被害報告をする際に、三五年ぶりにカメラを手にしました。昨日の満月にもカメラを向けてみました。一昨日の十四夜も東山から登ってくるお月様は心に沁みる美しさでした。「仰げば尊し」という感じを満月はもたらしてくれます。

今日はお釈迦様の誕生日ですが、友人の同志社大学教授の中野民夫君たちと江湖館という町屋で学生・教員入り乱れての歌合戦をやります。

二〇一二年四月八日

鎌田東二拝

第八二信

●葬礼歴史博物館

●融

鎌田東二ことＴｏｎｙさんへ

Ｔｏｎｙさん、ゴールデンウィークはいかがお過ごしでしたか?

わたしは、どこに出掛けることもなく仕事三昧でした。ただし、四月二十四日から二十七日にかけて韓国へ行ってきました。「東アジア冠婚葬祭業国際交流研究会」の韓国訪問ミッションに参加したのです。この研究会は昨年より発足したもので、アジアの調査対象国の冠婚葬祭の文化の実態を調べていくことを目的としています。冠婚葬祭互助会業界の大手の経営者をはじめ、國學院大學教授で神道文化学部長の石井研士さん、第一生命経済研究所・主任研究員の小谷みどりさん、国立歴史民俗博物館・准教授の山田慎也さんなども参加されています。

この研究会では、宗教との関わり、儀式のあらましや流れと意味づけを調べます。また、冠婚葬祭の参加者の範囲と人数、わが国との共通点と相違点をまとめる予定です。今後のわが国業界のビジネスの高度化に資するものがないかを探るのも目的の一つですが、わたしは「人間にとって冠婚葬祭とは何か」という、儀式文化の論理の構築につながるような気がしています。東アジアといえば、いわゆる「儒教文化圏」とほぼ重なります。儒教は中国で生まれ、朝鮮半島を渡って、日本に伝ってきました。

わたしは、韓国の葬祭業界とは縁があります。二〇〇五年十二月十六日に韓国から北九州市のサンレー本社を訪問する視察団がやってきました。ちょうど、その頃の韓国の葬儀環境は激変していました。土葬が一般的ですが、近年は土地不足などで火葬が増えており、両大学を中心に「火葬先進国」である日本の視察が企画されたのです。大田保健大学と昌原専門大学の「葬礼指導科」の教授一〇名を含む、僧侶、学生ら五二名の視察団で、教授陣の顔ぶれは哲学と宗教学の混成軍といった感じでした。

わたしはレセプション・パーティーで挨拶をしましたが、「日本では今、韓流ドラマが大ブームです。でも、日本は韓流ドラマなど及びもつかない素晴らしい贈り物を二つも朝鮮半島からいただいています」と前置きし、「それは、仏教と儒教です。この日本人の心の二本柱ともいうべき両宗教は、中国から朝鮮半島をわたって、日本に入ってきました。そして、もともと日本にあった神道と共生して、三者は互いに影響し合い、また混ざり合いながら、日本人の豊かな精神文化をつくってきました。

その果実が冠婚葬祭です」と述べました。その後、「日本の葬儀文化」という講演を九〇分ほどやりました。

その翌年、招聘を受けて韓国に行ってきました。韓国の新聞社や大学から招かれ、講演および特別講義を行いました。プレスセンターやいくつかの大学で、日本の冠婚葬祭について語りました。それとともに、韓国の冠婚葬祭業の人々と親交を結びました。さらに、その翌年の二〇〇七年には、拙著『ロマンティック・デス』（幻冬舎文庫）のハングル版が出版され、その出版記念講演が企画されました。わたしの本がハングルに翻訳されたのは、『リゾートの思想』（河出書房新社）と『ハートビジネス宣言』（東急エージェンシー）に続いて三冊目でした。なお、『ロマンティック・デス』のハングル語訳は大田保健大学教授である張萬石さんがやって下さいました。

葬礼歴史博物館「韓国の葬列」

さて今回の訪韓では、その『ロマンティック・デス』をめぐって思わぬ出来事がありました。二六日に韓国を代表する冠婚葬祭互助会である「漢江ライフ」を訪問したのですが、同社の金相元《キムサンウォン》会長が、歓迎の挨拶をして下さいました。金会長は、「わたしは、ある日本人の書いた『ロマンティック・デス』という本が愛読書なのです」と発言されたのです。それを聞いた張萬石さんが驚かれて、わたしを指差し、「会長、この人が書いた人ですよ！　この人が一条真也さんですよ！」と言って下さいました。金会長も大変驚かれて、わたしたちは固い握手を交わしました。今回のミッションには本名の佐久間庸和として参加していたので、わたしが一条真也だとわからなかったのでした。張さんが翻訳して下さった『ロマンティック・デス』を金会長は三度も繰り返して読まれ、本を大事に会長室に置かれているそうです。日本のNTTにあたる韓国KTの電話局長を務めたほど高いキャリアを持つ金会長が、葬儀業界への転進を図ったのも同書を読んだことが大きな原因であると言われていました。わたしは、その話を聞いて、感激で胸がいっぱいになりました。まさに「縁は異なもの乙なもの」です。

今回の訪韓では、現地の互助会をはじめ、ブライダル企業、葬祭場、火葬場などを回りましたが、最終日には「葬礼歴史文化博物館」というミュージアムを訪れました。ここは二回目の訪問で、わたしは五年程前に訪問したことがあります。博物館は、サンポ・シルバー・ドリームという大手葬儀社が運営しています。同社のオーナーはイム・ズン氏という大学の特任教授で、風水や家庭儀礼などの著書も七冊ある方でした。韓国の葬儀業界における最高のオピニオン・リーダーであり、カリスマでしたが、残念ながら五年前に亡くなられました。当日は、オーナー未亡人と長男の方が出迎えてくれました。

葬礼歴史博物館は、「死」と「葬」の文化についての啓蒙を目的に二〇〇五年にオープンしましたが、なかなか正式な博物館として国が認めてくれませんでした。それが今年になってようやく許可が下り、グランド・オープンする運びとなったようです。博物館は二階建てで、一階は世界の葬儀文化、二階は韓国の葬儀文化についての展示を行っています。その他にアフリカ館もあります。まず一階には、ヨーロッパのカタコンベ、チベットの鳥葬、エジプトのミイラをはじめとして世界各地を代表する葬儀文化が展示されていました。日本関係では、宮型の霊柩車などが置かれていました。七〇年代のクラウンを改造した霊柩車です。ミッションの一行も、これには興味を示していました。

二階に上がると、より博物館らしい雰囲気で、韓国の葬儀文化が展示されています。『四禮便覧』や『喪禮備要』などの貴重な儒教の葬礼書もあります。しかし、なんといっても、最大の見せ場は朝鮮時代の葬列を再現したジオラマでしょう。一八〇〇年頃の葬列で、重要人物が亡くなると五ヵ月後に葬儀のパレードが行われました。なんと総勢三〇〇〇人で、三泊四日のパレードでした。三〇〇〇人すべての役割分担を人形で忠実に再現しています。

またアフリカ館では、入ってすぐの空間に世にも珍しい棺が並べられています。高級車、飛行機、船の形をした棺もあります。おそらく、あの世という別世界に行くことを旅であると見立てたのでしょう。この世の乗り物に乗って、あの世に旅立つというわけです。また、魚や蟹やワシやライオンといった動物の棺もありました。これはアニミズムの一種であるとも考えられます。ライオンなど力のある存在を信仰する部分もあるようです。

博物館を見学した後は、会議室のような部屋で葬礼歴史博物館の理念と沿革について説明を受けました。もともと、この博物館は「葬儀」をテーマとしていることから、近隣住民から「迷惑施設」であるとの偏見で反対運動を受けていたそうです。それをイム氏が「迷惑施設ではなく文化施設、ひいては福祉施設である」とのメッセージを粘り強く訴え続け、ようやく開館にこぎつけたのです。最後に、「世界の葬儀文化に寄与したい」というイム氏のご長男の力強い言葉を聞いて、わたしは心の底から感動しました。博物館の展示品も素晴らしいですが、それ以上に「葬儀こそ文化であり、その重要性を万人に知らしめたい」という志の高さが素晴らしい。わたしは、韓国に「天下布礼」の同志を見つけた思いです。

なお、今回のミッションのメンバーである国立民俗歴史博物館准教授の山田慎也さん（この方も、学生時代に『ロマンティック・デス』を読んで下さっています）によれば、世界中にこのような葬儀

ユートピア追慕館「キリスト教徒専用納骨堂」

博物館が存在しているそうです。なんでも、先進国でまったく存在しないのは日本ぐらいのものだとか。各国の博物館は、人々に「死」の教育を行い、「葬儀」の重要性を示しています。このような施設が存在しないがゆえに、日本では「葬式は、要らない」のような妄言が出てきたのかもしれません。わたしは、いつの日か、ぜひ日本にも葬儀博物館を作るお手伝いをしたいと心から思いました。国立民俗歴史博物館では今年から「葬儀」の歴史についての展示コーナーを開設するそうです。山田さんによれば、縄文時代から現代までの葬送文化の展示スペースが今年六月には完成するそうです。とても楽しみです。完成の暁には、ぜひ同博物館を訪れたいと思います。

さて、葬礼歴史博物館を後にしたミッション一行は、そのまま次の目的地である「ユートピア追慕館」に向かいました。ここは、韓国で最大級の納骨施設で樹木葬も行っています。葬礼歴史博物館と同じく、わたしは五年前に一度訪れたことがあります。

三つに別れた納骨堂には、本館に三万、別館に一万、最近出来たばかりの新館に一万の納骨スペースがあります。ホテルをイメージしたというロビーは清潔感に溢れ、施設内には花や彫刻がふんだんに置かれていて、さながら本物のホテルのようでした。納骨堂というと、日本人に限らず暗いイメージを持つ人も多いですね。しかし、このユートピア追慕館は「家族の憩いの場」をコンセプトとしており、施設の周辺は家族でピクニックができる緑ゆたかなガーデンとなっています。

ユートピア追慕館のシンボルスペースになっているのは、キリスト教徒や仏教徒のための専用納骨堂です。前者にはダ・ヴィンチの「最後の晩餐」、後者にはブッダと蓮の花と「千手経」の言葉が、上方に三六〇度で描かれています。ただ、以前来たときに比べ、両宗教の専用納骨スペースは空きが多いように感じました。一般の納骨スペースよりも高価なせいでしょうか。納骨スペースは、一族で部屋ごと買い上げる場合もあるとか。また、ソウル大学同窓生の納骨スペースというのもありました。

それから、ユートピア追慕館には「樹木葬」のエリアもあります。現在、二万坪の広大な土地に二〇〇〇本の木が植えられています。樹木の種類はいろいろあって、それぞれ値段が違うとのことでした。支配人に聞くと、やはり樹木葬よりも一般の納骨のほうが人気があるそうです。なお、ユートピア追慕館は、互助会も運営しています。日本でも、互助会にぜひ納骨堂を運営してほしいという声は多いです。いろいろと規制はありますが、さてさて、今後はどうなっていくでしょうか?

葬礼歴史博物館、ユートピア追慕館を視察して、今回の訪韓ミッションのすべての訪問予定は終了しました。いや、本当にハードな行程でした。初日に両替したウォンを使う暇がまったくありませんでした。わたし以外のメンバーを金浦空港で見送ってから、わたしは仁川空港に向かいました。金浦は羽田行きの便しか飛びませんが、仁川なら福岡行きがあるのです。仁川空港から大韓航空機に乗り込むと、離陸からわずか一時間ちょっとで福岡空港に着きました。アジアは近いです。次回のミッションは、秋に台湾を訪問する予定です。それでは、Ｔｏｎｙさん、次の満月まで。ごきげんよう。

二〇一二年五月六日

一条真也拝

一条真也ことＳｈｉｎさんへ

ムーンサルト・レターを受け取ったのは五月五日の夜のことでした。それからまるまる一週間が経ってしまいました。

このメールを、東京から京都に戻る新幹線の中で書き始めています。今日、五月十三日の一四時から地下鉄丸ノ内線本郷三丁目駅前にある東京大学仏教青年会で行われた宗教者災害支援連絡会第九回情報交換会に参加したのです。宗教者災害支援連絡会のことは、前に何度か書いたように記憶しますが、東京大学の宗教学の教授の島薗進さんが代表者となって、宗教者と宗教学者が中心となって、東日本大震災に対する支援の形を探りつつ実践に生かしていくという連絡会が昨年の四月に立ち上がりました。

それから一年余り、毎月のように（最近は隔月ですが）、活発に情報交換会が開かれ、被災地の状況報告や支援活動報告などが紹介され、さまざまな議論が交わされ、いくつかの提案も出てきました。この中から、福島県へのシニアボランティアも始まりつつあります。学識・人物ともに評価され信頼されている島薗進さんが代表者だからこそ、ここまでしっかりと活動が根付き、さらなる展開が生まれつつあるのだと思っています。物事を動かすのは、やはり「人」ですね。その意味では、Ｓｈｉｎさんとサンレーの常日頃主張される「人間尊重の精神」に賛成です。人の力、ネットワーク、相乗作用は、問題解決に向かう原動力であり、要であり、芯であると思います。

今日は、金沢市の寶泉寺（高野山真言宗）住職の辻雅榮さんの「仏足頂礼高野山足湯隊～被災地における傾聴ボランティア」、金光教首都圏災害ボランティア支援機構の田中真人さんの「仮設住宅の自治会はどのようにして発足したのか～金光教首都圏災害ボランティア支援機構の取り組み」、浄土真宗本願寺派の京都在住の住職・北條悟さんの「京都ネット：被災された方の思いを優先した活動の継続」の三つの報告がありました。それぞれ貴重な活動報告で、大変参考になり、いろいろと教えられたり、考えさせられたりしました。

Ｓｈｉｎさんからのレターを受け取った五月五日の夜、わたしは仙台にいました。その前日の四日は石巻市雄勝町大須、その前日の三日は気仙沼市、その前の二日は岩手県釜石市、その前の一日は岩手県久慈市と、五月一日から六日まで、青森県八戸市から福島県南相馬市と浪江町の境界線の立ち入り禁止地域までの沿岸部約四五〇キロを追跡調査していたのでした。石の聖地の写真家の須田郡司氏と二人で、昨年の五月に日から五日まで仙台市若林区から久慈市までの沿岸部約三五〇キロを第一回目の調査をしたのを皮切りに、昨年十月十日から十三日までを同地域の第二回目の追跡調査をし、今回の第三回目は、逆ルートでさらに長距離の追跡調査をしたのでした。今後も、半年に一回、最低トータル五年は続けようと思っています（詳しくは、モノ学・感覚価値研究会のＨＰ「研究問答」欄をご覧ください）。

レターを受け取った夜、ＦＭ仙台で放送する番組「心の相談室」に出演して、その事務局長の鈴木岩弓東北大学教授や「カフェ・デ・モンク」を主催する僧侶金田諦應さん（曹洞宗通大寺住職）や三浦正恵さん（曹洞宗鶴翁山玄松院副住職）たちと晩御飯も食べずに熱心に話をし、一二時前に深夜のビジネスホテルの部屋にチェックインしてＳｈｉｎさんからのメールを受け取ったのでした。

Ｓｈｉｎさんは、レターで、韓国での「東アジア冠婚葬祭業国際交流研究会」のことを書かれていましたね。そして、『ロマンティック・デス』が韓国を代表する冠婚葬祭互助会の「漢江ライフ」会長の金相元氏の愛読書であったことなどが書かれているのを読み、「縁は異なもの乙なもの」という諺を思い出しました。実に不思議というか、奇遇であり、得難い縁ですね。

五日、わたしは石巻市雄勝町から牡鹿郡女川町を通り、石巻市、東松山市、塩竈市、多賀城市を抜けて仙台に入ったのですが、その時、女川湾から満月（十四夜か？）が登り始めました。そこで、最近、三五年ぶりに手にし始めたカメラを向けました。女川の廃墟のようになったビル群はすべて撤去されていて、町中はガランとした状態でほとんど何もありません。そのような中に満月が射し昇ってきました。それを見て、能の「融」を思い出しました。

「融」は、次のような内容です。「中秋の名月の日、諸国一見の僧が京の六条河原院で奇妙な老人を見かけた。その老人は汐汲みの田子を背負っていた。六条河原で汐汲みとはこれ如何に？ と不審に思った僧に対して、老人はそのいでたちを次のように語った。ここ、河原院には昔、河原左大臣と呼ばれて権勢を誇った嵯峨天皇の皇子の源融のおとど（大臣）が住んでいて、陸奥国の美しい塩竈の景色を庭園に移し取って住んでいた。その時、折しも、満月が登って、六条河原と塩竈とが重なる幽玄なる景色が現出する。融のおとどは毎日難波から潮を運ばせ、庭で塩を焼かせるのを楽しみとしていたが、しかし今はもうそれも昔のこととなってしまい、誰もその跡を継ぐ者はなく、河原院も荒涼たる廃墟となってしまったことを知った僧は、老人が融のおとどの亡霊であったことに気づく。その夜、僧の夢の中で、かつての権勢を誇った融大臣が現れ、月下に優美に舞を舞い続け、夜明けとともに消えていったのだった」。

何とも幽玄至極な複式夢幻能ではないでしょうか。世阿弥は過去の栄光と現在の廃墟を満月だけが変わらずに煌々と照らし出し、その中で老人と融の大臣に二極化した姿をはかなくもうつくしく描き出します。女川の満月を見上げながら、世阿弥が舞った室町の舞台を思い描きました。石巻に達すると、「大和鯨煮」の巨大タンクが津波でさらわれ打ち上げられて、今なお倒壊したままの姿で横たわっているのを見ました。タンクの周囲には油絵のような絵が立てかけてあって震災メモリアルアート化していました。

震災とアートや芸能と関係することですが、五月五日の端午の節句には、石巻市雄勝町大須の八幡神社で奉納された国指定重要無形民俗文化財の「雄勝法印神楽」を見学しました。岡野玲子さんや手塚真さんも来ていました。去年の今ごろは津波で家屋のみならずほとんどの神楽装束も流され、神楽の奉納上演どころではなかったと思います。復旧・復興、ライフラインの確立、生活再建など……。しなければならないことは山ほどあったでしょう。けれども、ハード面での復旧・復興だけでは、町の人たちの活力は深いところからは甦ってきません。やはり、年に一度、あるいは二度の、春祭りや秋祭りの際に奉納される神楽の奉納が雄勝町の心や魂を賦活するのです。ですから、今回の五月五日の神楽の奉納には特別の思いがあったことと推察します。

Ｓｈｉｎさんは、「冠婚葬祭業」の経営者であり、その意味で、「葬儀」のプロでもありますが、今回の東日本大震災は、「死」と「葬儀（弔い）」の問題を日本の民俗文化の根深いところから問いかけたと思っています。そして、その問いは今も続いています。五月六日に仙台市若林区の荒浜と名取市閖上地区に向かいました。去年の五月と十月の二度若林区に来ていますが、今回初めて荒浜まで降りました。そしてそこに慰霊碑・供養塔が建てられているのを知り、その前で須田郡司さんとともに般若心経を唱え、鎮魂の法螺貝を奉奏しました。この前来た時には慰霊供養塔はなかったと思います。「葬儀」「慰霊」「供養」の問題はこれからも問われつづけるでしょう。

今回は、放射線量が高くて立ち入り禁止区域になっている浪江町と南相馬市小高地区との境界のところまで行きました。そこから先は入ることができませんが、そこで働いているのがすべて二〇代と見える若者ばかりであったことには大変に違和感を感じました。危険区域の管理や労働を下請けに回して維持しているのだと思いますが、そこには産業構造と雇用の歪みが露呈していると思わざるを得ません。ハイリスク・ハイリターンという構造がもたらしたツケが何であるか、わたしたちはこの身に引き受けなければならないのだと思います。しかしそうした中でも、うまく立ち回り、しぶとく焼け太りし、生き延びていく輩と、より深い致命的なダメージを受けて生涯引きずらざるを得ない者との格差もまた拡大しつつある現状があります。生存と労働と産業の関係構造が、自然と文明の相克的な破綻の中でグシャグシャになってきている。そこにおいて、人類は明確な生存戦略を持っていない、と思わざるを得ません。なし崩し的な、対策とも言えないような対応に追われているのが現状のように見えます。未来の社会ビジョンはありません。脱原発しても、廃原発にして危険を封じ込める道筋すら見えません。

前からしばしば言ってきたように、自然からの警告的な破壊・破局がわたしたちの「想定」を次々となぎ倒して、追いついていかないような変化と変動をもたらすのではないでしょうか？　そのような変動への覚悟と備え（といっても、想定外に対する備えですが）が必要だと痛感しています。

今年は、『古事記』一三〇〇年にして、『方丈記』八〇〇年です。その両著の周年を、神道の「ムスビ」と仏教の「無常」が同時に問われているのが今であると受け止め、五月二十六日（土）から連続三回の「古事記一三〇〇年～鎌田東二の超古事記論」というシリーズ講座を開きます。その中で、「My古事記」と「未来古事記」をともに破壊的に再創造できればと考えているところです。どんな話になるか、計画はしていますが、現場においては想定外が起こることでしょう。

二〇一二年五月十三日

鎌田東二拝

第八三信

● 仏教的宇宙観
● 歴史認識

鎌田東二ことＴｏｎｙさんへ

今夜は、また格別に美しい満月ですね。わたしは、たった今、東京から戻ってきたばかりです。昨日は、板橋区立文化会館で「グリーフケア～のこされた あなたへ」をテーマに講演を行ったのですよ。「明るい社会をつくる板橋区民の会」のみなさんを中心に、二五〇名以上の方々が集まって下さいました。一昨日は、北九州で世界同時開催の「隣人祭り」に参加した後、東京へ飛び、増上寺で行われた新藤兼人監督の通夜に参列しました。

ところで、Ｔｏｎｙさんは先日の「金環日食」は御覧になられましたか。五月二十一日の早朝、「金環日食」で日本列島が燃えましたね。全国で部分日食を見ることができるほか、九州地方南部、四国地方南部、近畿地方南部、中部地方南部、関東地方など広範囲で金環日食を見ることができるはずでした。わたしも、事前に太陽グラスの類を各種買い揃えて、金環日食を待ちました。

しかし残念ながら、北九州は雨でアウトでした。まあ、天体ショーの難しさは「月への送魂」でいつも身に沁みています。仕方なくテレビで金環日食を見ることにしましたが、東京のスタジオも曇り模様。それでも、七時三二分には雲が動いて、見事な金環日食が見れました。フジテレビ系「めざましテレビ」ゲストのＳＭＡＰも大喜びでしたね。

それにしても、天体というものには大きなロマンがありますね。今世紀、ついに宇宙の年齢がわかってしまいました。二〇〇三年二月、米国ＮＡＳＡの打ち上げた人工衛星ＷＭＡＰは、生まれてまだ三八万年しか経っていない頃の宇宙の地図を描き出しました。人類がいま、描くことのできる最も昔の姿であり、それを解析することによって、宇宙論研究の究極の課題だった宇宙の年齢が約一三八億年と求められたのです。

二〇世紀末に「宇宙の年齢は何歳ですか」と専門家にたずねても、「まあ、一〇〇億年か二〇〇億年ですかね」という答しか返ってきませんでした。実に、有効数字が一桁もないような状況だったのです。それが、いまや「一三八億年です」という三桁の数字で答えられるようになったわけですから、本当にすごいことです。

宇宙を一冊の古文書として見るならば、その解読作業は劇的に進行しています。それというのも、二〇世紀初頭に生まれた量子論と相対論という、現代物理学を支えている二本の柱が作られたからです。さらにこの二つの物理学の根幹をなす法則を駆使することによって、ビッグバンモデルと呼ばれる、宇宙の始まりの瞬間から現在にいたる宇宙進化の物語が読み取られてきました。

宇宙はまず、量子論的に「有」と「無」の間をゆらいでいるような状態からポロッと生まれてきたといいます。これは「無からの宇宙創生論」といわれているものです。そうして生まれた宇宙は、ただちにインフレーションを起こして急膨張し、インフレーションが終わると超高温、超高密度の火の玉宇宙になり、その後はゆるやかに膨張を続けたそうです。その間に、インフレーション中に仕込まれた量子ゆらぎが成長して、星や銀河が生まれ、太陽系ができて、地球ができて、その上に人類が生まれるという、非常にエレガントな一大叙事詩というか宇宙詩とでもいうべきシナリオができ上がってきたわけです。

ＹｏｕＴｕｂｅに、いろんな星の大きさを比較していく動画があります。初めて観たときは、言葉にならないほどの大きな衝撃を受けました。地球の衛星である月よりも水星や火星や金星は大きく、さらに地球は大きい。その地球よりも土星は大きく、それよりも木星ははるかに大きい。その木星も太陽に比べれば小さなものですが、その太陽がゴマ粒に感じられるぐらい大きな星が宇宙にはゴロゴロしているのです。アルクトゥルス（うしかい座）は太陽よりもはるかに大きく、ベテルギウス（オリオン座）とアンタレス（さそり座）はさらに大きい。

観測された銀河系の恒星のうち、最も明るい超巨星がピストル星です。「ガーネットスター」とも呼ばれるケフェウス座ＶＶ星は有名な赤色超巨星です。そして現在までに人類が確認した中で最も大きい星は、おおいぬ座ＶＹ星です。その直系は推定二五億から三〇億キロメートルで、太陽の約二〇〇〇倍、地球の約二九万倍の大きさというから凄いですね。人間のイマジネーションのレベルを完全に超えています。

わたしは、仏教の宇宙論をイメージしてしまいます。たとえば、地獄の最下層である阿鼻地獄は「無間地獄」とも呼ばれます。わたしたちの住むこの世界からそこまで落ちるのは自由落下で、なんと二〇〇〇年もかかる距離です。秒速九・八メートルとして計算すると、約六・一億キロメートルになります。まさに想像を絶するスケールですね。最近、わたしは『図解でわかる！ブッダの考え方』（中経の文庫）という本を上梓しましたが、本当に仏教的宇宙観のスケールの巨大さには圧倒されます。同書は、これまでにドラッカーやニーチェなどでベストセラーを連発した中経の文庫「図解でわかる！」シリーズの最新刊です。

わたしは、現代日本人はブッダの本当の考え方を知るべきであると思います。わたしたちは、大きな危機を迎えています。戦争や環境破壊などの全人類的危機に加え、日本人は東日本大震災という未曾有の大災害に直面しました。想定外の大津波と最悪レベルの原発事故のショックは、いまだ覚めない悪夢のようです。

そんな先行きのまったく見えない時代で、必要とされる考え方とは何でしょうか。それは何よりも、地域や時代の制約にとらわれない普遍性のある考え方ではないかと思います。普遍性のある考え方といえば、わたしにはブッダ、孔子、ソクラテス、イエスといった世界の「四大聖人」の名が思い浮かびます。わたしは、『スッタニパータ』という原始仏典の翻訳書をよく読みます。実際のブッダが生前中に残したとされる言葉を集めた本ですが、わたしはそれを古典と思って読んだことは一度もありません。

ブッダの言葉に限らず、たとえば孔子の言葉が集められた『論語』でも、イエスの言葉が記された『新約聖書』でも、ソクラテスの言葉を記録した『ソクラテスの弁明』をはじめとするプラトンの諸著作でも、つねに未知の書物として、それらに接し、おそるおそるそのページを開いてきました。ゆえに、そうした書物に書かれてある聖人たちの言葉は、わたしにとって常に新鮮であり続けています。実際、読むたびに、新しい発見が多くあります。彼らは決して古臭い歴史上の人物などではありません。彼らの思想は今でも生きています。彼らの心は現代に生きています。そして、それらの聖人の中でも、これからの人類社会に最も求められる考え方を残したのがブッダではないかと思います。

ブッダは、世界宗教である仏教を開きました。現在、仏教と現代物理学の共通性を指摘する人がたくさんいます。極微という最少物質の大きさは素粒子にほぼ等しいとされています。それ以下の単位は仏教でいう「空」しかありません。ですから、「空」をエネルギーととらえると、もう物理学そのものなのです。また、かのアインシュタインは、「相対性理論」によって、物質とは生成消滅するものだということを説きました。これまで隠されていた物質の本性を初めて人類に明かしました。永遠不滅の物質など存在しないという彼の理論は、まさに仏教の「諸行無常」そのものです。このように、ブッダが今から二五〇〇年も前に宇宙の秘密を解明している事実には驚くしかありません。

それでは、ブッダの考え方はスケールが大きすぎて、現代に生きる一般人にはあまり関係ないのでしょうか。いや、そんなことはないと思います。ブッダの考え方には、現代に生きるわたしたちが幸せになるためのヒントがたくさんあります。いま世界で求められる思想は「正義」よりも「寛容」や「慈悲」ではないでしょうか。すなわち、ブッダの説いた仏教思想です。わたしは、ブッダの考え方が世界を救うと信じています。

それから、『図解でわかる！ブッダの考え方』の他にもう一冊上梓しました。『礼を求めて』（三五館）という本です。「なぜ人間は儀式を必要とするのか」というサブタイトルがついています。表紙タイトルの「礼」には、赤と紫が配色されています。それぞれ、「婚礼」と「葬礼」のシンボル・カラーです。

「礼」の文字が入ったタイトルの本を出せて、わたしは感無量です。わたしは、冠婚葬祭の会社を経営しています。日々、多くの結婚式や葬儀のお手伝いをさせていただいていますが、冠婚葬祭の基本となる思想は「礼」です。「礼」とは、「人間尊重」ということだと思います。ちなみに、わが社のミッションも「人間尊重」です。

また、わたしは大学の客員教授として多くの日本人や中国人留学生に「孔子」の思想を教えてきました。主宰する平成心学塾では、日本人の心の柱である神道・仏教・儒教を総合的に学び、日本人の幸福のあり方を求めてきました。さらに、これまで多くの本も書いてきました。孔子や『論語』にまつわる著書もあります。それらの活動は、バラバラのようで、じつは全部つながっていると考えています。それらはすべて、人間尊重思想を広く世に広める「天下布礼」ということだと思います。

冠婚葬祭業もホテル業も、あるいは新たに参入した高齢者介護業も、すべては「人間尊重」というわが社のミッションに直結しています。わが社は「礼」の実践を生業とする「礼業」であると思っています。「礼業」とは「人間尊重業」であり、「ホスピタリティ・インダストリー」の別名でもあります。以前、「思いやり形にすれば礼となり横文字ならばホスピタリティ」という短歌を詠みましたが、東の「礼」も西の「ホスピタリティ」も結局は「思いやり」を形にしたものであり、それが「もてなし」へと発展するのだと思います。

『礼を求めて』に収められた文章は、日本最大のニュースサイト「毎日.jp」の「風のあしあと」連載の「一条真也の真心コラム」に掲載されたものです。

関係者の皆様に感謝いたします。なお、この本は五月十八日に小倉の松柏園ホテルで開催された小生の「孔子文化賞を祝う会」の引出物として配られました。Ｔｏｎｙさんも発起人をお引き受け下さり、誠にありがとうございました。残念ながら、授業の時間と重なり、当日のご参加はかないませんでしたが、義兄弟である近藤高弘さんともども発起人になっていただいて光栄でした。

『礼を求めて』は、これまでのわたしの総決算のような本です。『図解でわかる！ブッダの考え方』ともども送らせていただきましたので、お時間のあるときにご笑読下されば幸いです。御批判を頂戴できれば、もっと幸いです。Ｔｏｎｙさんとは、次は七月十一日に京都で開催される第三回「震災関連プロジェクト～こころの再生に向けて」でお会いできますね。わたしも「東日本大震災とグリーフケアについて」のテーマで報告することになっており、今から身が引き締まる思いです。玄侑宗久さんや島薗進さんに再会できるのも楽しみです。どうぞ、よろしくお願いいたします。

一条真也拝

二〇一二年六月四日

一条真也ことＳｈｉｎさんへ

『図解でわかる！　ブッダの考え方』（中経文庫）と『礼を求めて』（三五館）の刊行、まことにおめでとうございます。その旺盛な筆力と行動力にはいつも驚かされると同時に、大変頼もしくも思っています。今の時代に、社長業という経営者の顔と作家という顔の両方を持つことはとても大事なことと思いますので。わたしは、基本的には「神仏諸宗習合論者」ですので、何でも活用すべきだという究極のプラグマティズムを大乗の菩薩道と考えているので、その方向で進んできましたが、その点からいっても、Ｓｈｉｎさんの活動は大いに共感できます。ブッダや仏教に対するわたしの基本的な考えは、『聖トポロジー』『異界のフォノロジー』（ともに河出書房新社）や『呪殺・魔境論』（集英社）で書きましたが、特に『スッタニパータ』（中村元訳、岩波文庫）は、わたしが「魔」を体験した際に、それを調律し「解毒」してくれるもっとも有益なガイドブックになり支えになりました。今ではそれに、『天台小止観』（岩波文庫）も加わります。

さて、「金環蝕」ですが、わたしはそれを天河大辨財天社の境内で見ました。山の端から差し昇ってくる朝日の金環蝕でした。七時過ぎだったと記憶します。五月二十一日の早朝五時。天河大辨財天社本殿と高倉山禊殿の両所で「高倉山禊殿御鎮座並びに修復奉告祭」の神事が執り行われたので、前日入りしてそれに参列しました。

その日の朝四時に起床して、朝のお勤めをすませ、四時四〇分ごろ神社に行って石笛の奉奏をしました。神事終了後のあいさつの中で柿坂宮司は、この前の「有史始まって以来の未曾有の大洪水」の際に、古文書も水浸しになったので、それを乾かしているときに、「高倉山」に祀られている神々が、これまで「天常立神、不津主神、宇賀之魂神」とされていたが、その古文書には、「国常立神」が鎮座しているという記事があったので、その「国常立神」を「ガイア（地球）神」として再度祀ることにしたとのことでした。地震・津波・洪水・竜巻など、大地の大変動が起こっている昨今、「ガイアの神・地球の神」としての「国常立神」にお出ましいただき、お静まりいただくよう祈るほかないとの思いから、このたびの「高倉山禊殿御鎮座」の奉斎を執り行うことにしたのことです。

五時半に本殿での奉告祭が終わり、続いて、天ノ川と坪ノ内谷川との合流点にある高倉山禊殿に移動して、神事を執り行った。『地球交響曲《ガイア・シンフォニー》』の監督である龍村仁氏を始め、氏子崇敬者代表を含めて参列者二〇名ほどの全員玉串奉奠が終わって、禊殿の両脇から回り込んで、全員で高倉山の神域に奉斎された御形代を拝しました。そこで法螺貝の奉奏をしました。法螺の音が高倉山や坪ノ内谷の谷間に響き、反響しました。

そうして、天河を去る直前に、金環食の朝日が高倉山にかかる雲間から顔を出す瞬間を見たのでした。くっきりと太陽の周りの輪が見えました。大化の改新の一〇年ほど後にも、金環食が見えたとのことです、それがその当時の政治や文化にどのような影響を与えたか、前日に京都大学総合博物館で見た「金環食」や「日蝕」についての企画展を思い出しながらこれから先に起こるであろう自然のふるまいの「想定外」のことをあれこれと考えさせられたのでした。これからは「想定外」を生き抜く覚悟です。

わたしは昨年上梓した『現代神道論』（春秋社）の中で、歴史が螺旋的に問題状況を拡大再生産している事態を「スパイラル史観」として問題提起しましたが、終末論とか末法史観とか唯物弁証史観とかといった歴史観や歴史哲学のことをよく考えます。危機の時代に骨太の歴史観が成立すると思うのです。天河大辨財天社とも関係した南朝側の北畠親房の『神皇正統記』（岩波文庫）などはその典型です。そして、NHK大河ドラマの『平清盛』にこれから登場するかもしれない天台座主・慈円の『愚管抄』（岩波文庫）もその一つです。「スパイラル史観」では「古代≒近代」「中世≒現代」となりますので、慈円や親房の著作にはとても考えさせられるのです。

ところで、Ｓｈｉｎさんは、ユダヤ教における『〈旧約〉聖書』の構成とキリスト教聖書における『旧約聖書』の構成の違いをご存知でしょうか?

ヘブライ語聖書は、大きく、トーラー（律法、モーセ五書、創世記、出エジプト記、レビ記、民数記、申命記）と、ネビイーム（預言書、ヨシュア記、士師記、ルツ記、サムエル記、列王記、イザヤ・エレミヤ・エゼキエル・十二預言者）と、ケトウビーム（諸書、詩篇、箴言、ヨブ記、雅歌、ルツ記、哀歌、コヘーレト書、エステル書、ダニエル書、エズラ記、ネヘミア書、歴代誌）に分かれますが、最後は「歴代誌」で終わります。

しかし、キリスト教旧約聖書の最後は「マラキ書」です。つまり、バビロン捕囚とエルサレム神殿の建設という、ユダヤ人の王国の滅亡と再建への予兆を記した書を最後に置くか、エリヤという預言者の派遣の予言を最後に置くかという違いがあるのです。そこには、イスラエルの再建を待ち望むか、エリアの言う「父の心をその子供たちに向けさせ、子供たちの心をその父に向けさせる」存在、すなわちそれこそキリスト＝メシアを待ち望むかの「史観」の違いがあるのです。そんな「歴史認識」に大変興味があります。

「歴代誌」の冒頭は、「アダム、セツ、エノス、ケナン、マハラレル、ヤレド、エノク、メトセラ、ラメク、ノア、セム、ハム、ヤペテ。（中略）セルグ、ナホル、テラ、一：二七アブラムすなわちアブラハムである」と父系系譜が長々と記され、最後は、「その先祖の神、主はその民と、すみかをあわれむがゆえに、しきりに、その使者を彼らにつかわされたが、彼らが神の使者たちをあざけり、その言葉を軽んじ、その預言者たちをののしったので、主の怒りがその民に向かって起り、ついに救うことができないようになった。そこで主はカルデヤびとの王を彼らに攻めこさせられたので、彼はその聖所の家でつるぎをもって若者たちを殺し、若者をも、処女をも、老人をも、しらがの者をもあわれまなかった。主は彼らをことごとく彼の手に渡された。彼は神の宮のもろもろの大小の器物、主の宮の貨財、王とそのつかさたちの貨財など、すべてこれをバビロンに携えて行き、神の宮を焼き、エルサレムの城壁をくずし、そのうちの宮殿をことごとく火で焼き、そのうちの尊い器物をことごとくこわした。彼はまたつるぎをのがれた者どもを、バビロンに捕えて行って、彼とその子らの家来となし、ペルシャの国の興るまで、そうして置いた。これはエレミヤの口によって伝えられた主の言葉の成就するためであった。こうして国はついにその安息をうけた。すなわちこれはその荒れている間、安息して、ついに七〇年が満ちた。ペルシャ王クロスの元年に当り、主はエレミヤの口によって伝えた主の言葉を成就するため、ペルシャの王クロスの霊を感動されたので、王はあまねく国中にふれ示し、またそれを書き示して言った、「ペルシャ王クロスはこう言う、『天の神、主は地上の国々をことごとくわたしに賜わって、主の宮をユダにあるエルサレムに建てることをわたしに命じられた。あなたがたのうち、その民である者は皆、その神、主の助けを得て上って行きなさい』」となります。

つまり、バビロン捕囚とペルシャ王クロスによるエルサレム神殿建設のことが記されて終わるのです。そしてそれは「エレミヤ」の預言の成就でもあるとされます。

これに対して、「マラキ書」の最後は、「万軍の主は言われる、見よ、炉のように燃える日が来る。その時すべて高ぶる者と、悪を行う者とは、わらのようになる。その来る日は、彼らを焼き尽して、根も枝も残さない。しかしわが名を恐れるあなたがたには、義の太陽がのぼり、その翼には、いやす力を備えている。あなたがたは牛舎から出る子牛のように外に出て、とびはねる。また、あなたがたは悪人を踏みつけ、わたしが事を行う日に、彼らはあなたがたの足の裏の下にあって、灰のようになると、万軍の主は言われる。あなたがたは、わがしもベモーセの律法、すなわちわたしがホレブで、イスラエル全体のために、彼に命じた定めとおきてとを覚えよ。見よ、主の大いなる恐るべき日が来る前に、わたしは預言者エリヤをあなたがたにつかわす。彼は父の心をその子供たちに向けさせ、子供たちの心をその父に向けさせる。これはわたしが来て、のろいをもってこの国を撃つことのないようにするためである。」と終ります。

つまり、そこには「預言者エリヤ」が遣わされて、父（神ヤハウェー）と子供たち（イスラエルの民）の和解させる救済の希望が語られています。これがイエス・キリストの到来とつながってくるわけです。このように、起承転結ではありませんが、最後の「結」に何を持ってくるかによって、『聖書』もその思想性と未来性を大きく変えるということになります。とすれば、目次立てや構成をどうするかというところにも、意識的にか無意識的かそれぞれの「史観」が貫徹されているということになります。慈円も北畠親房も、「こんな時代に誰がした?」「どうして、こんな乱世になったのか?」という「道理」や必然を必死で説明しようとしています。納得のいく答えを探し求めて、今ここにある現実を捉えるまなざしを「史観」としてまとめ上げていきます。

そのような「史観」が今、わたしたちには必要だと思われてなりません。わたしは末法史観の持ち主ではありませんが、現代が深刻な危機の時代であるという認識は「平成」という元号に変わった年にはっきりと持ちました。以来、歴史の推移と動向に注視してきましたが、時代はこれからもますます「乱世・悪世」になると思っています。

そんな世であればこそ、慈円の『愚管抄』や北畠親房の『神皇正統記』ばかりでなく、法然の『選択本願念仏集』や道元の『正法眼蔵』や日蓮の『立正安国論』が身に迫ってきます。そんなこともあって、今年は大学院の授業で中世テキストとして、鴨長明の『方丈記』と法然の『選択本願念仏集』を読んでいます。『方丈記』は全文を読んで、鴨長明が禰宜になりたかった河合神社や下鴨神社（賀茂御祖神社）を大学院生と一緒にフィールドワークし、下鴨神社の嵯峨井禰宜さんにいろいろとインタビューしました。次は、『選択本願念仏集』を読み進めた段階で、法然ゆかりのお寺の法然院を訪ねて、梶田住職さんにいろいろとお話をうかがってみようと考えています。

法然さんは、こんな五濁悪世の乱世であれば、そんな時代を生きる愚鈍なる「凡夫」はどのように厳しい聖道門の修行を積んでも悟りに至ることはできないのだから、そのような自力修行をすべて捨てて、絶対他力の弥陀の本願に恃むしかないということを実に巧みに説得的に論じています。その時代の叡山の堕落ぶりを見れば、彼の主張にはとても説得力があったと思います。そのような時代意識と認識の中で、彼は「選択本願念仏」の教えと実践を伝えていくのです。その論拠の示し方とシンプルな称名念仏の実践法は、まさに「末法の世」の末世の凡夫観と史観に貫かれていて、実に明晰な「史観」に照らし出されています。

京都に来て九年。「住めば都」ではありませんが、一〇〇〇年の都である京都にいることのメリットは、歴史が時間軸のみならず、今ここの空間軸において手繰り寄せられる点にあります。『方丈記』を書いた鴨長明が逍遥した河合神社や糺の森、法然が拠点とした東山の黒谷、慈円が住んだ青蓮院や延暦寺などなど、そこここに場所の記憶の回路が設けられています。そんな「歴史街道」が京都には条理のように走っているのが見えます。

ところで、Ｓｈｉｎさんとは、七月十一日の「震災関連プロジェクトこころの再生に向けて」の第三回目のシンポジウムでご一緒することができますね。グリーフケアについての問題提起、心して受け止めたいと思います。よろしくお願いいたします。

鎌田東二拝

二〇一二年六月七日

第八四信

● グリーフケアと怪談
● ベルクソン

鎌田東二ことＴｏｎｙさんへ

いま、東京に来ています。昨日は、九州北部で記録的な豪雨が降りました。今朝のＴＶニュースで現地の被害状況を見て、驚きました。大分県の中津市では豪雨によって、なんと道路のアスファルトが引き剥がされたとか。また、日田市では一時間に一一〇ミリの雨が降ったそうです。中津も日田も、わが社の営業エリアです。冠婚葬祭の施設もたくさんあります。昨日は、東京で行われた業界の会議中も携帯メール等でずっと被害状況などの報告を受けていました。自宅のある北九州市も豪雨でしたが、そういう時に限って離れた地に居ると、社員や家族が心配でたまりません。

さて、雨といえば、わたしにとっては「死」のイメージと分かちがたく結びついています。雨がしとしと降る日などに自宅にいると、わたしはよく「幽霊」のことを考えてしまいます。じつは、次回作として『グリーフケアと怪談』をテーマにした本の執筆を出版社から依頼されているため、最近は古今東西の怪談論の類に目を通していました。そして、怪談には必ずと言ってよいほど、死者の霊すなわち「幽霊」が登場しますので、幽霊に関する文献をいろいろと読んできました。

わたしは、「幽霊は実在するのか、しないのか」といった二元的な議論よりも、「なぜ、人間は幽霊を見るのか」とか「幽霊とは何か」といったテーマに関心があります。あまり「幽霊に関心がある」などと言うと、冠婚葬祭会社の社長としてイメージ的に良くないのではと思った時期もありましたが、最近では「慰霊」「鎮魂」あるいは「グリーフケア」というコンセプトを前にして、怪談も幽霊も、さらには葬儀も、すべては生者と死者とのコミュニケーションの問題としてトータルに考えることができると思います。

あえて誤解を怖れずに言うならば、今後の葬儀演出を考えた場合、「幽霊づくり」というテーマが立ち上がってきます。もっとも、その「幽霊」とは恐怖の対象ではありません。生者にとって優しく、愛しく、なつかしい死者としての「優霊」です。かつて、わたしは『ロマンティック・デス～月を見よ、死を想え』（幻冬舎文庫）において、ホログラフィーを使った「幽霊づくり」を提唱したことがありました。玄侑宗久さんが、「月落ちて天を離れず」という素晴らしい書評を書いて下さいました。

玄侑さんは、そこでわたしが提唱する「幽霊づくり」にも触れておられます。しかし、「幽霊づくり」というのは、けっして奇抜なアイデアではありません。幽霊が登場する怪談芝居だって、心霊写真だって、立派な「幽霊づくり」です。死者が撮影されるという「心霊写真」は、もともと死別の悲しみを癒すグリーフケア・メディアとして誕生したという経緯があります。写真にしろ映画にしろ、さらには覗きからくり、幻燈、ファンタスマゴリアなどのオールド・メディアにしろ、すべての視覚的メディアは本質的に「幽霊づくり」に直結しています。すでに死亡している人物が登場する写真や映像は、すべて死者の生前の姿を生者に提供するという意味で「幽霊づくり」なのではないでしょうか。葬儀の場面では「遺影」として故人の生前の写真が使われています。これなど、いずれ動画での遺影が主流になるかもしれません。

それにしても、雨が激しく降ると、自然と死者のことを考えてしまうのは何故でしょうか。おそらく、雨音には心の奥の深い部分を刺激する何かがあるのかもしれません。わたしは、ずっと雨音を聞きながら、孔子のことを思いました。よく知られているように、孔子は儒教という宗教を開きました。儒教の「儒」という字は「濡」に似ていますが、これも語源は同じです。ともに乾いたものに潤いを与えるという意味があります。すなわち、「濡」とは乾いた土地に水を与えること、「儒」とは乾いた人心に思いやりを与えることなのです。孔子の母親は雨乞いと葬儀を司るシャーマンだったとされています。雨を降らすことも、葬儀をあげることも同じことだったのです。

雨乞いとは天の「雲」を地に下ろすこと、葬儀とは地の「霊」を天に上げること。その上下のベクトルが違うだけで、天と地に路をつくる点では同じです。母を深く愛していた孔子は、母と同じく「葬礼」というものに最大の価値を置き、自ら儒教を開いて、「人の道」を追求したのです。わたしが「幽霊」に強い関心を持つのも「人の道」につながっているのかもしれませんね。そう、「霊を求めて」は「礼を求めて」に通じるのです。たぶん。

さて、『グリーフケアと怪談』の話に戻ります。最近読んだ怪談関連書の中でとびきり面白かった本があります。東雅夫著『なぜ怪談は百年ごとに流行るのか』(学研新書)という本です。著者は、一九五八年生まれの「怪談スペシャリスト」として知られます。怪談専門誌「幽」の編集長であり、わたしが一時所属していた早稲田大学幻想文学会の先輩でもあります。ちなみに、早稲田の幻想文学会は荒俣宏さんを顧問とし、東氏をはじめ、評論家の浅羽通明氏、作家の倉阪鬼一郎氏なども輩出しています。

『なぜ怪談は百年ごとに流行るのか』では、メインテーマの「怪談百年周期説」よりも、「怪談とは何か」を論じた部分に深く共感しました。周知のように日本では昔から「怪談」は夏の風物詩として受容されてきましたが、同書には次のように書かれています。

「心胆を寒からしめることで銷夏の一助とする。だから蒸し暑い夏場が怪談のシーズンなのだ——という解釈は、感覚的には得心させられるけれども、実のところ俗説である。むしろ注目すべきは、お盆の風習との関わりなのだ。

釈迦の弟子・目連尊者が、餓鬼道にあって苦しむ母親を救うための供養をしたという『盂蘭盆経』の伝承にもとづく盂蘭盆会は、日本古来の祖霊信仰と結びついて、近世にいたると精霊会、魂祭などの名称で民間に定着をみた。

陰暦の七月なかば（地方により時期に異同あり）、家々の門前で迎え火を焚き、精霊＝祖先の霊や新仏、さらには無縁仏までをもお迎えし、供物を捧げて冥福を祈る。夜となれば寺社の境内や集落の広場で、慰霊のための舞踊がにぎやかに催される……今に続く盆踊りの行事には、踊りの輪の中に精霊を迎え入れ、生者と死者がもろともに歌舞に興ずるという祖霊供養の性格が色濃く認められるのであった」。

ちなみに、慰霊・鎮魂と舞踊といえば、中世以来の夢幻能が連想されます。世界にも稀な幽霊劇といえる夢幻能もまた、見えないモノとの交感に由来する芸能でした。また、歌舞伎の祖とされる出雲阿国は、京都で盆踊りの原型である踊り念仏を主宰と伝えられています。能にしろ歌舞伎にしろ、近世の芸能には、慰霊と鎮魂の宗教儀礼としての要素が秘められているのです。さらには、「日本最初の怪談実話集」と呼んでも過言ではない仏教説話集『日本霊異記』も、近世における怪談文芸の最初の成果とされる仮名草子『伽婢子』も、いずれも著者は僧侶でした。近代において語りとしての怪談の担い手となった噺家や講釈師のルーツもまた、近世仏教の説教僧であったとされています。

これらの史実を踏まえて、著者は次のように述べます。「要するに、われわれ日本人は、怪異や天変地異を筆録し、語り演じ舞い、あるいは読者や観客の立場で享受するという行為によって、非業の死者たちの物語を畏怖の念とともに共有し、それらをあまねく世に広めることで慰霊や鎮魂の手向けとなすという営為を、営々と続けてきたのであった」、「仏教における回向の考え方と同じく、死者を忘れないこと、覚えていること――これこそが、怪談が死者に手向ける慰霊と鎮魂の営為であるということの要諦なのだ」と。

そう、怪談の本質とは「慰霊と鎮魂の文学」なのです。同書の最後に、東氏は「ガレキの下から人の声」という奇妙なニュースを紹介しています。これは、東日本大震災から十六日が経過した二〇一一年三月二十七日の朝、石巻市の津波被災地で「ガレキの下から人の声が聞こえる」という情報が警察に寄せられ、自衛隊などによって大がかりな捜索が行われたというものでした。しかし一〇〇人態勢で捜索したにもかかわらず、結局のところ生存者も、遺体も、何も見つかりませんでした。

著者は、「これを怪談として捉えたら」と考えて、次のように述べています。「大がかりな捜索がおこなわれたこと、多くの人たちが必死に探し求めてくれたこと。それ自体が、せめてもの供養に、手向けになったとは考えられないだろうか。現実には何もできない、してあげられない、だからこそ、せめて語り伝える物語の中で何とかしたい。何かをなしたい。そこにこそ、怪談という行為の原点があり、この世において果たすべき役割があるのだと、私には思えてならないのである」。

そう、「慰霊と鎮魂の文学」としての怪談とは、残された人々の心を整理して癒すという「グリーフケア文学」でもあるのです。東日本大震災以来、被災地では幽霊の目撃談が相次いでいるそうです。たとえば、二〇一二年一月十八日付のMSN産経ニュースでは、「『お化けや幽霊見える』心の傷深い被災者宗教界が相談室」という記事が紹介されています。

津波で多くの犠牲者を出した場所でタクシーの運転手が幽霊を乗車させたとか、深夜に三陸の海の上を無数の人間が歩いていたとかの噂が、津波の後に激増したというのです。わたしは、被災地で霊的な現象が起きているというよりも、人間とは「幽霊を見るサル」なのではないかと思います。故人への思い、無念さが「幽霊」を作り出しているのではないでしょうか。そして、幽霊の噂というのも一種のグリーフケアなのでしょう。夢枕・心霊写真・交霊会といったものも、グリーフケアにつながります。恐山のイタコや沖縄のユタも、まさにグリーフケア文化そのものです。そして、「怪談」こそは古代から存在するグリーフケアとしての文化装置ではないかと思います。

怪談とは、物語に力で死者の霊を慰め、魂を鎮め、死別の悲しみを癒すこと。ならば、葬儀もまったく同じ機能を持っていることに気づきます。葬儀で、そして怪談で、人類は物語によって「こころ」を守ってきたのかもしれません。

いよいよ来る七月十一日に京都で開催される第三回「震災関連プロジェクト〜こころの再生に向けて」シンポジウムにおいて、わたしは「東日本大震災とグリーフケア」について発表させていただきます。当日は時間の関係もあって、残念ながら「幽霊」や「怪談」の話はしませんが（笑）、グリーフケアについての最新情報および今後の方向性について報告したいと思っています。Ｔｏｎｙさんや玄侑宗久さんをはじめ、みなさんに再会できることを心より楽しみにしています。

二〇一二年七月四日

一条真也拝

一条真也ことＳｈｉｎさんへ

はや七月ですね。早いものです、時が過ぎ去るのは。この前新学期が始まったと思っていたら、もう前期試験の時期なのですから。梅雨の時期でもありますが、今年は台風が来て大雨になったけど、梅雨前線はあまり強くないなあと思っていたら、昨日・今日と雨模様になりました。すごい湿気です。今日は昼間と夕方には晴れ間も出ていて、満月もチラリと見えましたが、今しがた急に大雨が降り出し、今も断続的に雨が続いています。

わたしは人間が作り上げた文明を大きく変えていくのは気象や自然災害だと思っています。二〇世紀が「戦争の世紀」だとすれば、二一世紀は「災害の世紀」になるのではないかとさえ思っています。なので、風の吹き方とか、雨の降り方とか、季節の移り変わりとか、温度の変化などに注意すると同時に敏感になっています。二〇年前くらいから雷の鳴り方が変わり、積乱雲の出方も変わりました。雪の降り方や台風の来方も集中豪雨の降り方も変わりました。そして、四~五年前から風の吹き方が変わったとはっきり感じていました。そんな中で人間だけが変わらないはずはありません。

山の動物たちにも異変が生じています。一週間前に比叡山に登り、いつものようにつつじヶ丘で三回バク転をして帰ってきたら、知り合いの生態人類学者からメールが入り、東山山系でクマが出没しているので気をつけるようにとのことでした。そして、昨日、近くを歩いていると、おばさんやおばあさんたちが立ち話をしていて、サルが山から下りてきて畑のナスやキュウリを全部食べて、食い荒らして逃げたというのです。そして、少し先の川沿いの木の上に登ってじっとしていると指さしてくれました。夕方でサルの姿は見えませんでしたが、このところ、わが砦のある一乗寺近辺にはサルが出没しているのですが、昨年以上に被害は大きいようです。

動物世界の生態系も変貌しつつあります。わたしは人類が猿から進化したという進化論がしっくりしません。もちろん、人類が知性やものづくりや文明などを発達させたことは否定できません。が、それが進化と言えるのか、これまでとても疑問に思ってきましたが、いよいよその疑問は深まってきています。ニンゲンは、猿から人類に向かって退化しているのではないかとよく考えます。「大化の改新」ならぬ「退化の回診」。

一歩森の中に入ると、人間がいと小さきものであるかがよくわかりますし、その能力も大したことはないと思わざるを得ません。要するに、文明の利器などがなければ大変ひ弱な生き物がニンゲンなのです。大飯原発のなし崩し的な稼働への動きを見ていても、現代日本人種のニンゲンは本当に愚か者で、森の動物以下どころか、救いがたい大悪人ではないかと思わざるを得ません。

最近わたしは、「神道ソング」の二二三曲目を作り、歌い始めました。

神道ソング二二三曲目「約束」二〇一二年六月十八日作詞・作曲

めざす　めざすべき地
めざすめざすべき地に
花が咲かない
鳥が鳴かない
光が射さない
死に絶えたような
恨めしき　あの
懐かしき　かの
地の果てまでも歩めど
この世の果てまで探せど
嗚呼　零れ落ちる砂
嗚呼　砕け落ちる心
なすすべなく
なすすべもなく
嗚呼　嗚呼

約束　約束の地
約束　約束の地に
花も枯れて
鳥も墜ちて
闇が覆った
死に絶えた荒野
憎しみも消えず
懐かしさも消えぬ
地の果てまでも歩めど
この世の果てまで探せど
嗚呼　零れ落ちる愛
嗚呼　砕け散る夢
なすすべもなく
なすすべもなく
ただ待つだけ
ただ待つだけ
嗚呼　嗚呼　嗚呼　嗚呼

この「約束」という言葉は、『旧約聖書』的な意味合いを持っています。「約束の地」とは、「エデンの地」とか、「観音浄土」とか「極楽浄土」とか、「桃源郷」とか、「蓬萊国」とかの、楽園や理想郷、ユートピアを意味しています。そんなユートピアは、もちろん、人類史上に実現した例はありませんが、それゆえにこそ、人類はそれを希求し続けてきました。『旧約聖書』において、神より約束され、祝福された「乳と蜜の流れる」「カナンの地」は、示され、与えられるも、そのつど何度も失われていきます。誰にとっても、哀しくも厳しい現実と闘争がそこにはあります。

わたしは『旧約聖書』が大好きですが、それはそこに人類史の業のようなものがあますところなく表現されていると思えるからです。そして、そこで描かれる祈りの詩篇の切実さ、哀しさ、深さ。絶望と希望。恨みと感謝。あらゆる苦悩と希望がそこにはあると思います。

Ｓｈｉｎさんは、このところ、「怪談グリーフケア文学」に興味を持ち、そのテーマの著作を執筆中とのことですが、わたしは最近、アンリ・ベルクソンを読み始めました。昔、『物質と記憶』とか『創造的進化』とかを読んだ記憶がありますが、去年から「身心変容技法研究会」を始めて、その先行研究者として、改めてベルクソンの先駆的な仕事が浮上してきたのです。一〇〇年ほど前に行われた講演を集めた本『精神のエネルギー』の中の、「意識と生命」「魂と身体」「生者の幻と心霊研究」「夢」「脳と思考」などの章は、今でも古びるどころか、大変に問題提起的ですし、『道徳と宗教の二源泉』の中の「神秘主義」論も実に啓発的で、考えどころ満載です。このところ、わたし的にはちょっとした「ベルクソン・ルネサンス」「ベルクソン・リバイバル」「ベルクソン革命」です。

そのベルクソンが、心理学者・哲学者で、『宗教的経験の諸相』で「神秘主義」や「神秘体験」を本格的に宗教心理学の問題として論じたウィリアム・ジェームズととても親しく、ともに、イギリスとアメリカの心霊科学協会の会長を務めたことも興味深い事実です。彼らはともに人間の持つ深い潜在能力に対する確信を持っていました。わたしはニンゲンは度し難い存在であり、種々の誤った道と経験を辿ってきたと思っていますが、しかし、潜在的には未発の底力を秘めているとも思っています。とはいえ、それがどのような形で発現するか、注意と用心深い努力が必要だと思っています。その「用心深い努力」の中に、法然さんが言った「凡夫」の自覚や、自己のいと小ささに対する自覚や謙遜が不可欠であると思っています。

来週、七月十一日に京都大学こころの未来研究センターで開催する「第三回東日本大震災関連プロジェクト〜こころの再生に向けて」シンポジウムでお会いできるのを楽しみにしています。

二〇一二年七月四日

鎌田東二拝

第八五信

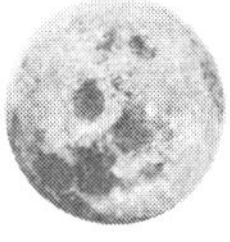

● 東日本大震災とグリーフケア

● 人災

鎌田東二ことＴｏｎｙさんへ

先日は、京都でお会いできて嬉しかったです。そう、七月十一日に開催された第三回「震災関連プロジェクト〜こころの再生に向けて」においてです。

十一日の朝、ＪＲ小倉駅から新幹線のぞみ一六号に乗って京都へ。京都駅からタクシーで会場の京都大学稲盛財団記念館に向かいました。このたびの「孔子文化賞」を同時受賞させていただいた稲盛和夫氏が理事長を務められている財団の記念館です。

第三回「震災関連プロジェクト〜こころの再生に向けて」は、非常に注目されているシンポジウ

「グリーフケア」について報告する一条真也

ムで、全国から超満員の二〇〇名近くの参加者が集まりました。補助席はもちろん、通路まで座った人が並んでいるのには驚きました。以前、わが社でフィールドワークを行った人類学者の鈴木光さんも来られていました。また、新聞社やテレビ局もたくさん来ており、わたしも取材を受けました。

最初に京都大学こころの未来研究センター教授であるＴｏｎｙさんが恒例の法螺貝を吹いてシンポジウムの幕を開き、それから今回の「趣旨説明」をされました。その後、芥川賞作家で福島県三春町福聚寺住職の玄侑宗久氏による基調報告「福島の現在と宗教の役割と課題」が行われました。続いて、東京大学大学院教授で宗教学者の島薗進氏による基調報告「宗教者災害支援連絡会の活動一五ケ月を振り返って」が行われました。その後、コメンテーターとして大阪大学准教授で宗教社会学者の稲場圭信氏が登壇し、玄侑・島薗両氏の基調報告についての意見を述べました。

それから、一四時四六分、すなわち東日本大震災の発生時刻となったので、全員で犠牲者の鎮魂の黙祷を捧げました。わたしも、心を込めて犠牲者の御冥福を祈りました。祈るたびにいつも感じるのですが、「祈り」とは人間の「想い」が神仏を通してより普遍的なものに向いていくようです。「祈り」こそは「こころの未来」を拓くワザではないでしょうか。

第二部に入り、最初は國學院大學准教授で宗教学者の黒崎浩行氏による報告「被災地の神社と復興の過程」が行われました。写真が多く、わかりやすかったです。そして、いよいよ、わたしの出番がやってきました。わたしは、「東日本大震災とグリーフケアについて」のタイトルで報告をしました。最前列のＴｏｎｙさんや島薗進氏といった日本を代表する宗教学者、また二列目には日本仏教界のシンボルともいえる玄侑宗久さんもおられ、また他にも多くの大学関係者や宗教家の方々などがおられたので、少しだけ緊張しました。

最初に、日本人の「こころ」が神道・仏教・儒教の三本柱によって支えられていることを述べ、「今日は神道および仏教についてのお話がありましたが、わたしは儒教に親しんでいる人間です」と言いました。それから、「このたびの未曾有の大災害から『こころの再生』を成し遂げるためには、神道も仏教も儒教も、またその他の宗教も総動員する必要があります」と発言し、わたしの報告がスタートしました。

わたしたちの人生とは喪失の連続であり、それによって多くの悲嘆が生まれます。大震災の被災者の方々は、いくつものものを喪失した、いわば多重喪失者です。家を失い、さまざまな財産を失い、仕事を失い、家族や友人を失った。しかし、数ある悲嘆の中でも、愛する人の喪失による悲嘆の大きさは特別です。グリーフケアとは、この大きな悲しみを少しでも小さくするためにあるのです。

二〇一〇年六月、わが社では念願であったグリーフケア・サポートのための自助グループを立ち上げました。愛する人を亡くされた、ご遺族の方々のための会です。月光を慈悲のシンボルととらえ、「月あかりの会」という名前にしました。

一九九五年、阪神・淡路大震災が発生しました。そのとき、被災者に対する善意の輪、隣人愛の輪が全国に広がりました。じつに、一年間で延べ一三七万人ものボランティアが支援活動に参加したそうです。ボランティア活動の意義が日本中に周知されたこの年は、「ボランティア元年」とも呼ばれます。一六年後に起きた東日本大震災でも、ボランティアの人々の活動は被災地で大きな力となっています。そして、二〇一一年は「グリーフケア元年」であったと言えるでしょう。

グリーフケアとは広く「心のケア」に位置づけられますが、「心のケア」という言葉が一般的に使われるようになったのは、阪神・淡路大震災以降だそうです。被災した方々、大切なものを失った人々の精神的なダメージが大きな社会問題となり、その苦しみをケアすることの大切さが訴えられました。ということで今回は、「月あかりの会」で実際に取り組んできた事例を中心に報告しました。終了後は盛大な拍手を頂戴し、感激しました。

その後、コメンテーターとして東北大学教授で宗教民俗学者の鈴木岩弓氏、高野山大学准教授でスピリチュアルケア学者の井上ウィマラ氏が登壇し、発言されました。お二人とも、わたし自身が勉強になる素晴らしいコメントでした。特に、井上ウィマラ氏はグリーフケア理論の第一人者でもあり、これからお互いに情報交換する約束をしました。聞くと、井上氏はミャンマーにも修行に行かれていたそうで、なんと、北九州市の門司にある上座部仏教の寺院である「世界平和パゴダ」におられたこともあるそうです。今度ぜひ、井上氏と一緒にパゴダを訪れたいです。

その後、出演者全員によるパネルディスカッションが行われました。最初に一人につき一〇分程度話すことになり、わたしは北九州市の瓦礫受け入れの話、それから最近とても関心のある「怪談」について話しました。シンポジウムの終了後に、作家である玄侑氏が「怪談の話は面白かったですね」と言って下さいました。

調子に乗って、「怪談」だけでなく、「幽霊」の話もしました。「わたしが今一番関心のあるのは幽霊です！」と言ったところ、最前列の老婦人がギョッとした顔をされました。でも、「葬儀の遺影だって、立派な幽霊づくり。そこには死者の生前の面影を求める人間の心情があります」と言うと、その方も頷かれていました。

そして、わたしは「グリーフケアの問題は心理学だけでは手に負えない。どうしても、霊や魂の次元にまで立ち入る必要がある。慰霊とか鎮魂という言葉を使うのであれば、霊や魂が出てくるのは当然のことではないでしょうか」と述べました。

シンポジウム終了後は、懇親会です。会場の鉄板焼屋さんを訪れると「休業中」との看板が懸かっており、この想定外の出来事には慌てましたが、ちょうど店のオーナーの方が通りかかって開店してくれるという幸運もあり、無事に懇親会が開催されました。

最初は、Ｔｏｎｙさんの音頭で一同乾杯しました。一番搾りの大瓶が旨かったです。ビールの後は、昭和の香りのするレモンサワーをガブガブ飲みました。もちろん酒を飲むだけではなく、みなさんと大いに語り合って意見交換させていただきました。玄侑氏からは、北九州市の瓦礫受け入れについての質問を受けました。

それから、宿舎の京都大学専用の清風会館にチェックインしてから、玄侑氏、島薗氏、黒崎氏、井上氏、そしてわたしの五人で近くの百万遍へ足を延ばして飲み直しました。芋焼酎ロックのグラスを持った玄侑氏と黒糖焼酎の島薗氏のガチンコの放射能論議には圧倒されました。放射能の健康影響に関するお二人の認識はまったく違っており、それについてガチンコで激論を交わされていました。しかし、お二人とも非常に紳士的に自説を述べられ、そのくせけっして安易に相手の意見を受け入れて妥協しようとはされず、ひたすら放射能の健康影響についての事実を追求しておられました。その様子を隣で見ていたわたしは、静かな感動を覚えました。正直、「本当の賢人とは、このように議論をするものか」と思いました。そこには、ハーバード大学のマイケル・サンデル教授のいう「礼儀正しい議論」の理想の姿がありました。

放射能の話題以外でも、みなさんと宗教や文学の話などもできて、楽しかったです。ちなみに、わたしは麦焼酎のソーダ割りをガブガブ飲みました。島薗氏の著書『国家神道と日本人』も話題になりました。わたしは、「国家神道と葬式仏教は似ている。どちらも手垢がつきすぎて悪役にされているけれども、日本人の心に合ったことは事実です」と申し上げました。そう、いろいろ揶揄されることが多い葬式仏教は、間違いなく日本人の宗教的欲求を満たしてきたのです。このたびの東日本大震災では、巨大なグリーフケア文化としての葬式仏教を日本人は目の当たりにしました。

さて、Ｔｏｎｙさん、それにわたしの共著がこのたび刊行されました。『無縁社会から有縁社会へ』（水曜社）という本です。薄い本ですが、内容は非常に濃いです。帯には、「毎年三万人以上が〝孤独死〟するこの国を、大震災が襲った。六人の論客が〝有縁の未来〟を模索する。」と書かれています。また、アマゾンの「内容紹介」には次のように書かれています。「〝無縁社会〟の中で毎年三万二〇〇〇人が孤独死する。少子化、非婚、独居…。近い将来において、孤独死は高齢者だけの問題ではなくなる。血縁や地縁が崩壊しつつある現在、孤独死はあなたの身近に起こりうる緊急の社会問題である。薄れる家族関係、ワーキングプア、生活保護など現代日本の問題点に警鐘を鳴らし、人と社会との絆を取り戻すために何が必要かを考える座談会の書籍化」

この本は、今年一月十八日に開催された座談会の内容を単行本化したものです。座談会は「無縁社会を乗り越えて～人と人の〝絆〟を再構築するために」というテーマで、（社）全日本冠婚葬祭互助協会（全互協）の主催でした。今から振り返っても、「無縁社会の克服」のための画期的な座談会だったと思います。わたしも、冠婚葬祭互助会業界を代表して座談会に参加しました。互助会の社会的役割が根本から問われている今、自分なりの考えを述べました。

この本の表紙には、海辺にたたずむ少女の後ろ姿の写真が使われています。おそらく、津波の後の三陸のおだやかな海なのでしょう。そういえば、「第三回「震災関連プロジェクト～こころの再生に向けて」のポスターにも三陸の海の写真が使用されていましたね。「無縁社会シンポジウム」から「こころの再生シンポジウム」へ……。

ヨチヨチ歩きの弟は、必死で健脚の兄を後を追っております。うっかり転んで骨折などしないように注意したいと思います。今後とも、よろしく御指導下さい。

まだまだ、猛暑が続きます。京都の夏も暑いでしょう。くれぐれも御自愛下さいませ。それでは、次の満月まで。オルボワール！

二〇一二年八月二日

一条真也拝

一条真也ことShinさんへ

Shinさん、お返事が遅くなり、申し訳ありません。レターをいただいた時、わたしは埼玉県大宮におりました。この二〇年余り共に暮らしてきた義母が死去したからです。義母は八八歳で往きました。最後は、自力でご飯を食べる力がなくなり、お茶碗を持つことも、嚥下することもできない状態になりました。「息を引き取る」というのは、こういうことか、というほど、自然に衰弱していって、最後は肺炎で亡くなりましたが、この間、自宅の近くの指扇病院で、三人の子供たちや孫とも会うことができました。

京都に戻ってきてからは、毎日、一日中、この秋に角川学芸出版から出す『古事記ワンダーランド』（角川選書）の校正攻め。『古事記』と出会って五一年。半世紀を経て、自分なりの『古事記』論を出すことができたかと思っています。

そんな夏でしたが、今は立秋を過ぎて、暑い中に秋の気配を感じます。特に、昨日の夕方の夕焼けなど、ホント、秋、でした。そして、昨日は、大文字の送り火。

叡山の麓のわが砦から、妙法、舟形、左大文の三つの火が見えました。義母は、義父の時と同様、地元の武蔵の国一の宮の氷川神社の神職さんに神葬祭で送ってもらいましたが、仏教の位牌にあたる霊璽があるので、京都に持ち帰って、その霊璽を捧げて、大文字の三つの送り火を義母にも見てもらいました。「お義母さん、大文字の送り火だよ」と言ったりしながら。

七月十一日の、こころの未来研究センターで開催した「東日本大震災関連プロジェクトこころの再生に向けて」第三回シンポジウムでは大変お世話になり、まことにありがとうございました。

その日の朝、京都に修学旅行の中学生と一緒に同行していた、宮城県石巻市の「雄勝法印神楽保存会」の伊藤博夫会長さんも特別参加してくださり、本当にありがたかったです。

実は、来週、八月二十四日から二十七日まで、NPO法人東京自由大学の夏合宿で、東北の被災地を巡るのですが、その際、初日の二十四日の夕方に石巻市雄勝町を訪ね、伊藤会長さんを始め、雄勝法印神楽衆の有志の皆さんと交流する予定です。泊りは、雄勝町大須の亀山旅館です。

前記シンポジウムのすぐ後、祇園祭がありました。今年は、「ポケゼミ」と言って、新入生のための少人数ゼミを開催しているので、その受講学生たちと、四班に分かれて、祇園祭フィールドワーク実習を行ないました。それぞれの班で話し合わせて、どこにフォーカスするかを考え、実施しました。その成果を最後の授業で各班発表してもらいましたが、なかなかおもしろかったですよ。

このポケゼミの名称は、「沖縄・久高島研究」で、九月十五日から十九日まで、久高島に行って、フィールドワークと島の方々との交流をします。もう一つ、最後のに、十月二十日（土）の久高中学と地元京都の西賀茂中学と和知中学との中学生交流授業を実施します。

祇園祭は、いつも、天河大辨財天社の例大祭と重なるのですが、わたしは、七月十六日の宵宮祭と十七日の本宮祭に参列しました。十六日は、近藤高弘さんも参加しましたが、その少し前に、近藤さんのお父上の陶芸家の近藤濶氏が亡くなりました。享年七七歳でした。わたしは、近藤さんのお父さんの大ファンで、毎日、食事のたびに、高弘さんの造ったお茶碗と、お父さんが造ってくれた湯飲み茶碗を使っていて、いつもほんとうに、「いいなあ。すばらしいなあ」と思っています。心より近藤濶氏のご冥福をお祈り申し上げます。

問題は、天河の自然です。山崩れによる杉林の深層崩壊です。深刻です。例大祭前に大雨が降って、「天河火間」のところまで土砂が押し寄せ、鳥居もまたいくらか埋まったようです。最近の大雨は、「観測史上初めて」とか「未曾有の」とか「かつてない」とか「想定外の」とかばかりの「記録的な大雨」です。何度もレターの中で言ってきましたが、私が一番恐れているのは、「人災」よりも「天災」、自然災害です。「人災」は、それが「人災」であるかぎり、人間の力や工夫や知恵や技術などで何とか対処できます。でも、「天災」、自然災害は、いかんともしがたい。

そのいかんともしがたい「自然」のふるまいの大きさに、わたしは心の底から、畏怖・畏敬の念を抱いていますが、そうした、人智を超えた自然の大きなふるまいが、これからいっそうこの地球を覆っていくと確信しています。そんな中で、わたしたちは、わたしたちの生と社会を営んでいかなければならないのです。とてもじゃないけど、国同士で争っている暇など、ありません。

自然の力以上に凄いものはありません。もちろん目に見えない神や霊の力も測り知れないので、何ともそのあたりは、わかりません。けれど、わたしたちは、これまでの常識的で安易な自然観を維持しているだけでは早晩すまなくなるでしょう。人間にできることは、科学技術もありますが、儀式・儀礼も祈りもたいへん大事です。その中から、生きる活力と方向を見い出し、確認できるからです。

生きていくためにも、死んでいった人やいのちのたちのためにも、儀式が必要です。

天河の祈りは、おおらかです。神道も仏教も、何でもあります。キリスト教でもイスラームでも、アマゾンの祈りでも、アフリカの祈りでも、何でも受け入れてきました。人の祈りには普遍性があるからです。それが、人間の条件、存立要件だからです。特に天河の夏の例祭には、例年、京都の天台の聖護院門跡一行が来て、柴燈護摩を厳修されます。

柿坂神酒之祐宮司さんも、度重なる自然災害には大変心を痛めています。その多くが水の災害ですから、水の神様、弁天様を祀る天河としては、さらなる祈りを捧げ、この事態に謙虚に向き合っていくことを念じています。近藤高弘さんが中心となって造った「天河火間」の活動も、昨年九月の大洪水以降、活動停止状態でしたが、この九月には復活再生窯となります。活動再開です。

この間、根を詰めて、『古事記ワンダーランド』の校正に取りかかっていましたが、これから先も、自分にできることを精一杯のことをたんたんとやっていくしかない、それだけだと思っています。どのような事態が発生しても、それを受け止め、向き合っていくしかありません。

その向き合い方を定めるためにも、祈りが、儀式が必要なのです。毎朝、比叡山に向かって、石笛や横笛や法螺貝を含む、神仏習合の祈りを捧げながら、改めて、そう思うのでした。

二〇一二年八月十七日
鎌田東二拝

第八六信

● 世界平和パゴダ
● 面白・楽し・ムスビ

鎌田東二ことＴｏｎｙさんへ

もう九月になるというのに残暑厳しい毎日ですが、いかがお過ごしですか?

今夜、八月三十一日の月は、とても美しいです。今月二回目の満月となる、いわゆる「ブルームーン」です。この月を見た者は幸せになるという言い伝えがあるそうですが、世界中の人々がブルームーンを見上げて幸せになれればいいですね。

さて八月二十九日、わたしにとって、忘れられない出来事がありました。昨年十二月より閉鎖されていた北九州市門司区にある「世界平和パゴダ」が、ついに再開したのです。

レターの第八〇信にも書いたように、今年の三月三日、「世界平和パゴダ」のウ・ケミンダ大僧正の「お別れ会」が開かれ、わが社がお世話をさせていただきました。「世界平和パゴダ」は、日本で唯一のビルマ式寺院として知られています。第二次世界大戦後、ビルマ政府仏教会と日本の有志によって昭和三十三年（一九五八年）に建立されました。「世界平和の祈念」と「戦没者の慰霊」が目的でした。戦時中は門司港から数多い兵隊さんが出兵しました。映画化もされた竹山道雄の名作『ビルマの竪琴』に登場する兵隊さんたちです。残念なことに彼らの半分しか、再び祖国の地を踏むことができませんでした。そこでビルマ式寺院である「世界平和パゴダ」を建立して、その霊を慰めようとしたわけです。しかしウ・ケミンダ大僧正の死後、パゴダは資金難のため、閉鎖されていました。

八月二十一日、それを管理する宗教法人の関係者の方々と一緒に、わたしと父は世界平和パゴダを訪れました。本来は閉鎖されたパゴダ内に入ることはできないのですが、今回は宗教法人の代表役員を務める方に鍵を開けていただいて、中に入ることができました。生まれて初めて入るパゴダは、素晴らしい聖なる空間でした。まず最初に、わたしは黄金の仏像が置かれている祭壇に向かって合掌しました。三方に貼られているステンドグラスには孔雀が描かれており、じつに見事でした。また、ブッダの生涯を描いたビルマの仏教画がたくさん飾られていました。

この空間にいるだけで、ブッダの息吹に触れているような気がしました。それもそのはず、パゴダの下には仏舎利が納められているそうです。そう、ここは日本で唯一の仏舎利を有する上座部仏教の聖地なのです。今日は父と一緒の訪問でしたが、わたしたち父子ともども、なんとか、この貴重な宗教施設の再開に向けて尽力したいと心から思いました。

八月二十五日の朝、わたしは父と一緒に、東京都品川区北品川四丁目にあるミャンマー大使館を訪れました。緑豊かで閑静な住宅街の中にある大使館です。ミャンマーのキンマウンティン駐日大使にお会いするためです。ミャンマーは、国際経済の面からも今もっとも注目されている国の一つです。大使館の正門前で、ミャンマー仏教界の最高位にあるウ・エンダパラ三蔵位大長老にお会いしました。当日は土曜日なので大使館は休みでしたが、わたしたちは特別に中に入れていただきました。

ミャンマーは上座部仏教の国です。上座部仏教は、かつて「小乗仏教」などとも呼ばれた時期もありましたが、ブッダの本心に近い教えを守り、僧侶たちは厳しい修行に明け暮れています。現在の日本は韓国・中国・ロシアなどと微妙な関係にある国際的に複雑な立場に立たされています。日本を取り囲む各国は自国の利益のみを考えているわけですが、それでは世界平和などには程遠いですね。わたしは、ミャンマーこそは世界平和の鍵を握る国であると思っています。わたしは、「寛容の徳」や「慈悲の徳」を説く仏教の思想、つまりブッダの考え方が世界を救うと信じています。

ミャンマー大使館を訪れたわたしたち親子は、大使館に隣接した大使公邸に案内されました。ここで、キンマウンティン大使御夫妻およびエンダパラ大長老が迎えて下さいました。そして、大使と大僧正のお二人からサンレーグループの佐久間進会長が重大なミッションを授かりました。そのミッションとは、閉鎖されている世界平和パゴダの再開に向けて「ミャンマー・日本仏教交流委員会」を正式に発足し、委員長に佐久間会長が就任するというものです。

委嘱状授与式の後は、昼食会が開かれ、本格的なビルマ料理をいただきました。どの料理もとても美味しかったです。また、大使自らが大長老に料理を取ってあげたり空いた皿を下げたりといったサービスをされているのが印象的でした。仏教国ミャンマーでは、人々は僧侶に対して最高の敬意を払います。僧侶のトップである大僧正に対しては、大統領でさえ平伏するほどです。

今年で五一歳になるというエンダパラ大長老は、すさまじいほどの宗教者としてのオーラを発していました。わたしが最初にエンダパラ三蔵位大長老の名を知ったのは、今年一月十一日の「読売新聞」に掲載されたコラム「解」を読んでからです。「三蔵法師の憂い」という題のコラムでした。そう、エンダパラ大長老は「三蔵法師」と呼ばれているのです。

三蔵は経蔵、津蔵、論蔵に分けた仏教聖典の総称で、すべてに精通したと認められた僧だけが三蔵法師と呼ばれます。試験は難しく、敬虔な仏教徒が多いミャンマーでも、これまで五〇万人以上が受験して合格者は戦後でたったの一二人です。暗記する経典の内容は、じつに『六法全書』二冊半ぶんに相当し、ミャンマー人たちは「生き仏」と敬っています。

読売新聞西部本社社会部の牧野田亨記者は次のように書いています。「それほどの人物が東日本大震災以外に、日本で心を痛めていることがある。北九州市・門司港のミャンマー仏教寺院『世界平和パゴダ』が昨年末から休院になったことだった。設立は一九五八年。仏塔と僧院があり、かの地から

三蔵法師を囲む孫悟空親子（？）

派遣された僧が住んでいた。日本で唯一の本格的なパゴダだった。運営費を旧ビルマ戦線の戦友会からの寄付に頼っていたが、高齢になった会員の死去が相次ぎ、赤字が続いていた。『戦いに敗れ、飢え死にしそうだった私たちを助けてくれた。その恩を忘れない』。そんな思いで支えてきた戦友会も、半世紀を経て力尽きた。

ミャンマーは民主化と改革に向けて動き始めた。日本政府は本格的な経済支援を決め、日本企業も投資先として熱い視線を注ぐ。両国の関係改善がこれから進もうとする時期に、友好の証しだったパゴダの休院は、何とも寂しい。『両国の友好の象徴がなくなることに等しい。何とか再開できないものか』憂う三蔵法師を助ける孫悟空は、現れるだろうか」

そのように偉大な三蔵法師は「ブッダは生きている。パゴダの閉鎖によってブッダの心を閉じ込めてはならない」と言われました。また、「すべては、人が一番大事である。ススム・サクマは、これまで出会った日本人の中で最も尊敬でき、信頼できる人物である」と述べられ、わたしたち親子は非常に感激しました。

わたしは孔子と深い縁を得ましたが、父はブッダと深い縁を結ぶことになります。これほど名誉なことはありませんし、ブッダの心を日本人に伝えるお手伝いをさせていただくとはこの上なく重要なミッションであると言えます。もちろん、わたしも「ミャンマー・日本仏教交流委員会」の委員長となる父を全力でサポートする覚悟です。親子で、三蔵法師の憂いをなくす孫悟空となりたいです。

そして二十八日、北九州市小倉の松柏園ホテルに三人のミャンマー僧が来られました。ミャンマー仏教界の最高位にあるウ・エンダパラ三蔵位大長老を筆頭に、新たにミャンマーから世界平和パゴダに派遣されたウ・ウィマラ長老とウ・ケミンダラ僧です。ウ・ウィマラ長老は一九六四年九月十六日生まれの四七歳、マンダリン仏教大学教授でもあります。ウ・ケミンダラ僧は一九八一年六月十五日生まれの三二歳、インドとスリランカで厳しい修行をされました。お二人とも、とても清々しい目をされ、かつ威厳に満ちておられます。新しく赴任されたお二人は二十八日の夜は同ホテルに宿泊されましたが、二十九日の夜から世界平和パゴダで生活されます。つまり、八月二十九日をもって「世界平和パゴダ」はついに再開されたのです！

また、ミャンマーと日本両国の仏教交流及び親善のため、また再開された「世界平和パゴダ」の健全な運営を目的に「ミャンマー・日本仏教交流委員会」が発足し、二十九日に同ホテルで記者会見が行われました。「ミャンマー・日本仏教交流委員会」のメンバーは以下の通りです。

委員長　佐久間進（サンレーグループ会長）
委　員　鎌田東二（京都大学こころの未来研究センター教授）
委　員　井上ウィマラ（高野山大学准教授）
委　員　井上浩一（農業資源開発コンサルタント）
委　員　八坂和子（宗教法人世界平和パゴダ理事）
委　員　佐久間庸和（株式会社サンレー社長）

Ｔｏｎｙさんや井上ウィマラさんには大変お世話になります。快く委員就任をお引き受け下さり、父も心から感謝しております。ぜひ、近いうちに北九州にお越しになられて下さい。わたしたち孫悟空親子が世界平和パゴダにご案内させていただきます。

再開された「世界平和パゴダ」

さて、記者会見では、エンダパラ大長老より挨拶がありました。大長老は「ミャンマーと日本両国の友好の証である世界平和パゴダが今日から再開され、まことに喜ばしい。テーラワーダ（上座部）仏教の普及によって、日本人の心の安らぎに貢献できることを願っています」と述べられました。続いて、キンマウンティン駐日ミャンマー大使より「今回の世界平和パゴダ再開によって、両国の仏教交流と親善が進むことを願っています。日本のみなさまにも広く協力をお願いいたします」として、世界平和パゴダ運営のための募金の協力を日本人に呼びかけられました。

続いて、「ミャンマー・日本仏教交流委員会」の佐久間進委員長が、「世界平和パゴダはビルマ戦線での戦没者の慰霊塔のようなイメージが強いですが、もともとパゴダとは聖なる寺院です。この聖地を一日も早く復活すべく微力ながらお手伝いさせていただくことになりました。わたし個人としては、日本が無縁社会を乗り越えるための拠点にもしたいと考えています」と挨拶しました。

最後に、委員の一人としてわたしもマイクを持って話させていただきました。

「『無縁社会』とか『孤族の国』といった言葉があります。日本人のこころの未来は明るいとは言えません。このような状況を乗り越えるシンボルに世界平和パゴダはなり得ると思います。日本で唯一の上座部仏教の聖地であり、ブッダの骨を収める仏舎利も有していることから観光的資源としても大きな可能性を持っています。さらには、建築デザインも素晴らしく、平和のモニュメントとしての意味も限りなく大きいと言えます。わたしは、将来的に広島の原爆ドームと同じく『世界文化遺産』にすることも夢ではないと考えており、ぜひ、ユネスコに申請したいと思っています。諸々のことを含めて、世界平和パゴダの意義と重要性を広く発信していきたいです」と申し上げました。

ユネスコ・世界文化遺産申請のアイデアは大使から大変喜ばれ、会見終了後には「全面的に協力させていただく」とのお言葉を頂戴しました。記者会見の内容は、テレビ各局、新聞各紙も大きく報道してくれました。わたしたち親子がめざす「天下布礼」においても記念すべき日となりました。すべてを導いて下さったブッダに心から感謝いたします。

また、「ミャンマー・日本仏教交流委員会」の委員として、Ｔｏｎｙさんとともに明るい世直しができることにワクワクしつつも、心から感謝しております。Ｔｏｎｙさん、本当にありがとうございました。今後とも、どうぞ、よろしくお願いいたします。

二〇二二年八月三十一日

一条真也拝

一条真也ことＳｈｉｎさんへ

今日は八月の終わり、晦日です。今朝の明け方の四時四五分くらいに月没の光景を見ました。京都に来て、一〇年近くになりますが、そんな光景は初めて見ました。西山に一四夜のお月様が沈んでいく姿なんて。何とも、不思議で、神秘的な光景でした。

さて、「ミャンマー・日本仏教交流委員会」の発足、まことにおめでとうございます。お父上が委員長に就任され、Ｓｈｉｎさんや、ミャンマーで出家得度して高野山大学で日本で最初のスピリチュアル・ケア学の准教授となった井上ウィマラさんたちと一緒に委員の一人に加えていただき、そのミッションを全力で果たしていきたいと思いますので、今後ともよろしくお願いします。

わたしは、昨日、二週間ぶりに比叡山に登拝しました。比叡山ではムカデと白犬に遭遇しましたが、歩きながら、八月二十四日から二十七日まで、三泊四日で出かけたNPO法人東京自由大学の夏合宿、「東日本大震災被災地を巡る鎮魂と再生への祈りの旅」のことを反芻していました。これまで半年に一回ずつ、三度、東北の被災地四五〇キロほどをカメラマンの須田郡司氏と巡ってきたのですが、今回は、NPO法人東京自由大学の仲間たち二六名とともに廻りました。実に濃い合宿であり、旅でした。言葉にならない、できない、いくつもの出会いや出来事がありました。

NPO法人東京自由大学の夏合宿としては、今回で一四回目になります。東京自由大学は、一九九九年二月二十日に設立し、その年の七月三十一日から八月四日まで、東北の旅をしたのが夏合宿の第一回で、その時のテーマとタイトルは、「東北の土・光・神楽を訪ねて～早池峰・白石蔵王（西山学院）」でした。岩手県遠野市の早池峰神社の神楽と花巻市の宮沢賢治記念館を見学するのがメインで、その後、白石蔵王の全寮制の私立高校の西山学院の無限窯で、近藤高弘さん指導の下、陶芸ワークショップを行ないました。それから一三年が経ったのです。

今回の夏合宿の趣旨文は、〈二〇一二年三月十一日の東日本大震災の死者は一万五八五四人、行方不明者三一五五人、津波で流された身元不明の方々もおられ、死者との向き合い方、弔い方が問われ続けています。いったい、「被災地」の中で何が起こっているのか、その時々でどのような「問題」が起こっているのか、広大な被災地域の中でどんな「違い」があるのか、「復興」とは具体的に何なのか、その中で、宗教や伝統文化や地域芸能がどのような力や支えやよすがとなっているのか、つぶさに受け止めていきたいと思います〉としました。

今回の「東日本大震災被災地を巡る鎮魂と再生への祈りの旅」では、心に残る言葉をいろいろと聴くことができました。東北大学教授の鈴木岩弓さん、塩竈神社の大瀧博司禰宜さん、釣石神社の岸波均宮司さん、葉山神社・石神社の千葉修司宮司さん、雄勝法印神楽保存会伊藤博夫会長さん他三名の神楽衆の阿部さんたち、地福寺の片山秀光住職さん、森は海の恋人運動提唱者の畠山重篤さん、「いのちを守る三〇〇キロの森づくり」運動の提唱者・宮脇昭さん、慈恩寺の古川敬光住職さん、尾崎神社の佐々木裕基宮司さん、荒神社の西舘勲宮司さん、サンガ岩手の吉田律子さん、大槌町第九仮設住宅の中村チヤさんと手芸サークルはらんこのみなさんたち、当の物語研究所高柳俊郎所長さん、そして、宮沢賢治記念館の宮沢館長さん。

それぞれの方々から発せられた言葉には、言霊がありました。その言葉のどれも深々と心に刻まれ、染み入りました。抜けないくらい、突き刺さりました。その言葉のいくつかを挙げると、

「バラバラではなく、トータルに見る」

「緑を作るのに、鉄分が必要」

「鉄がないと、チッソ、リン酸、カリを吸収できない」

「木を植えて森を作る。やがて、木を切ると、下草が生えてくる。そして、フルボ酸（古母酸）ができる」

「本物の森を作る。知ってるだけではあかんのやで。やらな、アカン」

「生きていく上で便利なものではなく、生きていく上で大事なものを作る」

「復旧はバラバラ」

「地震が来たら津波と思え。地震が来たら高台に逃げろ。この地より下に家を建てるな」

「（震災・津波直後の）地獄絵図のような世界」

「そんな中で、私たちは、ご先祖様の眠るお墓に上がって、助かったんです」

「何もない中で、どう工夫して生きていくか」

「忘れ去られてしまうことが一番怖い」

「今は、できるだけ、来てほしい」

「被災した社を見て、本当に腰が抜けました。三時間、雪の降る中を座り込んでいたら、いつのまにか、若い女性が傘をさしてくれていました。その人が来られなかったら、わたしは凍死していたと思います」

「大槌町に未来はあるでしょうか？」

「夢が必要なんです、生きていくためには」

「生きるって、何だろう？　生き残った者の罪悪感、絶望、悲しみ」

「三回忌が終わるまで魚を食べてはいけない」

「九〇歳にして生き甲斐を見つけた。生きる意味をシフトできた。すべてが学び」

「絆、家族って、何だろう？　私の毎日は出会いの連続です」

「いのちの分水嶺、大自然の分水嶺、こころの分水嶺」

「今年、桜が咲く時期に牡丹雪が降りました。とても、不気味でした」

「そうだね～、そうだね～、そうなんだ～、そうなんだ～、わたしもあったが～」

数えきれないほど、染み入る言葉がありました。刺し入る言葉、支える言葉、触る言葉がありました。痛いけれども、深い。そして、真っ直ぐ。雄勝法印神楽保存会の伊藤博夫会長さんは、神楽の一節を歌を歌い、踊りを踊りながら、伝えてくれました。ジーンと来ました。お礼の言葉もないくらい、ありがたかったです。東北の風土と人々の底力と誇りと自負を強烈に感じました。

昨日、比叡山を歩きながら、東北の風景と言葉が去来し、交錯して、涙があふれました。言葉にならないけれど、思いが溢れ出ました。わたしにできることは、小さなことでしかありません。MY聖地のつつじヶ丘で、般若心経一巻を奏上し、不動明王の真言三遍、地蔵菩薩の真言三遍、薬師如来の真言三遍、弁才天の真言七遍を唱えました。そして、天地人に捧げるバク転を三回。「バク転神道ソングライター」のわたしにとって、バク転は、天地人に捧げる儀式にほかなりません。比叡山も眺望できて、空は澄み渡り、秋の気配が忍び寄っていました。八月も終わります。二〇一二年の夏も終わります。終わっていくものとともに、どう始まりと未来を作っていくか。「面白・楽し・ムスビ」の神道精神を以って、自分にできることを、たんたんとやっていきたいと思いますので、今後ともなにとぞよろしくお願いいたします。

二〇一二年八月三十一日

鎌田東二拝

第八七信

● ヨーロッパ視察

● 韓国での講義

鎌田東二ことTonyさんへ

Tonyさん、今夜は中秋の名月ですね。昨夜、北九州市八幡西区のサンレーグランドホテルで恒例の「月への送魂」が行われる予定でした。しかし、台風一七号の北上による悪天候のせいで、月は姿を現わしませんでした。非常に残念でした。今夜は、染織家の築城則子さんの御自宅で開かれた観月会に招待されたのですが、なんとか少しだけお月様を拝むことはできました。

台風といえば、先日は台風のおかげでＴｏｎｙさんとお会いすることができました。Ｔｏｎｙさんが講演のため訪れている宮崎県の日向から沖縄に渡る予定が、台風の接近のために飛行機が欠航となりました。Ｔｏｎｙさんは急遽、小倉に行先を変更して、十五日（土）の夜に小倉に来て下さいました。いやあ、嬉しかったですねぇ。「ミャンマー・日本仏教交流委員会」の委員長に就任したばかりの父も、委員就任をお願いしたＴｏｎｙさんの突如の来訪をとても喜んでいました。その父も交えて、十六日（日）の朝は松柏園ホテルで朝食を一緒に取りながら、世界平和パゴダのこと、それから緊迫する日中関係についても意見を交換させていただきました。

じつは、九月末から十月の初めにかけて、某テレビ局の取材がわが社に入るはずでした。孔子の生涯と『論語』の教えを紹介した正月特番の取材で、来年一月に全国放映される予定でした。孔子の「礼」の思想を実践しているということで、わが社は数日間にわたって取材を受け、わたしがインタビューで孔子の思想とサンレーの経営理念について大いに語るという構成でした。

「天下布礼」にとっても非常に有意義な取材であり、わたし自身も楽しみにしていました。ところが、九月の後半になって「取材も放映も延期になった」との連絡が入りました。取材受け入れの準備も進んでおり、わたしも大変驚きました。

なぜ、このような事態になったのか。番組の制作会社の説明によれば、昨今の日中関係の悪化が最大の原因だそうです。この番組は中国国営テレビとの共同企画ということもあって、企画そのものが難しくなったようです。まことに残念ですが、たしかに現在における日本と中国との関係は最悪であると言っても過言ではないでしょう。

日本の尖閣諸島の国有化問題で、中国ではこれまでにない大規模な反日デモが繰り広げられ、多くの日系企業が襲われました。日本を代表する企業であるトヨタをはじめ、パナソニック、イオン、ユニクロなどの工場や店舗が次々に破壊され、商品を略奪される光景をニュースで見て、呆然とした人も多いと思います。

歴史的に見ても、また国際法上も、尖閣諸島は明らかに日本固有の領土です。にもかかわらず、無法を繰り広げる中国の人々やそれを黙認する中国政府を見ていると、怒りを通り越して悲しくなってきます。混乱に便乗して台湾まで尖閣を狙ってきました。

日本の外交問題は、中国だけではありません。八月十九日、なんと韓国は島根県の竹島（韓国名は独島）で李明博大統領直筆の石碑の除幕式を行いました。これは、もう悪質な挑発行為以外の何物でもありません。日本には軍事力がないので、諸外国から完全に舐められています。加えて、基本的な外交方針を持たない現政権のていたらく。いくら軍事力がなくても、日本は国際社会に対して「間違っていることは間違っている。正しいことは正しい」と言い続けなければなりません。

わたしは、こういう時期だからこそ、逆に孔子の思想が必要なのではないかと思います。孔子は、人間としての基本を「礼」という考え方に求めました。中国や韓国が崩したものは国際法という「法」だけではありません。「法」よりも大切な「礼」というものを崩しました。「礼」とは、二五〇〇年前の中国の春秋戦国時代において、他国の領土を侵さないという規範として生まれたものだとされています。

その「礼」の思想を強く打ち出した人物こそ孔子です。そして、逆に「礼」を強く否定した人物こそ秦の始皇帝でした。それは、始皇帝は自ら他国の領土を侵して中国を統一する野望を抱いていたからです。始皇帝は『論語』をはじめとする儒教書を焼き払い、多くの儒者を生き埋めにしました。世に言う「焚書坑儒」です。人類史上に残る愚行とされています。しかし、始皇帝が築いた秦帝国はわずか一四年間しか続きませんでした。しょせんは「人の道」を踏み外した人間の作った国など、長続きしなかったのです。

現在の中国は世界一の「礼」なき国と言えるかもしれません。「礼」の重要性を唱えた孔子や孟子もあの世で泣いていることでしょう。冠婚葬祭という営みの中核となるのも、なんといっても「礼」です。わたしは、日頃から「礼」とはマナーというよりもモラル、平たく言って「人の道」であると言っています。原始時代、わたしたちの先祖は人と人との対人関係を良好なものにすることが自分を守る生き方であることに気づきました。相手が仲間だとわかったら、抱き合ったり、敬意を示すために平伏したりしました。このような行為が「礼」の起源でした。「礼」こそは最強の護身術であるとともに、究極の平和思想としての「人類の道」だと思います。

日本、韓国、中国、台湾も含めて東アジア諸国の人々の心には孔子の「礼」の精神が流れているはずです。今こそ、その究極の平和思想としての「礼」を思い起こすべきでしょう。いずれ孔子特番が実現したら、そのことをインタビューでぜひ語りたいです。

さて話は変わりますが、九月のはじめ、冠婚葬祭互助会業界の仲間たちとヨーロッパ視察に行ってきました。訪問国は、オランダとベルギーです。プロテスタントの国・オランダの人口は一六六九万人で、カトリックの国・ベルギーの人口は一〇九五万人です。この両国は、もともとルクセンブルクを加えて「ネーデルラント王国」を形成していました。「ネーデルラント」とは「低地地方」という意味です。成田からANAでミュンヘンへ、そこからルフトハンザに乗り換えて、オランダの首都アムステルダムに入りました。オランダは、長崎にある「ハウステンボス」に本当にそっくりでした。

オランダの伝統的葬送は、埋葬、すなわち土葬です。ドイツやフランスといった周辺国が火葬を容認していくのに対し、オランダでは火葬の導入が遅れましたが、一八七四年に「火葬を代替方法とするための王立協会」が設立され、火葬の容認と火葬場建設を推進する運動がスタートしました。四〇年後の一九一三年、オランダで初めての火葬場がついに建設されました。埋葬の代替方法としての火葬は、一九六八年の「遺体処理法」制定で公認されました。二〇一一年現在、オランダ国内には九五の火葬場があり、その約三割が埋葬墓地も併せ持っています。

わたしは、これまでアメリカやヨーロッパ、または韓国のセレモニーホールを回ってきましたが、今回のオランダおよびベルギーの葬祭施設には多大なインパクトを受けました。オランダとベルギーのセレモニーホールは、とにかく美しい！

オランダでは、その名も「ライフアート・コフィン」という棺会社も訪問しました。この会社では植物や廃棄物を利用した棺を製作するのですが、その棺はアートそのもので、じつに美しいのです。エジプトのファラオのような棺や花柄のもの、その他、故人の人なりを表現した個性的な棺が大量に並んでいました。さすがはレンブラントをはじめとした偉大な芸術家を多数輩出した地方です。

芸術大国の葬儀空間は、まさに美術館そのものでした。一人の人間の人生を締めくくる「人生劇場」としてのセレモニーホールは「人間美術館」でもあります。今後の日本のセレモニーホールが「人間美術館」を目指さなければならないことは言うまでもありません。

もちろん、ヨーロッパでは葬儀だけでなく、冠婚関係の視察も行いました。西インド会社の本社だったという建物を再生した「西インド会社館」や砂糖会社を再生した「ハウス・オブ・ホランド」、ベルギーではブリュッセル中央駅の前に位置するホテル「ル・メリディアン・ブリュッセル」、シャトー（古城）ホテルの「カスティール・グラヴェンホフ」などを視察しましたが、やはり冠婚よりも葬儀の視察において収穫が多かったです。

今年は十二月にも台湾の冠婚葬祭業界を視察する予定ですが、これからも世界各地に足を伸ばして各国の儀式の「いま」を見つめ、日本の儀式の「これから」を考えていきたいと思っています。

二〇一二年九月三十日

一条真也拝

一条真也ことShinさんへ

この前の九月十五日には思いがけず、お父上ともどもお会いできたこと、大変うれしくも有難く思いました。台風一二号が沖縄から九州を直撃したために、わたしが乗る予定の福岡空港から沖縄の那覇空港行きのJTAが欠航になり、そのために一日待機状態になったので、その夜、北九州・小倉の松柏園ホテルに向かったのでした。そして、その夜、翌朝、Shinさんやお父上の佐久間進サンレー会長とゆっくりお話しする機会を得、北九州市のパゴダのことや「ミャンマー・日本仏教交流委員会」について、いろいろと話をすることができ、とてもよかったと思います。

さて、九月十五日、わたしは宮崎県日向市で行われた「イワクラサミット IN 日向」で、「古事記にみる日向」と題する基調講演をしたのでした。前日の十四日に日向市入りをし、『古事記』ゆかりの聖地(日向国一の宮の都農神社、八坂神社、立磐神社、大御神社)を参拝しました。特に、立磐神社と大御神社に深い感覚を持つと同時に、地元の人にとって、神武天皇伝承が日常の生活の中に溶け込んでいるのが大変印象的でした。

神武天皇東征の船出の地とされる美々津の海沿いに磐座と思しき巨石の林立する中に、底筒男命、中筒男命、表筒男命の住吉大神を祀っているのが立磐神社ですが、その海辺から、七ツバエと一ツ神という二つの無人の小島が沖合に浮かんでいるのが見えます。神武天皇は船出してその二つの島の間を通って大和に向かい、二度とこの日向には戻ってこなかったので、地元の漁師さんたちは、絶対にその二つの島の間を通らないのだそうです。この二つの島の間の航行はタブーになっているのです。

このように、日常生活を規制しているタブーの存在にわたしは強い関心を持ちました。なぜなら、わたしの家も八五〇年余り前から、正月に絶対に酒を飲んではならない、酒瓶など酒器類を家の外に出して年末から正月三ヶ日を過ごすという風習とタブーがあるからです。そのタブーを破ると「祟りがある」とわが家では信じられ、伝えられてきたのです。

このような、迷信のようにも思える民間信仰を、昔は、とても理不尽に思いましたが、最近は、別の観点から興味を持つようになりました。このようなタブーが家や家族や親族や共同体をどのような力で統合するのか、とか、そのタブーを護ろうとする成員の人生観や世界観やはたまた行動にどのような規制や影響を与えるのかとか、という観点です。

美々津の漁師さんたちの日常生活や航路を規制するこの力とはいったい何なのか、それは神武天皇出発時の二千数百年前とされる時からこのような形であるのか、それとも、後世、どの段階かで、このような伝承とタブーが生まれたのか、興味が尽きないのです。そして、何よりも、この伝承とタブーが日常生活の中にリアルな形（行動様式）と力（規制力）として生きているということ、そのことに、驚きと興味を抱くのです。

もう一つ印象に残ったのは、日向市伊勢ヶ浜の大御神社でした。天照大御神を祀っている神明神社ですが、「伊勢ヶ浜」という地名もあってか、地元では元伊勢とも称されているようです。その神社周辺の断崖に巨大な洞窟があり、そこに鵜戸神社が祀られていました。案内してくださった新名宮司さんの許可を得て、その洞窟前で禊したのですが、何とも表現しがたいものがありました。

わたしの聖地探究は、一七歳の時の青島参拝から始まっていて、その青島を訪れた後、延岡市まで行く途中でこの日向市を抜けていったのです。一〇歳の時に読んだ『古事記』がこの時、単に神話の物語というだけでなく、神社という場所として、施設として、神話が今ここにこのような形で存在し続けていることにわたしは深い衝撃を受けたのです。神話が今ここの現実とはっきりと結びついた瞬間。それがわたしの魂の奥深いところをキックし、帰郷後、口から弾丸を吐き出すようにして、詩を書き始めました。その詩を最初に認め評価してくれたのが、寺山修司さんでした。

「日向」は『古事記』における影や陰の世界の「黄泉」や「出雲」の対極にある光と陽の地ですが、『古事記』からみた「日向」とは、神話伝承、聖地伝承、神楽伝承という三つの伝承文化を保持した地といえます。その神話伝承においては、「日向国」のある「筑紫島」は、四国と同様、「身一つにして面（顔）四つ」ある島で、北の「筑紫国」は「白日別《しらひわけ》」、東の「豊国」は「豊日別《とよひわけ》」、西の「肥国」は「建日向日豊久比泥別《たけひむかひとよくじひねわけ》」、南の「熊曾国」は「建日別《たけひわけ》」と呼ばれ、すべて「日別《ひわけ》」の語を含みます。その「日別」とは、古くは「火湧け」であったと思います。

この「日向」は、イザナギノミコトの「禊」の地、ニニギノミコトの「天孫降臨」の地、そして、カムヤマトイハレビコ（神武天皇）東征の出発地と『古事記』や『日本書紀』には記されています。このように、わたしにとって、「日向」とは、大きな転換が起こった地なのです。それからおよそ四五年。わたしの転換地で、『古事記』から見た「日向神話」の話をする機会を持ったのです。

ちょうど、そんな折、台風一二号が押し寄せてきたのです。講演が終わり、イワクラ学会の渡辺豊和会長の話を途中まで聞いて、急ぎ、宮崎空港から福岡空港を経由して沖縄・那覇に行く予定でしたが、台風の影響で欠航となり、そこで、まずは一晩、小倉に泊まって、翌日まで様子を見ることにしたのでした。そしてその時、Ｓｈｉｎさんとお父上にお会いすることができたのでした。

結局、十五日、十六日と、福岡空港から那覇空港にフライトすることはできず、十七日に神戸空港からは沖縄にフライトすることができました。そして、その日の夕方には、「久高オデッセイ」の映画監督・大重潤一郎さんのいるＮＰＯ法人沖縄映像文化研究所で、大重監督、須藤義人さん（沖縄大学専任講師・映像民俗学）、今津新之助さん（株式会社ルーツ代表）の三人とじっくり話をすることができたのでした。そして、翌十八日・十九日・二十日朝まで、久高島に渡っていたのでした。

というのも、十月二十日（土）に、久高島と京都の中学生との三校合同で、「地元文化授業交流」の催しを、京都府と京都大学こころの未来研究センターとの共同企画として行なうことになっているからです。その打ち合わせをするために、久高中学と久高島留学センターを訪ねたのです。

ところで、Ｓｈｉｎさんは、九月の初めにオランダに行って、オランダとベルギーの葬儀産業を見学・交流されたようですが、わたしは、九月二十六日から二十八日まで、三日間、韓国に行ってきました。Ｓｈｉｎさんも書かれているように、日本は、東日本大震災や福島原発の爆発や近畿などの大洪水被害などの打撃に加えて、中国や韓国との国境・領土問題で厳しい対応を迫られています。二国者間・あるいは三国者間の対立は激化しています。

そんな緊張のさ中、韓国の大学に招待されました。ソウル市南部近郊の京畿道城南市寿井区福井洞山にある嘉泉大学校で、全一二学部の有志受講学生と先生方総勢二一〇名に向かって、「アジア共同体の構築に向けた宗教の役割」という題で講義することになったのです

一九八二年に設立されて、本年創立三〇年になる嘉泉大学校は「真理・創造・雄志」を教育理念・建学の精神とする総合大学で、一二学部七四学科、約二万人の学生数を持つ、韓国内でも五番目の大きさの私立大学だそうです。この時期に、このテーマで講義や講演をするなんて、ちょっと無謀のように思いませんか？　もちろん、半年前ほど前に招待が決まり、準備をしなければと思っているさ中に、緊張と対立が高まりました。結果的には、行って、話をし、交流ができて、本当によかったと思います。そして、これからも、長く交流を重ねていきたいと思いました。政府間の外交や政治経済的

なやり取りだけでなく、民間の文化交流や議論の場がとても大事だと思いました。

わたしの招聘元は、嘉泉大学校セサイマウル研究所ですが、そのセサイマウルとは日本語の諺に言う「三つ子の魂百までも」という意味合いとほとんど同じだそうです。「三歳の子供の心が八〇歳まで続く（基礎づける）という意味だそうです。まさに、拙著『翁童論――子供と老人の精神誌』（新曜社）の世界です。

韓国を訪問するのは、一九七七年頃以来、五回目か六回目になります。従兄がソウルに住んでいたこともあって、韓国には近しさを感じていましたが、同時に、日韓併合以来の日本帝国の植民地支配に対する歴史認識や、その「歴史認識」そのものの立場による種々の対立を身近に見ていて、日韓・韓日交流の困難さを強く感じていました。これまで、韓国では、二〇年ほど前に京畿大学校で、一〇年ほど前に梨花女子大学で行われたシンポジウムで、二度発表したことがあります。その時にも、この「歴史認識」や立場の相違を強く感じました。なので、わたしはこの問題について、Ｓｈｉｎさんのように、明快に割り切ることはできません。微妙で強烈な亀裂を抱え込んでいます。

そんな中で、一九九七年十月に伊勢の猿田彦神社で行った「おひらきまつり」で、韓国を代表する舞踊家金梅子《キムメジャ》氏を招待して、創作民族舞踊「日巫（イルム）」を上演していただきました。猿田彦神社の神田に設けられた仮設舞台で演じられたその舞踊に、わたしは、心底、震えるほどの感動を覚えました。そして、「芸術は国境を超える」という当たり前の真実と力を感じ、それこそが「平和のワザヲギ」であり、アート・オブ・ピースだと感じました。

さらにその後、二〇〇九年四月九日と四月十日二日間、その金梅子氏と創舞会《チャンム・ダンスカンパニー》の世宗劇場Ｍシアターでの舞踊公演「舞本《チュンボン》」の舞台に、音楽家の細野晴臣氏らと共に招かれ、石笛・横笛・法螺貝を演奏しました。今回わたしが招待された嘉泉大学校のセサイマウル研究所の所長さんは、金梅子氏の教え子でした。縁とは実に不思議なものですね。竹島—独島問題で緊張の高まっている中での招待講義でしたが、大変有意義で未来につながる交流ができたと思っています。これも、韓国を代表する舞踊家の金梅子さんとの出会いと交流の積み重ねがあったればこそでした。そのことに、心より感謝したいと思います。

わたしに与えられた講演題目は、〈アジア共同体の構築に向けた宗教の役割〉でした。わたしは、招かれたお礼の気持ちを込めて、法螺貝を奉奏することから始め、九〇分の講演途中で、石笛と横笛も吹きながら、このテーマを日本の宗教文化の視点を中核に次のような流れで講義しました。

一、地球環境問題と東日本大震災と近畿大洪水による災害
二、「宗教」とは何か？　宗教（四つの世界宗教：仏教・儒教・キリスト教・イスラーム）の特徴とはたらき
三、日本固有の伝統宗教である「神道」について
四、わたしが関わった平和活動と「アジア共同体の構築」の理念との関連性
五、まとめ

上の「わたしが関わった平和活動」とは、具体的には、猿田彦神社のおひらきまつりや猿田彦大神フォーラム、天河文化財団、神戸からの祈り、虹の祭り、月山炎の祭り、9・11後の地球的公共平和会議などの運営や催しでした。そのような活動の中で、二〇〇三年に東京大学出版会より『公共哲学叢書三地球的平和の公共哲学〜「反テロ」世界戦争に抗して』（公共哲学ネットワーク編）を出版したのですが、この会議と本の中で、わたしは「平和の感覚・平和のワザオギ・平和の創造」という問題提起をし、平和をもたらすワザ（技法）、すなわち、「アート・オブ・ピース」としての芸術と祈り（宗教的儀礼を含む）を取り上げたのでした。その頃、わたしは、「足の裏で『憲法第九条』を考

える会」という集りを主宰していました。

ともかく、そうした活動の場での取り上げた宗教の重要な役割とは、祈りであり、鎮魂・供養であり、愛や慈悲や誠の実践であり、深い生命的な共感に基づく多様な他者性の認識であり、その上に生まれる実際的な相関性・協働性の活動でした。わたしは、自分ではかねがね「保守本流」だと思ってきましたが、日本には「伝統文化」として、「神道」や「仏教」や、また顕著ではないかもしれませんが「儒教」があります。とりわけ、「神道」には「八百万の神々」の観念や「神仏習合」や「神儒習合」の歴史があります。そのような伝統文化を活かす形で、「アート・オブ・ピース」、平和を生み出す活動を展開していきたいとかねがね主張してきましたが、基本的にはその考えは今も変わってはいません。それが、どのような効力を持つか、これからも地道な実践を積み重ねたいと思います。

わたしに与えられた講演題目は、「アジア共同体の構築に向けた宗教の役割」ですが、それはこの時期、とても、非現実な理念であるかのように見えてきます。が、そうした中にあればこそ、民間における地道で真剣な文化交流が意味と力を持ってくると思いました。迂遠な道のようですが、それが一番力強くも生気のある友好の道ではないでしょうか。

NPO法人東京自由大学の顧問を務めてくれた故山尾三省さんは、原発の廃止と「憲法九条を世界の憲法に」という遺言を残して二〇〇一年八月に逝かれました。わたしは、そんな山尾さんの遺志を継ぐ決意しましたが、しかし、その後の十一年の世界の主たる動向は、山尾さんの遺志とは反対の方向に向かっています。けれども、わたしはあきらめてはおりません。たとえ、ドン・キホーテのようであっても、そのような方向に繰り返し向かおうとする飽くことなき努力を重ねたいと思っています。どこまで、何ができるか、わかりませんが、そう決意しています。

二〇一二年十月一日

鎌田東二拝

第八八信

伊勢神宮の内宮にて

鎌田東二ことTonyさんへ

● 伊勢神宮
● 古事記ワンダーランド

Tonyさん、今日は小倉でお会いできて嬉しかったです。本日開催された第一回「ミャンマー・日本仏教交流委員会」の会議に参加するため、わざわざ京都からお越し下さり、誠にありがとうございました。Tonyさんと同じく同委員会の委員である井上ウィマラさんも来て下さいました。ウィマラさんは高野山大学准教授であり、スピリチュアル・ケア学の第一人者です。わたしはウィマラさんの書かれた『人生で大切な五つの仕事』（法蔵館）を読ませていただきましたが、深く考えさせられ、とても勉強になりました。グリーフケア・サポートに従事するスタッフにも推薦しています。

小倉駅に降り立ったTonyさんとウィマラさんをマイクロバスで門司の和布刈神社にお連れし、それから世界平和パゴダにお連れしました。Tonyさんが吹く法螺貝の音が上座部仏教の寺院に響きわたったときは魂が揺さぶられるような感動を覚えました。ミャンマーから世界平和パゴダに派遣されたウ・ウィマラ長老とウ・ケミンダラ僧に五戒を授けられたことも良き思い出になりました。

わたしは、「平和」を願う道として神道も仏教も同じであると心から思いました。さらに付け加えるなら、「礼」という究極の平和思想を唱える儒教も同じです。神道・仏教・儒教こそは、日本人の「こころ」の三本柱です。そんなことを上座部仏教の聖地で考えました。

さて、聖地といえば、十月の終わりに、わたしは日本最大の聖地を訪れました。そう、伊勢神宮です。サンレー北陸本部の社員旅行に合流したのですが、外宮と内宮をみんなで参拝し、社会の平和と会社の繁栄を祈念いたしました。

伊勢神宮といえば日本を代表する神社ですが、来年は二〇年に一度の式年遷宮が行われるということで大きな注目を浴びています。式年遷宮に際して、建て替えられる社殿は、じつに六五棟。装束や神宝類もすべて一新されるため、その費用は前回（一九九三年）で約三二七億円にものぼりました。今回は、なんと約五五〇億円かかるとされています。さすがは日本最大の神社だけあって、スケールが大きいですね。

それにしても、ずいぶん久方ぶりの参拝でした。最初に伊勢神宮を訪れたのは、一九九〇年の十二月でした。わたしは伊勢市で講演をしたのですが、市長や市議会議長のはからいで普通は絶対に入れない最奥部まで入れていただき公式参拝させていただきました。その後、わたしは宇治山田駅でＴｏｎｙさんと合流し、さらには柿坂神酒之祐宮司にお会いして、そのまま天河大辨財天社に向かったのでありました。

久しぶりの伊勢神宮には多くの参拝客がいました。かつて神宮に参拝したイギリスの歴史家アーノルド・トインビーは、「この聖地において、わたくしは、すべての宗教の根底に潜む統一性を見出す」と述べましたが、わたしもトインビーと同じ感動を味わいました。

やはり伊勢神宮を参拝して感動した有名なイギリス人がいます。ジョン・レノンです。彼の名曲「イマジン」がイギリスの葬式での使用を禁止されているとのニュースが最近流れました。冒頭の「天国なんてありゃしないと、想像してごらん」という歌詞が、葬式には不適切だと判断されたというのです。欧米のキリスト教保守派層から、神を否定して、冒涜する歌として強く反撥されているとか。わたしは、おそらくジョン・レノンは神道的な感性を持っていたのではないかと思います。天国とは雲の上の場所などではなく、山や、森や、川や、海という現世のすべてこそが天国であるという神道的メッセージを彼の歌詞から感じてしまうのです。

いま、神社が見直されていますね。とくに若い人たちの間で、「パワースポット」として熱い注目を浴びています。いわゆる生命エネルギーを与えてくれる「聖地」とされる場所ですね。そして、伊勢神宮こそは日本最大のパワースポットとされています。なんといっても日本人のアイデンティティの根拠は、神話と歴史がつながっていることです。神話により日本人は、現在の天皇家の祖先が天を支配する天照大神につながることを知っています。天照大神はいまも伊勢神宮に祀られており、その子孫が皇室です。このように神話時代が現在まで続いているのは日本だけであり、そこに日本文化の最大の特色があります。

その日本神話は『古事記』として集成されました。和銅五年（七一二年）に太安万侶を撰録者として成立したとされます。ということは、今年は、『古事記』一三〇〇年の記念すべき年ということになりますね。そのため、今年は『古事記』についてのさまざまなイベントが開催され、また関連書籍もたくさん出版されています。その中でも、特筆すべきなのがＴｏｎｙさんの書かれた『古事記ワンダーランド』（角川選書）です。ご送付いただいた同書を一気に読ませていただきました。このレターでも何度か言及されていますが、Ｔｏｎｙさんは「神話と儀礼は人類にとって必要不可欠である」という持論を持たれていますよね。その思想には、わたしも深く共感しております。神話が人類にとって必要なものならば、日本神話の集大成である『古事記』は日本人にとって必要なものです。『古事記ワンダーランド』では、その日本人に必要な『古事記』の本質と意味について縦横無尽に書かれており、夢中になって読了いたしました。

Ｔｏｎｙさんが初めて『古事記』に出合ったのは小学校五年生の時だとか。小学校の図書館に置かれていた口語訳の『古事記』を読んだとき、突き抜けたような感覚、至福感が起こったのですね。そしてＴｏｎｙ少年は『古事記』に書かれている内容を「これは真実だ！」と直観し、我を忘れてしまうほど感激しました。少年は、神話が持つ命、エネルギーに触れることによって、自分自身は渦の中に巻き込まれ、感動の頂点に達してしまったのでした。一種の神秘体験であろうと思います。

少年時代にそのような神秘体験をしてしまったＴｏｎｙさんは、次のように述べます。「神話とは、壊れるものではない。簡単に壊れてしまった原子力発電所の『安全神話』なるものは、その意味で、神話の名に値しない。それは幻想であり、イデオロギーであり、詐術であった。イデオロギーは壊れ、変化する。しかし、神話は壊れることなく伝承されてきた。人類史を貫く根源的な感性や想像力のＤＮＡが神話であり、それはいわばＡＴＧＣのような塩基記号で書かれている原形的な表象である」。

そう、神話が壊れるときは人間が壊れるときであり、人類消滅のときは神話が壊れます。そして、『古事記』に書かれている日本神話が壊れるときは日本人が消滅するときでしょう。

Ｔｏｎｙさんは、「歌物語」としての『古事記』に注目します。確かに、『古事記』の中には多くの歌が登場します。命を言祝ぐ歌、愛しき人を恋い慕う歌、魂を鎮める歌……じつに一一二首の歌が『古事記』には収められています。

Ｔｏｎｙさんは、これらの歌に改めて光を当て、『古事記』を歌謡劇として読み解きます。すると、神々の息吹《スピリット》が甦ってくるのでした。一一二首の歌は、古代の日本人たちによって繰り返し歌われ、語られつつ、口承されてきたものがベースになっています。Ｔｏｎｙさんは、「元の伝承は、神聖な雰囲気の儀礼的な場や、にぎにぎしい饗宴の席などで歌われ、朗詠され、唱えられたものであろう。その際には、舞も舞われたことだろう。私はそのような『歌物語』をその神髄として持つ『古事記』を、『新世紀エヴァンゲリオン（新世紀の福音の書）』ならぬ『新世紀神話詩』、ないし『新世紀叙事詩』であると位置づけたい」と述べています。

『古事記ワンダーランド』を読んで、わたしが最も興味深く感じたのは、Ｔｏｎｙさんが『古事記』を「グリーフケア」の書だととらえていることでした。Ｔｏｎｙさんによれば、『古事記』には「女あるいは母の嘆きと哀切」があります。女あるいは母といえば、三人の女神の名前が浮かびます。第一に、イザナギノミコト。第二に、コノハナノサクヤビメ。そして第三に、トヨタマビメ。『古事記』は、物語ることによって、これらの女神たちの痛みと悲しみを癒す「鎮魂譜」や「グリーフケア」となっているというのです。

最もグリーフケアの力を発揮するものこそ、歌です。歌は、自分の心を浄化し、鎮めるばかりでなく、相手の心をも揺り動かします。歌によって心が開き、身体も開き、そして「むすび」が訪れます。『古事記』には、あまりにも有名な「むすび」の場面があります。天の岩屋戸に隠れていた太陽神アマテラスが岩屋戸を開く場面です。

アメノウズメのストリップ・ダンスによって、神々の大きな笑いが起こり、洞窟の中に閉じ籠っていたアマテラスは「わたしがいないのに、どうしてみんなはこんなに楽しそうに笑っているのか？」と疑問に思い、ついに岩屋戸を開いてしまうのです。『古事記』は、その神々の「笑い」を「咲ひ」

と表記しています。この点に注目するTonyさんは、次のように述べます。「神々の『笑い』とは、花が咲くような『咲ひ』であったのだ。それこそが〈生命の春＝張る＝膨る〉をもたらすムスビの力そのものである。この祭りを『むすび』の力の発言・発動と言わずして、何と言おうか」。

ところで、わが社の社名は「サンレー」といいます。これには、「ＳＵＮ ＲＡＹ（太陽の光）」そして「産霊《むすび》」の意味がともにあります。最近、わが社は葬儀後の遺族の方々の悲しみを軽くするグリーフケアのサポートに力を注いでいるのですが、『古事記ワンダーランド』を読んで、それが必然であることに気づきました。なぜなら、グリーフケアとは、闇に光を射すことです。洞窟に閉じ籠っている人を明るい世界へ戻すことです。そして、それが「むすび」につながるのです。わたしは、「ＳＵＮ ＲＡＹ（太陽の光）」と「産霊《むすび》」がグリーフケアを介することによって見事につながることに非常に驚くとともに安心しました。Ｔｏｎｙさん、まさにわたしのために書かれたような素敵な本をお送り下さり、誠にありがとうございました。

二〇一二年十一月一日

一条真也拝

一条真也ことＳｈｉｎさんへ

拙著への熱いコメントありがとうございます。加えて昨日は、門司の「世界平和パゴダ」をご案内くださり、まことにありがとうございました。とても気のよいところに、ミャンマー（ビルマ）の、世界に一つしかないというビルマ仏教僧のいる「世界平和パゴダ」が建っているのですね。大変ありがたくもうれしい貴重な体験でした。

関門海峡を見下ろす位置にある山頂の「世界平和パゴダ」の麓にある、関門海峡の門司側の突端に立っている延喜式内社の和布刈神社もじつにすばらしいですね。以前、Ｓｈｉｎさんに案内してもらって、和布刈神社と株式会社サンレーの神社・皇産霊神社を参拝したことを思い出しました。

和布刈神社では、毎年大晦日の夜の虎の刻（午前四時）に海中に入ってワカメを採ってご神前にお供えする和布刈神事が行われてきました。とても、美しく由緒のある聖地であり神社です。

この和布刈神社の近くに皇産霊神社があり、その近くにある大山祇神社は、全国の水天宮の本宮で、安徳天皇とその母の建礼門院（平清盛の娘・平徳子）その安徳天皇の外祖母の二位の尼（平清盛の妻・平時子）を祭神としてお祀りしているそうですね。今、ＮＨＫ大河ドラマで「平清盛」をやっていますが、まもなくこの壇ノ浦での源平の合戦の結末が放送されることでしょう。この大山祇神社のあたりは、玄界灘から打ち寄せる波の加減で、平家の武士の死骸や落武者が流れ着き、「河童」になったとかと伝えられているそうです。

関門海峡を背にした一条真也・鎌田東二・井上ウィマラ

さて、この「世界平和パゴダ」の支援と運営と方向性や今後の活動計画をめぐって、第一回ミャンマー・日本仏教交流委員会（会議中に名称が「日緬仏教文化交流協会（略称：日緬協）」に改称決定）が開催されることになりました。そこで、委員全員が揃って、ミャンマー仏教界と大使館から派遣されたお坊さんと面会し、一同、パゴダ内で礼拝し、一緒に帰命文を唱えて交流し、その後、委員会の会議を開くことになったのでした。

ミャンマーから派遣されてまだ二ヶ月ほどのお坊さまがたは、特に年長の宗教学者でもあるウィマラさん（委員の井上ウィマラ高野山大学文学部准教授とは別人）には、この日の寒さは身にこたえるようで、外に出て風が吹くと首をすくめていましたね。

それにしても、井上ウィマラさんがここの「世界平和パゴダ」のお寺で出家修行して、ミャンマーに行ってさらに修行を積んだという事実も驚きでした。前から、ご本人から話を聞いてはいたのですが、改めて今ここのこの場所でという事実を目の当たりにして、ご縁の不思議さと人生の面白さに魅了されます。会議では大変有益ないろいろな議論や提案が出て、今後がとても期待できるのと思いました。また、二時間の会議終了後、一時間近くも新聞記者のみなさんと質疑応答しました。西日本新聞社、毎日新聞社、読売新聞社の三社の記者の方々が取材に来てくれましたが、どのように報道されるかも含めて見守っていきたいと思いますので、今後ともよろしくお願いいたします。

十月、十一月は、大忙しです。十月二十日には、久高中学校と西賀茂中学校と和知中学校の三校の「地元文化自慢交流授業」の催しを行ないました。催しは大成功で、生徒の心にも深いインパクトが残ったと思います。

それが終わって、奈良県大和郡山市が『古事記』編纂一三〇〇年を記念して、稗田阿礼の生誕地という伝承を持つ大和郡山市で全一〇回の「当世語り部口座」を企画し、その第九回目の「語り部＝講師」として招待され、十月二十九日に、「MY面白古事記伝」という題で、やまと郡山城ホール（奈良県大和郡山市北郡山町二一一―三）で講演したのでした。会場は大和郡山城の真ん前のホールで、三〇〇人の席が満杯でした。

そして、その企画の総集編とも締め括りともいえる催しを、この十一月二十三日・二十四日に同会場大ホールで行うのです。題して、「古事記と宇宙」！

たぶん、『古事記』と天文学と宇宙工学を結びつけた初めての試みとなるでしょう。折しも、わたしは、Ｓｈｉｎさんが今回のレターで丁寧にコメントしてくれましたように、先週、十月二十五日に、新著『古事記ワンダーランド』（角川選書、角川学芸出版）を上梓したばかりでした。そこで、ちょうどタイミングよく、そこで展開した話も交えて、法螺吹き「口座」を務めた次第です。

わたしは、この本『古事記ワンダーランド』の中で、『古事記』をイザナミノミコトの負の感情の鎮めに発するグリーフ・ケアとスピリチュアル・ケアの歌謡劇と捉え、そのキー・キャラクターとなるスサノヲノミコトに始まる出雲神話を軸として論を展開しました。

『古事記』については、稗田阿礼に成り切って口語訳した『超訳古事記』（ミシマ社）に続くＭＹ古事記シリーズ第二弾となります。この本を十月中に出版するために、わたしは、この夏、久しぶりに『古事記』に没頭しました。この一五年ほど、『日本書紀』が面白くなっていたのですが、今回の本の執筆のおかげで、ふたたびわが古事記熱がぶり返してきて、とっくに、四〇度を超え、今では八〇度くらいに高まり、湯気が出ているんじゃないかとわが頭を心配しています。

という次第で、『古事記』については、まだまだ書き足りない、語り足りないという感じです。この本は、この五月から七月にかけて、ＮＰＯ法人東京自由大学で三回にわたって話したことを元にして加筆修正したものですが、『古事記』は、超おもろい。そして、やっぱり、超変です。不思議な本です、まったく。謎は謎を呼び、ますます『不思議の国のアリス』のように、「古事記ワンダーランド」の穴に落ち込んでしまったわたしです。

そんな、『古事記』熱にうなされている真っ最中に、第三〇回比較文明学会学術大会と第八回地球システム・倫理学会の合同学術大会が、京都大学稲盛財団記念館で行われます。わたしは今月を乗り切るのが、今年の活動の山場となります。一つひとつ丁寧に務めさせていただく所存でございます。
次の満月には、これらの諸活動を乗り切って、気持ちよくお返事できることを心より願っておりますが、今のアメリカ合衆国も中華人民共和国もいろいろと激動しているさ中です。ミャンマーも、韓国も、激動しています。そんな激烈激動期を、Ｓｈｉｎさんともども、「世界平和」に向けて、あの手この手を打ち続けていきたいと思っています。何しろ、ホラ吹きバク転神道ソングライター・神仏諸宗フリーラン神主なものですから。というわけで、今後ともよろしくお願い申し上げます。

二〇一二年十一月二日

鎌田東二拝

第八九信

●ダライ・ラマ一四世

●如来力

鎌田東二ことＴｏｎｙさんへ

姫路から東京へ向かう新幹線ひかりの車中で、このレターを書き始めています。十一月二十七日、姫路で冠婚葬祭互助会の全国団体である全日本冠婚葬祭互助協会（全互協）の事業継承セミナーが開催されました。わたしは同協会の理事で事業継承委員長ですので、セミナーの責任者として参加しました。セミナー後は懇親会、二次会、三次会、四次会（なんだか四次元みたいですね）で業界の仲間としこたま酒を飲みました。二日酔いの頭を抱えながら、このレターを書いている次第です。

ところで、先日はＴｏｎｙさんに東京でお会いできて嬉しかったです。今月六日、七日の両日、ホテルオークラ東京において「ダライ・ラマ法王と科学者との対話〜日本からの発信」が開催されました。わたしたちは、そのイベントに参加し、聴講しました。

イベントの趣旨は、パンフレットによれば以下の通りです。「宇宙や生命のより深い理解のために、世界の諸問題の解決のために、チベット仏教の最高指導者でノーベル平和賞受賞者のダライ・ラマ法王一四世と日本を代表する科学者たちが共に互いの境界線を越え交わることで、今までにない新たな科学の創造の可能性に挑む」。

一日目はダライ・ラマ一四世のオープニング・スピーチに続いて、セッション一「遺伝子・科学／技術と仏教」には村上和雄氏（筑波大学名誉教授・農学博士）、志村忠夫氏（静岡理工科大学教授・工学博士）が、セッション二「物理科学・宇宙と仏教」には佐治晴夫氏（鈴鹿短期大学学長・理学博士）、横山順一（東京大学大学院教授・理学博士）、米沢富美子氏（慶應義塾大学名誉教授・理学博士）が、二日目のセッション三「生命科学・医学と仏教」には柳沢正史氏（筑波大学―テキサス大学教授・医学博士）、矢作直樹氏（東京大学大学院教授・医学博士）、河合徳枝氏（早稲田大学研究院客員教授・医学博士）、そしてクロージング・セッションとなるセッション四「新たな科学の創造への挑戦〜日本からの発信〜」には全出演者が登場しました。

日本を代表する科学者たちがダライ・ラマ一四世と総括的対話を行った後で、最後はダライ・ラマ一四世からのスピーチでイベントは盛会のうちに幕を閉じました。なお、すべてのセッションを通じてモデレーターは、ジャーナリストで元「朝日ジャーナル」編集長の下村満子氏でした。非常に刺激的なイベントで、四つのセッションが開かれているあいだ、わたしは必死になってメモを取っていました。特に、わたしに今回のイベントへの参加を誘って下さった矢作直樹氏による霊性の領域に踏み込んだ勇気ある発言には感動しました。また、それに対するダライ・ラマ一四世の言葉も世界最高の宗教家としての深い見識に満ちたものでした。

ところで、法王様はわたしと二度も握手して下さり、大変感激しました。いやあ、良い思い出になりましたね。わたしは、もともと「現代の聖人」としてのダライ・ラマ一四世を深くリスペクトしており、その著書はほとんど読んでいます。また、二〇〇八年十一月四日に北九州市で開催された講演会にも参加しました。それは福岡県仏教連合会が主催するイベントでしたが、わが社はパンフレットの広告などで協力させていただきました。わたしは、多くの僧侶たちと一緒に「現代の聖人」の話を聴きました。

ダライ・ラマは、これまで世界各地の行なってきた講演と同様に、「思いやり」というものの重要性を力説していました。そして、人を思いやることが自分の幸せにつながっているのだと強調したうえで、「消えることのない幸せと喜びは、すべて思いやりから生まれます。思いやりがあればこそ良心も生まれます。良心があれば、他の人を助けたいという気持ちで行動できます。他のすべての人に優しさを示し、愛情を示し、誠実さを示し、真実と正義を示すことで、私たちは確実に自分の幸せを築いていけるのです」と述べました。

二〇一一年十月二十九日、ダライ・ラマ一四世は日本を訪れました。高野山大学創立一二五周年の記念講演を行うため、そして東日本大震災の被災地で犠牲者の慰霊と法話を行うためです。ダライ・ラマ一四世は、仏教には特に「科学」に非常に近い性質があるとして、著書『傷ついた日本人へ』（新潮新書）において次のように述べています。

「仏教も科学も、この世界の真理に少しでも迫りたい、人間とはなにかを知りたい、そういった共通の目標を持っています。たとえば、宇宙はどうして生まれたのか、意識はどのようなものか、生命とはなにか、時間はどのように流れているのかなど、仏教と科学には共通したテーマがとても多いのです。しかも、それらは現代の科学をもってしても、解き明かされてはいません。概念を疑ったり、論理的に検証したり、法則を導き出したりする姿勢も、仏教と科学は驚くほどよく似ています。科学はそれを数式や実験でもってアプローチし、われわれ仏教は精神や修行でもって説く。用いる道具は違いますが、目指している方向は同じなのです」。

仏教と科学は同じ夢を見ている、というわけですね。仏教とは「法」を求める教えと言えるでしょうが、これは宇宙の「法則」にも通じます。わたしは、かつて『法則の法則』（三五館）に、仏教も科学も「法則」を追求する点で共通していると書きました。同書では、「幸せになる法則」についても考察しました。そこで行き着いたものこそ、仏教の「足るを知る」という考え方でした。けっして、キリスト教の「求めよ、さらば与えられん」ではないのです。

仏教は、キリスト教やイスラム教と並んで「世界の三大宗教」とされています。しかし、宗教としては非常にユニークな思想体系を仏教は持っています。キリスト教やイスラム教をはじめとして多くの宗教は、あらゆる事象を「神の意志」として解釈します。ニュートンが木からリンゴが落ちるのを見て「万有引力の法則」を発見するのみ、ガンで死ぬのも、宝くじが当選するのも、すべて「神の思し召し」によるものなのです。しかし、仏教は違います。すべては「縁起」によるものなのです。それは、何らかの原因による結果の一つにすぎません。まさにこの点が、仏教が宗教よりも哲学であり、さらには科学に近いとされるゆえんなのでしょう。

実際に、仏教と現代物理学の共通性を指摘する人がたくさんいます。「極微」という最少物質の大きさは素粒子にほぼ等しいとされています。それ以下の単位は「空」しかありません。ですから、「空」をエネルギーととらえると、もう物理学そのものと言えます。仏教でもっとも有名な経典である「般若心経」には、「色即是空、空即是色」という文句が出てきます。「色」を「モノ」、「空」を「コト」と読み替えてみれば、すべてのものは単独では存在できず、森羅万象はつながっていることがわかります。現代物理学の到達点は、宇宙の本質がモノではなくコトであることを示しましたが、それははるか二五〇〇年前にブッダが人類に与えたメッセージでもあったのでしょう。

仏教は、宗教と科学との接点に位置するものかもしれません。「ダライ・ラマ法王と科学者の対話」を聴いて、そのことを再確認しました。この貴重なイベントに誘って下さった矢作直樹氏に御礼のメールをお送りしたところ、次のような言葉が返ってきました。「真理を富士山に例えると、科学は近くがよく見える眼鏡をかけて足元をしっかり見ながら登山をするようなもので、とうていこの方法だけではいつまでたっても真理などわかるはずもないということを理解しないといけないといつも思っています」。

さて話は変わりますが、「ダライ・ラマ法王と科学者の対話」の前日、佐久間会長とともに横浜で山下泰裕氏にお会いしました。山下氏といえば、言わずと知れた「史上最強の柔道家」です。一九八四年のロサンゼルス五輪で無差別級の金メダルに輝いたのみならず、引退から逆算して二〇三連勝、また外国人選手には生涯無敗という大記録を打ち立てました。八五年に引退されましたが、偉大な業績に対して国民栄誉賞も受賞されています。引退後は、全日本柔道チームの監督・コーチとして、野村忠宏、古賀稔彦、井上康生、篠原信一といった名選手を指導されました。まさに「柔道の申し子」のような方です。

山下氏は、「NPO法人柔道教育ソリダリティー」の代表として、柔道を通じた国際交流を推進しておられます。特にミャンマーとの国際交流に情熱を燃やしておられ、その関係で「日緬仏教文化交流協会」（日緬協）の代表である佐久間会長と会談の席が設けられたわけです。

ミャンマーの件についても大いに意見交換させていただきましたが、わたしは柔道の話をたっぷりさせていただいたことが何よりの至福の時間となりました。わたしの「一条真也」というペンネームは、梶原一騎原作のテレビドラマ「柔道一直線」の主人公「一条直也」にちなんだものです。そのことを山下氏にお伝えすると、とても驚かれ、それから嬉しそうな笑顔を見せて下さいました。

佐久間会長は高校、大学と通じて柔道の猛者でした。柔道の本場・講道館で修業し、神様・三船久蔵先生を尊敬していました。大学卒業後、事業を起こしてからも「天動塾」という町道場を開いて、子供たちに柔道を教えていました。わたし自身もそこで柔道を学んだのです。ですから、物心ついたときから柔道に親しみ、高校時代に二段を取得しました。大学時代に四段だった佐久間会長は、現在は七段教士です。父子で柔道に親しんできました。

日毎に寒さが増しています。どうか、風邪など引かれませんよう、御自愛下さい。次回は今年最後の満月になりますね。それでは、また。オルボワール！

二〇一二年十一月二十八日

一条真也拝

一条真也ことＳｈｉｎさんへ

今日から、師走、極月、十二月となりました。Ｓｈｉｎさんが姫路から東京に向かう新幹線ひかりの中でムーンサルトレターを書き始めたのに対して、わたしは今、小田原から小田急電車の特急はこねに乗って新宿に向かっています。これから、モンゴル国籍のモンゴル・日本近代の研究者の国立オーストラリア大学教授の歴史学者ナランゴアさんと会って、お話しすることになっています。モンゴルはチベット仏教の信仰圏で、ダライ・ラマに対する篤い尊崇の念を持っています。

今宵は、十七夜でしょうか、相模の国と武蔵の国の境をなす相模川を越えたところで、お月様が登ってくるのを見、急ぎ、早くムーンサルトレターの返信を書かなければと焦り、パソコンを取り出し、キーを叩き始めました。

昨日、神奈川県足柄郡の大雄山のビジネスホテルに泊まり、「足柄アート・フェスティバル」のプログラムの一つ、「金太郎リバイバル」のスピーカー&シンガーとして、トーク&ライブに出演しました。一時間、わたしを招待してくれた横浜国立大学教授の美学者・室井尚さんと「金太郎リバイバル」をテーマにトークをし、その後すぐ、久しぶりで観客を前に三〇分間神道ソングを歌いました。法螺貝・石笛・横笛のわが三種の神器の後に、「神ながらたまちはへませ」、「約束」「弁才天讃歌」「時代」の四曲を。目の覚めるような緑のフンドシ一丁になって「フンドシ族ロック」を歌いたかったのですが、風邪の治りかけでもあり、室井さんも無理をしなくていいよという感じで止めてくれたので(本当は緑のフンドシ姿を見たくなかった⁉)、今回はお言葉に甘えて遠慮して、中島みゆきの「時代」に負けない名曲「鎌田東二の『時代』」を締めの曲としました。

その昔、生命保険会社の第一生命の本社があったビルが売りに出され、ドリップ・インスタント・コーヒーの会社のブリックスが購入した大雄山近くの山の上の一二階建てくらいのビルの前の体育館をメイン会場にして、一市五町が「足柄アートフェスティバル」を一ヶ月にわたって行ったのです。そして、この土日が最終週末。明日が、ラスト・デーとなります。

去年の八月、熱い夏の盛りに、室井尚さんが横浜トリエンナーレで、ハーバード大学教授のアーティストのヴォディチコを招待した「戦争とアート」のイベントを行ない、三日三晩、語り合い続け、最終日のレセプリョンで約二〇分、その時は最後にフンドシ一丁になって「フンドシ族ロック」を歌ったのですが、以来、二五年ほど途絶えていた室井さんとの交流が復活したわけです。室井さんは美学者として情報学や記号論やメディア・アートを取り上げてきた大変面白い人ですが、唐十郎を横浜国大に招いた仕掛け人でもあり、横浜トリエンナーレでも、椿昇（現在、京都造形芸術大学教授）の「バッタ」だったかの巨大オブジェをプロデュースした仕掛け人でもあります。

その室井さんと、昨夜一年四か月ぶりに再会し、今日の朝から、金太郎が産湯を使ったという生誕伝説の地の地蔵堂、夕陽の滝、足柄神社、大雄山最勝寺、寄神社などを巡り、トーク&ライブに臨みました。すると、昔懐かしい方々が数人聴きに来てくれていて、「時代」の移り行きを強く感じたこともあって、最後の締めの曲を「時代」としたのでした。

トークでは、山姥と金太郎の神話的原型は、『古事記』のイザナミノミコトと火の神・カグツチとスサノヲであるという仮説を提示しました。女神イザナミは山姥伝説の祖、真っ赤な火の神・カグツチと八俣大蛇を退治した怪力のスサノヲは怪力赤肌・金太郎の原像であると思うのです。神話的残響音が聴こえないと、これほど金太郎伝説が一般に膾炙することはなかったと思うのですね。

この間、わたしは、講演やシンポジウム漬けの日々でした。まず、十一月十六日から十八日まで行った、第三〇回比較文明学会＋第八回地球システム・倫理学会合同大会。ここでは、実行委員長を務めるとともに、全体テーマ「地球的危機と平安文明の創造」の下、地球システム・倫理学会の「言葉の危機と再発見」のシンポジウムでは「神話と歌にみる言霊思想」を、比較文明学会の「みやこと災害の文明論」では「持続千年首都・平安京の生態智」を、クロージング・シンポジウムの「古典と伝統知」ではコメンテーターを務めました。オープニングの神谷美保子さんと美剣会の剣舞「ちはやぶる」にも石笛・横笛奏者として協力したので、オープニングからクロージングまでフル回転でした。

そして、それが終わってまもなく、十一月二十三日に、奈良県大和郡山市と京都大学宇宙総合学研究ユニット共催の「古事記と宇宙」シンポジウムで基調講演。その二日後の十一月二十五日では、

「ワザとこころII～祇園祭から読み解く」シンポジウムの企画・運営・司会。と続き、そして、一昨日、世田谷パブリックシアターで行われた麿赤兒さんと笠井叡さんとのコラボ舞踏作品「ハヤサスラヒメ」の初日を見、そして昨日神奈川県大雄山に向かったのでした。

そんなこんなで、十一月は大わらわ、師走よりも忙しく、休む暇なく、緊張緩和をする余裕もないままに過ごしているうちに、ついうっかりと風邪を引いてしまったというわけです。そんなことで、十一月六日・七日とホテル・オークラで二日間にわたり、「ダライ・ラマと科学者との対話」に全プログラム参加したことも、遥か過去のような感じで十一月の日々を過ごしておりました。

「無常」です。そして、前の満月から今度の満月に。そしてその満月も欠け始め、と、休む間もなく転変し続ける、そんな日々の中で、東奔西走している緑男キリギリスです。でも、そんな旅芸人みたいな日々がいやじゃないんですよ、困ったことに。今日も金太郎の里で地元の方に借りたマーティンのギター片手に神道ソングを歌っていると、本当になんだかとっても自然な感じがして来て、ああ、自分はこんなキリギリス・スタイルが性に合っているのだなと心底納得してしまうのです。

さて、東京虎ノ門のホテル・オークラ平安の間で行われた「ダライ・ラマと科学者との対話」に、この催しの実行委員会委員を宗教哲学者・棚次正和・京都府立医科大学大学院医学研究科教授が務めている関係で招待を受け、二日間とも参加することができました。

ダライ・ラマ一四世法王は、オープニング・スピーチで、このような対話を西欧で三〇年ほど継続してきたが、それを継続し、かつ日本で行なう二つの目的を述べられました。それは、「人類の知識の範囲を広げること」と「こころが穏やかな状態を研究することによって人類の幸福を促進していくこと」の二つです。これは、わたしたちの研究会の文脈に引き付けて言えば、「身心変容技法」ないし「心のワザ学」としての仏教の普遍性や可能性を探究し実践していくということになります。ダ

ライ・ラマ法王は、用意されていたパンフレットの中に、
「仏教は相互依存の概念を掲げる唯一の宗教」、「相互依存の概念は、現代科学の基本概念と一致」、「仏教は、哲学・科学・宗教の主に三つの側面から考えることができる」、「宗教的な側面では原則や修行などを伴うため仏教徒に限られるが、相互依存を扱う仏教哲学、そしてこころや感情を扱う仏教科学は、大きな恩恵をもたらしてくれる」、「現代科学は身体や脳の微細な働きをはじめ、高度に洗練された物理的世界を解き明かしてきた」、「一方で仏教科学は、こころや感情をさまざまな面から詳細に理解することを第一に専心してきた。こころや感情は、現代科学において比較的まだ新しい分野である。ゆえに、現代科学と仏教科学は重要な知識を互いに補い合うことができるだろう。私（ダライ・ラマ一四世）は現代科学と仏教科学、それぞれのアプローチの統合が、身体・感情・社会のウェルビイングを増進するための発見に繋がると確信している」と記しています。

このような主張の根幹に、「空」の思想家ナーガールジュナ（龍樹）が開いた中観派の仏教哲学がしっかりと息づいていることを、感嘆の思いを持って感じとりました。そこには、たいへん深く、強く、あたたかい、仏教の芯（真・信）がありました。それがあの、ダライ・ラマ法王の、人を開放し明朗に謙虚にしてくれる「笑い」と臨機応変の智力になっていると思いました。そんな智と方便に支えられたダライ・ラマ法王の応答・リスポンスの当意即妙の見事さには、真底、感服させられました。

各セッションでは、遺伝学（生命科学）、量子力学（物理学）、ゆらぎ（宇宙物理学・天文学）、神経科学、医療、脳科学（認知科学）の領域の専門家からの発表にダライ・ラマ法王がリスポンスしながら、議論するもので、どれも大変興味深いものでしたが、特に、「あいまいさの科学」を発表された米沢富美子・慶應義塾大学・名誉教授・理学博士「『あいまいさの科学』と人間――『科学の限界』ではなく『真理の姿』」に興味を持ちました。

米沢さんは、「あいまいさ」を、
①両義性（ambivalence）
②多値性（multi-value）
③漠然性（vagueness）
④蓋然性（probability）
⑤予測不能性（unpredictability）
⑥不確定性（uncertainty）
⑦多様性（diversity）
⑧不可知性（impossibility of knowing）
という観点から分類して、科学的知のありようについて特徴付けと反省的評価を加えましたが、科学の持つ面白さと制約と可能性と人間の立ち位置についての多くの示唆を与えてくれたと思います。

米沢さんは、「もしも改めることができるなら、憂うべきことなどいったい何があるのか。もしも改めることができないなら、憂うべきことなどがいったい何の役に立つのか」というダライ・ラマの言葉を紹介してくれましたが、こんな「覚悟」を以って日々を生きられたらどれほど「省エネ」になるでしょうか！

わたしは、三五歳の頃、寝入りばなに脳内爆発が起こり、以後四〇日間、一睡もできなくなって、気が狂いそうになりました。そんな経験を持つわたしには、筑波大学&ミシガン教授の柳沢正史さんの「睡眠の謎」も大変興味深いものでした。わたしの場合、覚醒物質のオレキシンが過剰になったのではなく、入眠へのスイッチングサーキットが「焼き切れてしまった」と推測しています。この「焼き切れて」しまって、入眠する体のコツを完全に忘れてしまったというか、再起動できない状態になってしまったのです。その状態は本当に大変で、よくまあ、生き延びることができたものだと今でもよく思います。そこからの回復法は、朝日と富士山と虹でしたが、それもまたよくまあこんなことが起こるのかというほどのありえないような自然体験でした。それを、わが敬愛する精神科医の加藤清先生は後年、「カマタクン、それはな、ディープ・エコロジカル・エンカウンターやで」と言ってくれました。クロージング・セッションで、ダライ・ラマ法王は、「本当の意味の世界平和は、内的な平和を作らなければ達成できない。それには分析的な瞑想をすること」、「本当の幸福は、心の修練によって生まれる」、「お説教や祈りよりも行動」、「他者を思いやる」、「人間の責任」と説かれましたが、その一つひとつの言葉がズシリと心に重く強く響いてきました。

実は、わたしは、二〇年ほど前に、ダライ・ラマ法王来日歓迎実行委員会の委員を務めたことがあります。ドキュメンタリー映画『地球交響曲《ガイア・シンフォニー》』の監督である龍村仁さんに誘われたのです。今回、龍村仁さんとは、シンポジウムの二日目にお会いしました。その際に初めてダライ・ラマ法王に接しましたが、凄い方だと思いました。

「心の練り方」が半端でなく、よくできている方だと。元々の素質や素養や教育もあるでしょうが、同時に、普段の修練・瞑想の維持が、あの笑顔と活力と透明と邪気なき臨機応変を生み出しているのだと強く感じました。そしてそれは、ナーガールジュナ（龍樹）の中観派、すなわち空の哲学の学統に深く根ざすものであるということを今回、再認識させられました。ダライ・ラマ法王のあの「笑い声」は、それ自体が「真言」ですね。「如来力」そのものだと思いました。

ところで、Ｓｈｉｎさんは幼少期より父上から「柔道」を学ばれましたが、わたしは物心ついた頃から、父と祖父より「剣道」を仕込まれました。父は三段、祖父は六段錬士でした。わが家には三つほどの防具の他、面打ちできる大人の等身大の木製人形が据え置かれていたので、時間があるとそれに向かって面打ちをしたり、抜き胴の練習をしたりしました。そしてよく裏山に入って、鞍馬山の山中で天狗に教わったという源義経を思い浮かべながら、独りエイヤッっと、木刀の素振りの稽古などもしました。私は子供の頃より、「武者修行」というものにあこがれていたノーテンキな子供でした。

長じて、密教やシャーマニズムや神話などに関心を持ち、今も「身心変容技法研究会」などを組織しているのも、「オニを見た」とか『古事記』を読んだとかという以外に、そのような子供の頃の「修行」や「稽古」の経験が強く影響していると思っています。子供の頃のわたしの憧れは山城新吾扮するところの「風小僧」でしたから。トンビに攫われて山奥の仙人の下で「修行」を積み、自在に「風」を操り、「風」に乗ることのできる若殿が「風小僧」。その「風小僧」が小気味よく悪人を征伐するのでした。単純でしたねえ、じつに。

。最近、二冊の新刊を出しました。どちらも、NPO法人東京自由大学の「現代霊性学講座」で話をしたものをまとめたものです。『古事記ワンダーランド』（角川選書、角川学芸出版、二〇一二年十月）と井上ウィマラ＋藤田一照＋西川隆範＋鎌田東二『仏教は世界を救うか』（地湧社、二〇一二年十一月）。

Ｓｈｉｎさん、いよいよ今日から師走。『古事記』編纂一三〇〇年、『方丈記』著述八〇〇年、法然大遠忌八〇〇年、親鸞大遠忌七五〇年の二〇一二年も過ぎてゆきます。年の終わりで、これまで以上に忙しくされていることと思います。わたしも、十一月ほどの忙しさではありませんが、十二月も二回の「身心変容技法研究会」や「研究報告会」などいろいろと研究発表や討議の会が続き、休む間もない状況です。年末年始には昨年同様、出羽三山修験道の拠点羽黒山の「松例祭」に行こうと考えおります。どうか、御身大切に。くれぐれも父上によろしくお伝えください。

二〇一二年十二月一日

鎌田東二拝

第九〇信

● 台湾視察
● 東京ノーヴィ・レパートリーシアター

鎌田東二ことTonyさんへ

今年最後の満月が上りました。早いもので、あと三日で今年も終わりですね。わたしは、師走の慌しい中、台湾に行ってきました。四月の韓国に続く、東アジア冠婚葬祭業国際交流研究会のミッションです。十二月十二日の早朝、わたしは福岡空港から中華航空に乗って台北の松山空港に飛びました。ちょうど、北朝鮮が弾道ミサイルを発射したときであり、まさにわたしの飛行機とミサイルは至近距離で飛んでいたことを後から知り、ゾッとしました。

また、十三日に台湾の海岸線から、ガイドさんに案内されて尖閣諸島の方角を眺めました。すると、まさにその時に中国が尖閣の上空を領空侵犯していたのです。なんたる偶然！　なんだか、わたしの運命は東アジアに翻弄されているような感じです……。

それはともかく、ミッションの一行は、台湾政府内政部、台北市営斎場、龍山寺、中華民国殯葬礼儀協会、台湾大学附属病院、龍巌公司（白沙湾安楽園）などを視察し、大いなる収穫がありました。

内政部衛星局によれば、二〇一一年末の台湾における人口は二三四四万四九一二人でした。死亡者数は一五万二〇三〇人（日本は一二六・一万人）で、一九八一年の八六二〇四人と比較すると、この二〇〇年間でほぼ倍増しています。台湾の葬儀ですが、道教信仰が強いため、火葬や葬儀、埋葬や納骨の日にちは陰陽五行説によって決定されます。通常は死後二〜三週間以内に葬儀が行われますが、

白沙安楽園の真龍殿の前で

場合によっては半年〜一年ということもあるそうです。また、道教式では陰暦七月の葬儀は避けるそうですが、暑い時期なのに大変ですね。

仏教式には、このようなタブーはありません。しかし、死後八時間は遺体を動かさずに読経し続けなければなりません。そのため、これまで病院で亡くなる場合には、臨終が迫った病人に呼吸器をつけて家まで運ぶか、遺体となってからすぐに運ぶかの選択を迫られていました。でも最近では、病院側が多額の費用をかけて、死後に読経ができる往生室が設置されています。今回、実際に視察した国立の台湾大学病院の霊安室は二八〇坪もの広さがあり、往生室は仏教徒向けに八時間まで使用することができるということでした。

国立大学病院の地下に遺体を供養する部屋が設置されているということに、わたしは静かな感動をおぼえました。台湾大学病院の広いロビーでは、毎日、クラッシックのミニ・コンサートも開催されており、多くの患者さんたちが演奏に聴き入っていました。いろんな意味で、非常に進んだ素敵な病院でした。

それから、道教の代表的寺院である龍山寺を初めて訪れたのですが、人の多さに驚きました。イメージでいうと、日本の浅草の浅草寺に似ているでしょうか。ちょうど、絵馬の購入を目的とする人々が寺を取り囲んでいるのですが、場所取りに小さな椅子を置いていました。この光景を見て、わたしは台湾の人々の「現世利益」にかける情熱を見たような気がしました。

さて、今回のミッションで最もインパクトを受けたのは、「龍厳股份有限公司」の視察でした。一九九二年五月に設立された龍厳股份有限公司は、もともと電子部品の会社でしたが、将来性が見込める有望な新規事業として霊園事業に進出しました。霊園事業に続いて、葬祭事業にも進出。その際、日本の公開企業である冠婚葬祭互助会のサン・ライフメンバーズ（株）に指導を仰ぎました。台湾での葬祭事業は、ジャパニーズ・フューネラルとしての「日式葬儀」のブランドを打ち出します。

龍厳の墓苑は台湾国内に全部で六ヶ所あります。われわれが訪問した「白沙湾安楽園」の広さは、約二〇万坪。道教思想にもとづく「風水」によって設計されています。さらには、八年後に開業予定の「安藤忠雄世紀霊園」が約一五万坪です。日本を代表する建築家である安藤忠雄氏の設計による新時代の納骨施設で、もはや芸術作品そのものです。白沙湾安楽園の納骨ビル「真龍殿」には、各種のプレゼンテーション・ルームが設置され、骨壷、施設の説明、さらには「風水」思想についての解説まで行います。いずれも最新の映像技術を駆使して演出が凝らされており、まるで博覧会のパビリオンかテーマパークのアトラクションのようでした。

「真龍殿」内には、黄金の大仏が三体も納められている空間があります。向かって左から阿弥陀如来、釈迦如来、薬師如来ですが、大仏の大きさは五・五メートルで、台座を入れると九・九メートル。それぞれ純銅に金メッキが施されているそうです。龍厳の副総裁である藤林一郎氏によれば、この三体の大仏だけで総建設費の半分の価値があるとのこと。約一二〇億NTドル（約三三六億円）の総建設費の半分とは、約六〇億NTドル（約一六八億円）、つまり大仏一体で五六億円ということになります。ちょっと、凄すぎますね。最後に、「真龍殿」の一階には副葬品のコーナーが設置されていました。それには、アクセサリー、家電、自動車、家屋などの紙の模型とともに、紙幣の模型もありました。もっとも人気のあるのは、紙幣だそうです。

それにしても、土葬の平均価格が約二〇〇〇万NTドル（約五六〇〇万円）というから驚きます。ここまで土葬が高い背景には、台湾の人々が「土葬の方が（死者の）エネルギーが残る」と信じているからです。土葬に比べて、火葬ではエネルギーが残らないというのです。とはいえ、面積の狭い台湾国内には土葬の用地は限られている。台湾政府も火葬を奨励していますが、それでも人々は土葬を希望します。よって、土葬のスペースを確保できる龍厳のような巨大資本でないと儲からないというシステムになっているわけです。とにかく「真龍殿」の巨大さ、豪華さには圧倒されました。また、価格の高さにも仰天しました。墓にかける台湾人の思いを痛感した次第です。そして、その背景にある「風水」思想の奥深さに興味を抱きました。

話題は変わりますが、十二月二十五日のクリスマスの日、沖縄に新しい紫雲閣がオープンしました。クリスマス・イブの二十四日、わたしの乗ったANA機は那覇空港に降り立ちました。クリスマス寒波が各地に到来し、北九州では雪も降りましたが、沖縄は気温約二〇度で暖かかったです。二十五日、沖縄県名護市で「北部紫雲閣」の竣工式が開かれました。昨年四月には、嘉手納基地のすぐ近くに「中部紫雲閣」をオープンしました。今度の「北部紫雲閣」は、普天間基地の移転先とされた辺野古のすぐ近くです。ちなみに、わたしはセレモニーホールとは精神文化の拠点であり、究極の平和施設であると思っています。思い起こせば、普天間基地の移転問題から、民主党政権は迷走を始めました。新しい年の訪れを目前とし、日本と世界の平和を願わずにはおれません。

ところで、沖縄県名護市は「あけみおのまち」と呼ばれています。その意味について、名護市のHPには「あけみおとは、夜明けの美しい静かな入り江の青々とした水の流れの意」と書かれています。海のかなたのニライカナイから人々に豊穣をもたらす流れであり、海の外へと広がり行く水の流れでもあります。人々の幸せを願い、可能性に向かって突き進む名護市の進取の精神が込められているのです。そこで、わたしは本日の竣工式の施主挨拶の最後に次のような短歌を詠みました。

「あけみおのまちに生まれし幸せの紫の雲ニライカナイへ」

新セレモニーホールを幸福の楽園ニライカナイへの港にしたいと願っています。

今年は、会社と個人の両方で、多くの出来事がありました。高齢者介護事業に進出し、結婚式場の新規設備投資を再開し、一〇のセレモニーホールをオープンさせました。また、孔子文化賞を受賞させていただき、「世界平和パゴダ」の運営にも協力させていただくことになりました。Ｔｏｎｙさんにも、大変お世話になりました。このレターも、気づけば第九〇信！『満月交感』上下巻（水曜社）を上梓してから、さらに一冊分の文通を行ったわけです。いったい、このムーンサルトレター、いつまで続くのでしょうか？　ともかく、来年もよろしくお願いいたします。どうぞ、良いお年をお迎え下さい。オルボワール！

二〇一二年十二月二十八日
一条真也拝

一条真也ことＳｈｉｎさんへ
いつもながらのエネルギッシュな活動に敬意を表します。この一年、実に精力的に動きましたね。足も、手も、口も、頭も。すごい。
わたしの方はといえば、こちらも例年になく忙しかったです。特に、十一月に行なった第三〇回比較文明学会と第八回地球システム・倫理学会の合同学術大会を京都大学で行ない、その実行委員長を務めたので、その準備と実施で今年は明け暮れたという感じです。シンポジウムの開催などは、ＮＰＯ法人東京自由大学や、こころの未来研究センターなどでしょっちゅうやっているので、何ともありませんが、数百人の会員を擁する学会の年に一度の学術大会、それも、第三〇回という節目の学会と、合同大会という二重・三重の負荷がかかっていたので、いろいろと大変でした。

とはいえ、副実行委員長の小倉紀蔵京都大学教授を始め、小倉研やわたしの研究室や学生・院生が手伝ってくれたので、いろいろと不慣れや不備はあったとはいえ、無事有意義な形で盛況裡に終えることができました。ありがたいことです。

この一ヶ月の間にも、勤め先での研究報告会を始め、いろいろなシンポジウムや研究会や研修会が次々とあって、その日程をこなしていくだけでも、大変でした。風邪を引いて体調など悪くしようものなら、周りに迷惑をかけてしまうので、気を使いました。が、疲れからか、十二月十二日に、急に寒気がして胃が重くもたれ、発熱しました。一晩寝ると熱は下がったので、十二月十三日には、領国で行われた東京ノーヴイ・レパートリーシアター主催の国際シンポジウムに参加しました。テーマは、「この現代を、勇敢に大胆に生き抜くには……！」というものでした。

東京ノーヴイ・レパートリーシアターは、この時期、領国のシアターXで、ブレヒト作・アニシモフ演出の『コーカサスの白墨の輪』を公演しました。その三時間半にわたる公演を観てから、シンポジウムに臨みました。パネリストは、李哉尚《イジェサン》（演出家・劇作家・韓国）、井出勉（作家・日本ペンクラブ事務局長代理）、上田美佐子（シアターX芸術監督・演劇プロデューサー）、釋一祐（日蓮宗僧侶、大垣市寶光寺代表）、田口ランディ（作家）、レオニード・アニシモフ（演出家・東京ノーヴイ・レパートリーシアター芸術監督・ロシア功労芸術家・芸術学教授・全ロシアピョートル大帝科学芸術アカデミー会員・ロシア）、セルゲイ・ヤーチン（ウラジオストック工科大学教授・学部長・哲学者・ロシア）、そして鎌田東二と、司会の木村光則（毎日新聞社学芸部記者）という顔ぶれでした。

奇人変人倶楽部の設立同志であるアニシモフさんの呼びかけに応じて、体調不良の中で、苦しい思いを押して、シンポジウムに参加しましたが、参加して本当によかったと思いました。それは、何よりも、上演作がよかったことと、ブレヒトという作者・思想家に対する関心が芽生えたためでもあります。「人間らしく生きることは危険だ。それでも生きることを恐れるな」という言葉を、ブレヒトは発信したと言います。公演&国際シンポジウムの広報文には、〈人間の尊厳と、手に入れたものを失いたくないという葛藤。すべての人間の中にある残忍さ・子供と母親の問題・領地問題などなど、ブレヒトの提示する問題は今もかわりがありません。「演劇芸術の使命は、観る者の意識を変えることと」とアニシモフは言います。未来を力強く生きるために今、私たちが出来る事は⁉ それぞれの専門分野のお立場からの考え、智恵、体験などをお話し頂き、参加の皆様と共に「考える場」にしていきたいと思います〉とありました。

ヘルベルト・ブレヒトのことは、『三文オペラ』や『肝っ玉お母とその子供たち』の戯曲作者で、「異化効果」の演劇理論の提唱者というくらいの知識しかありませんでした。彼の戯曲は、しかし、今に至るも、何一つ読んだことはありません。そのどこが、どうよかったか？ それを、うまく言うことができません。この作品は喜劇的で寓話的だということでしたが、わたしには大変大変リアルでした。東京ノーヴィ・レパートリーシアターのホームページには、次のように案内が出ていました。「戦争の絶えないコーカサスを舞台に、誇り高くも無邪気な人々が大胆に生き抜く寓話劇。ヒットラーの政権下、亡命をよぎなくされた詩人・作家ブレヒトの痛烈な風刺が今を映し出す」。「領主が反乱軍に殺され、産まれたばかりの領主の子供が置き去りにされてしまった。宮殿の料理女グルシェは赤ん坊を見殺しに出来ず抱いて逃げる。子供の命を狙う兵士から逃れ、氷河を越え、苦難の末に自分の子として育てていく決意をする。やがて内乱が終わり、領主夫人が子供を連れ戻しにやって来た。産みの親と育ての親、どちらが真実の母親か⁉ かくして裁判は混乱の最中ひょんなことから裁判官にさせられたアツダクの手にゆだねられた」。

　復活祭の日曜の夜に反乱が起こり、領主は殺されます。そして、領主の子供の赤ちゃんミヘルは召使のグルシェが連れて逃走します。その逃走の苦難の中でグルシェはミヘルを捨てようとしますが、どうしても捨てることができず、故郷に連れて帰ります。そのグルシェの子供に対する愛のありようが経糸で、緯糸に、裁判官アツダクの裁判の様子が描かれます。この稀代のトリックスターの酔っぱらいのアツダクが不思議な直感と論理で、次々に裁いていって、その最後の裁判がグルシェと領主夫人の子供争奪裁判でした。アツダクは、子供のミヘルを白墨の輪の真ん中に立たせて、両側からグルシェと領主夫人に幼子の手を引っ張らせるのでした。そして、その結果は……。

　それは……観てのお楽しみ。でもありますが、予想された結末でもあり、どこが「異化効果」なのかはわかりませんでしたが、わたしはなぜか、『古事記』の「国譲り」のことを考えたりしていました。生存とは何か？　生存哲学というか、生存戦略というか、生き延びていくということは、いかなることなのか？　などと。

　あるいはまた、生存と、尖閣諸島や竹島などの「国境・領土問題」など、「所有」の問題を考えさせられました。そうした状況において、「国譲り」とは何であったのか？　とも。「国作り」をした国土所有を放棄することによって生き延び出雲大社に祀られることになる大国主神とは、いったい、何者なのか？　いかなる存在なのか？　そして、大国主神が発信しているメッセージとは何なのか？と。ブレヒトが、わたしの中の「出雲神話」を別のところから揺さぶったのです。これこそ、ブレヒトの言う「異化効果」だったかもしれません。日本の政治は、自民党政治に逆戻りしました。脱原発や卒原発も、一挙に「異化効果」ならぬ「無化効果」されつつあるように思います。未来は脱原発というか、廃原発しかないと思いますが、「所有」をめぐって、「子供」を両側から引っ張り合うような状況が生まれて、「領主夫人」の手に渡ったかのような現状です。

わたしにとっては、このようなこともあるかなと思うような展開でしたが、しかし、それによって、未来はますます混沌とし、「岩戸開き」もできないような状況に陥っていくと思わざるをえません。『古事記』編纂一三〇〇年の本年は、わたしにとって、本質的に「古事記ルネサンス」の一年でした。もちろん、日向と出雲と大和という、『古事記』ゆかりの地で行われた三つのシンポジウムや学会に引っ張り出されたこともそうでしたが、夏風邪に唸りながら『古事記ワンダーランド』（角川選書）をまとめたことが、もう一度、わたしのハートに「古事記熱」を発熱・発火してくれました。

おかげさまで、『古事記』の面白さに、深く、改めて、眼を開かれたのです。『古事記』は実に面白く不思議な文書です。稗田阿礼も太安万侶も実に謎の人物です。稗田阿礼は男性なのか女性なのかもよくわからないくらい、不思議な存在です。わたしはもちろん、平田篤胤や柳田國男や折口信夫や三谷栄一諸氏とともに、稗田阿礼女性説ですが。

もっとも不思議で面白いのは、怒涛の如き意表を突く出雲神話の展開です。苦労して「国作り」をした神があっさりと「国譲り」をするなんて、考えられないことではないでしょうか？　どうして？　なにゆえ？　出雲大社（杵築大社）と引き換えに、「幽《かくり》」世にお隠れになるという、大本の国祖隠退神話の原型のような、「大国主」という「国祖」の隠退物語。

NHK大河ドラマの「平清盛」のように、ガチンコ源平の合戦をやらなかったんですよ。そこでは。中世武士からすると、「国譲り」なんて、ありえない、誰もが思いつきもしない「奇策」ではないでしょうか？　外交政策としても、実に思慮の深い、考え抜かれた政策だったのかもしれません。「無血革命」の理想形？

とにかく、すごい「想定外」の大展開・大転換。こんなパラダイム・シフトを誰がどう考えたのか？『古事記』一三〇〇年の本年、わたしの頭脳はグズグズにさせられました。その『古事記』の問いがグルグルと頭と心と魂を駆け抜け、めぐり巡りつづけています。そして、そのグルグルを踏まえて、もう一冊『古事記』についての本が書きたくてウズウズしています。それほど、『古事記』の面白さと謎に魅かれ、痺れたのでした。それがわたしの本年の「古事記ルネサンス」でした。

この謎と問いは、年越し蕎麦くらいでは、区切りがつきません。年を越し、世紀を超えて、「脱原発」の問いとともに、さらにさらに発酵（発光）しそうです。ご家族のみなさまとともに、よいお年をお迎えください。来年も引き続き、よろしくお願いいたします。

二〇一二年十二月二十八日

鎌田東二拝

あとがき

わたしは表向きあるいは社会的には太陽暦で生きているが、しかしその裏ではあるいは精神的には太陰暦で生きている。

たとえば、神道には、昔から「月次祭」が毎月一日と十五日に執り行われてきたが、それは太陽暦で行なってもまったく意味がないと思う。なぜなら、毎月一日と十五日とは新月と満月の日で、その月の満ち欠けを通して、いのちのリズム、生と死、生きとし生けるものの循環とむすびの力を感得して来たからである。それを太陽暦で行なっても月齢はバラバラで新月と満月といういのちの循環の節目に該当するわけではない。だから、月次祭の実施は月齢の一日と十五日、つまり太陰暦で行なうべきであると思うのだ。

そんなことを、改めて感じるのは、満月の夜に「ムーンサルトレター」なるものを交換し始めて、十年の月日が経つからだ。よくぞまあ、十年も続いたとも思うが、あっという間で、先月始まったという感じもある。

「ムーンサルトレター」こと「満月文通」の交換相手の一条真也ことＳｈｉｎさんはレターの締め切りに一度も遅れたことがない。満月の夜にはきちんとレターが届く。だが、わたしはしばしば返信に遅れに遅れ、一週間遅れることもたまにある。しかし、Ｓｈｉｎさんは途切れることなく、月の満ち欠けのように、毎月必ず満月の夜にはレターが届く。これは凄いことである。いのちのリズムに叶って、そのリズムの刻み方を崩さずに発信し続けることができるとは。

一条真也こと佐久間庸和氏は冠婚葬祭業大手の株式会社サンレーの社長であるが、世界中の社長職にある人で、佐久間さんほどたくさんの本を出版した人はいないであろう。これまで優に八〇冊は刊行している。たとえ作家でもこれほどのハイペースで出版し続けることは不可能だ。それを激務の社長職をこなしながら二〇年以上途切れることなく出版し続けているのだから、本当に大したものである。脱帽である。敬服する。

その佐久間さんとは義兄弟の契りを結んだ深い中で、絶対の信頼を持っているが、しかし二人の考え方と生のスタンスは決定的なところで違いがある。佐久間さんは「人間尊重」を第一原理に据えている。だがわたしは「人間尊重」ではなく「自然畏怖」を第一原理に据えている。「自然畏怖」すなわちより具体的には鉱物・植物・動物に対する畏怖畏敬があって、その上に「人間尊重」が来る。だがその「人間尊重」も「人間失格」ではないが、「人間懺悔」があってのことだ。

このあたり、わたしはヒューマニストではない。もちろん、ニヒリストではないが、アナーキストに近いと思う。人間尊重も人間絶望もしないが、人間の卑小さと悪に気づかずにはいない。どうしても人間中心主義には違和感がある。驕りを感じる。

宮沢賢治は人類史的な罪を「慢」と見た。その「慢」の自覚があるからこそ、おのれを「修羅」と定位し、「デクノボーになりたい」と吐露し、しかし「菩薩」を目指しつづけた。宮沢賢治の信仰は、自家の浄土真宗、法華経、国柱会など大変複雑ではあるが、しかし、その中に一貫していのちの平等性と根源的同源性の深い自覚があることは確かである。「銀河系統」、われらに要るのはそのような宇宙的な系の感覚とそれを羅針盤として生き抜く帰投である。

月跳ねて銀河を泳ぐ魚兎　いのちの海に還りゆくらむ

鎌田東二

○鎌田東二著書一覧

一九八四『水神伝説』(神話詩集、筆名水神祥)泰流社
一九八四『りしゅのえろす』(ひらがな詩集、筆名きふねみづほ)メタモルフォーゼ社
一九八四『阿吽結氷』(石川力男との二人句集、筆名水神祥)夜桃社
一九八五『神界のフィールドワーク――霊学と民俗学の生成』(初版は創林社)青弓社
一九八六『魂のネットワーキング――日本精神史の深域』(松澤正博氏との対談集)泰流社
一九八七『神秘学カタログ』(荒俣宏氏との共編著)河出書房新社
一九八八『翁童論――子どもと老人の精神誌』新曜社
一九八九『オカルト・ジャパン』(山折哲雄氏との対談集)平凡社
一九九〇『老いと死のフォークロア――翁童論Ⅱ』新曜社
一九九〇『聖トポロジー――意識と場所Ⅰ』河出書房新社
一九九〇『異界のフォノロジー――意識と場所Ⅱ』河出書房新社
一九九〇『記号と言霊』青弓社
一九九〇『場所の記憶』岩波書店
一九九〇『他者の言葉　折口信夫』(村井紀氏との対談集)五月社
一九九一『憑霊の人間学』(佐々木宏幹氏との共著)青弓社
一九九三『人体科学事始め』読売新聞社
一九九三『翁童信仰(民衆宗教史叢書)』(編著)雄山閣出版
一九九四『身体の宇宙誌』講談社学術文庫、講談社
一九九四『言霊の天地』(中上健次氏との対談集)主婦の友社
一九九四『天河曼陀羅――超宗教への水路』(津村喬氏との共編著)春秋社
一九九五『宗教と霊性』角川選書、角川書店
一九九六『聖なる場所の記憶』講談社学術文庫、講談社
一九九七『謎のサルタヒコ』(編著)創元社
一九九八『霊性のネットワーク』(喜納昌吉氏との対談集)青弓社
一九九九『神道用語の基礎知識』(編著)角川選書、角川書店
一九九九『神界のフィールドワーク』ちくま学芸文庫、筑摩書房

一九九九　『聖地への旅――精神地理学事始』青弓社
一九九九　『隠された神サルタヒコ』大和書房（編著）
一九九九　『日本異界絵巻』（宮田登氏、小松和彦氏との共著）ちくま文庫、筑摩書房
二〇〇〇　『神と仏の精神史――神神習合論序説』春秋社
二〇〇〇　『神道とは何か――自然の霊性を感じて生きる』ＰＨＰ新書、ＰＨＰ研究所
二〇〇〇　『エッジの思想――翁童論Ⅲ』新曜社
二〇〇〇　『翁童のコスモロジー――翁童論Ⅳ』新曜社
二〇〇〇　『ウズメとサルタヒコの神話学』大和書房
二〇〇〇　『ケルトと日本』（鶴岡真弓氏との共編著）角川選書、角川書店
二〇〇一　『霊性の時代――これからの精神のかたち』（加藤清氏との対談集）春秋社
二〇〇一　『元始音霊 縄文の響き』（ＣＤブック）春秋社
二〇〇一　『サルタヒコの旅』（編著）創元社
二〇〇一　『宮沢賢治「銀河鉄道の夜」精読』岩波現代文庫、岩波書店
二〇〇二　『平山省斎と明治の神道』春秋社
二〇〇二　『平田篤胤の神界フィールドワーク』作品社
二〇〇二　『心の中の「星」を探す旅』（鏡リュウジ氏との共著）ＰＨＰ研究所
二〇〇三　『神道のスピリチュアリティ』（付録ＣＤ付き）作品社
二〇〇四　『呪殺・魔境論』集英社
二〇〇五　『霊性の文学誌』作品社
二〇〇五　『神と仏の精神史再考』相国寺教化活動委員会
二〇〇五　『神様たちと暮らす本』ＰＨＰ研究所
二〇〇五　『すぐわかる日本の神々』（監修）東京美術
二〇〇六　『霊的人間――魂のアルケオロジー』作品社
二〇〇六　『霊の発見』五木寛之＋鎌田東二（対話集）平凡社
二〇〇七　『思想の身体〈霊〉の巻』（編著）春秋社
二〇〇七　『面白いほどよくわかる 日本の神社』（監修）日本文芸社
二〇〇八　『聖地感覚』角川学芸出版
二〇〇八　『神楽感覚』（細野晴臣氏との共著）作品社
二〇〇八　『京都「癒しの道」案内』（河合俊雄氏との共著）朝日新書、朝日新聞出版
二〇〇九　『神様に出会える聖地めぐりガイド』（監修）朝日新聞出版
二〇〇九　『神と仏の出逢う国』角川選書、角川学芸出版
二〇〇九　『超訳 古事記』ミシマ社
二〇〇九　『モノ学の冒険』（編著）創元社

二〇一〇　『平安京のコスモロジー』（編著）創元社
二〇一〇　『霊性の文学　言霊の力』角川ソフィア文庫、角川学芸出版
二〇一〇　『霊性の文学　霊的人間』角川ソフィア文庫、角川学芸出版
二〇一〇　『火・水（ＫＡＭＩ）――新しい死生学への挑戦』（近藤高弘氏との共著）、晃洋書房
二〇一〇　『モノ学・感覚価値論』（編著）晃洋書房
二〇一一　『満月交感――ムーンサルトレター』上下巻（一条真也氏との共著）水曜社
二〇一一　『現代神道論――霊性と生態智の探究』春秋社
二〇一一　『遠野物語と源氏物語――物語の発生する場所とこころ』創元社
二〇一二　『日本の聖地文化――寒川神社と相模国の古社』創元社
二〇一二　『無縁社会から有縁社会へ』（共著）水曜社
二〇一二　『「日本神話」の謎を楽しむ本』（監修）ＰＨＰ研究所
二〇一二　『こんなに面白い日本の神話――日本人として知っておきたい国の始まりと神々のドラマ』（監修）三笠書房
二〇一二　『仏教は世界を救うか――〝仏・法・僧〟の過去／現在／未来を問う』（共著）地湧社
二〇一三　『「呪い」を解く』文春文庫、文藝春秋
二〇一三　『身と心――人間像の転変（岩波講座　日本の思想 第五巻）』（共著）岩波書店
二〇一三　『「伊勢と出雲」森と清流の癒し音ＣＤブック』（共著）マキノ出版
二〇一四　『歌と宗教』ポプラ新書、ポプラ社
二〇一四　『にほんのきれいのあたりまえ――新しいくらし方をデザインする』（共著）フィルムアート社
二〇一四　『スピリチュアルケア（講座スピリチュアル学 第1巻）』（編集）ビイングネットプレス
二〇一四　『スピリチュアリティと医療・健康（講座スピリチュアル学 第2巻）』（編集）ビイングネットプレス
二〇一四　『スピリチュアリティと平和（講座スピリチュアル学 第3巻）』（編集）ビイングネットプレス
二〇一五　『図説　地図とあらすじでわかる！ 山の神々と修験道』（監修）青春新書インテリジェンス、青春出版社
二〇一五　『スピリチュアリティと環境（講座スピリチュアル学 第4巻）』（編集）ビイングネットプレス

○一条真也　著書一覧

一九八八　『ハートフルに遊ぶ——ハート化時代のやわらかな卒論』東急エージェンシー
一九八九　『遊びの神話——「感性」と「トレンド」を超えて』東急エージェンシー
一九九〇　『ゆとり発見——余暇社会からゆとり社会へ』東急エージェンシー
一九九一　『リゾートの思想——幸福の空間を求めて』河出書房新社
一九九一　『リゾートの博物誌——空間演出のための理想郷カタログ』日本コンサルタントグループ
一九九一　『遊びの神話——「感性」と「トレンド」を超えて』PHP文庫、PHP研究所
一九九一　『ロマンティック・デス——月と死のセレモニー』国書刊行会
一九九二　『魂をデザインする——葬儀とは何か』国書刊行会
一九九二　『ハートビジネス宣言——幸福創造の白魔術』東急エージェンシー
二〇〇三　『結魂論——なぜ人は結婚するのか』成甲書房
二〇〇三　『老福論——人は老いるほど豊かになる』成甲書房
二〇〇五　『ロマンティック・デス——月を見よ、死を想え』幻冬舎文庫、幻冬舎
二〇〇五　『ハートフル・ソサエティ——人は、かならず「心」に向かう』三五館
二〇〇六　『知の巨人ドラッカーに学ぶ21世紀型企業経営』ゴマブックス
二〇〇六　『ユダヤ教VSキリスト教VSイスラム教——「宗教衝突」の深層』だいわ文庫、大和書房
二〇〇六　『孔子とドラッカー——ハートフル・マネジメント』三五館
二〇〇六　『100文字でわかる世界の宗教』（監修）ベスト新書、ベストセラーズ
二〇〇六　『ハートフル・カンパニー——サンレーグループの志と挑戦』（本名佐久間庸和）三五館
二〇〇七　『知ってビックリ！日本三大宗教のご利益——神道&仏教&儒教』だいわ文庫、大和書房
二〇〇七　『「あの人らしかったね」といわれる自分なりのお別れ〈お葬式〉』（監修）扶桑社
二〇〇七　『龍馬とカエサル——ハートフル・リーダーシップの研究』三五館
二〇〇七　『愛する人を亡くした人へ——悲しみを癒す

15通の手紙』現代書林

二〇〇七『面白いぞ人間学――人生の糧になる101冊の本』致知出版社

二〇〇七『茶をたのしむ――ハートフルティーのすすめ』現代書林

二〇〇八『世界をつくった八大聖人――人類の教師たちのメッセージ』PHP新書、PHP研究所

二〇〇八『法則の法則――成功は「引き寄せ」られるか』三五館

二〇〇八『開運！パワースポット「神社」へ行こう』（監修）PHP文庫、PHP研究所

二〇〇八『世界の「聖人」「魔人」がよくわかる本』（監修）PHP文庫、PHP研究所

二〇〇九『よくわかる伝説の「聖地・幻想世界」事典』（監修）廣済堂文庫、廣済堂あかつき

二〇〇九『花をたのしむ――ハートフルフラワーのすすめ』現代書林

二〇〇九『本当は面白い世界の神々』（監修）双葉社

二〇〇九『思い出ノート』現代書林

二〇〇九『「天国」と「地獄」がよくわかる本』（監修）PHP文庫、PHP研究所

二〇〇九『最期のセレモニー――メモリアルスタッフが見た、感動の実話集』（編著）PHP研究所

二〇〇九『灯をたのしむ――ハートフルライティングのすすめ』現代書林

二〇〇九『最短で一流のビジネスマンになる！ドラッカー思考――一流の思考を身につける！47の実践テクニック』フォレスト出版

二〇〇九『むすびびと――こころの仕事』（編著）三五館

二〇〇九『あらゆる本が面白く読める方法――万能の読書術』三五館

二〇〇九『よくわかる「世界の怪人」事典』（監修）廣済堂文庫、廣済堂あかつき

二〇〇九『涙は世界で一番小さな海――「幸福」と「死」を考える、大人の童話の読み方』三五館

二〇一〇『香をたのしむ――ハートフルフレグランスのすすめ』現代書林

二〇一〇『世界の幻獣エンサイクロペディア』（監修）講談社

二〇一〇『また会えるから』現代書林

二〇一〇『葬式は必要！――最期の儀式に迷う日本人のために』双葉新書、双葉社

二〇一〇『知ってびっくり！世界の神々』（監修）PHP研究所

二〇一〇『幸せノート決定版 婚活からウエディングま

で』現代書林

二〇一〇　『ご先祖さまとのつきあい方――お盆、お彼岸、墓参り、そして無縁社会を乗り越える生き方』双葉新書、双葉社

二〇一〇　『140字でつぶやく哲学』（監修）中経の文庫、中経出版

二〇一一　『満月交感――ムーンサルトレター』上下巻（鎌田東二氏との共著）水曜社

二〇一一　『100文字でわかる世界の宗教』ワニ文庫、ベストセラーズ

二〇一一　『隣人の時代――有縁社会のつくり方』三五館

二〇一一　『孔子とドラッカー　新装版――ハートフル・マネジメント』三五館

二〇一一　『人間関係を良くする17の魔法』致知出版社

二〇一一　『ホスピタリティ・カンパニー――サンレーグループの人間尊重経営』（本名佐久間庸和）三五館

二〇一一　『のこされたあなたへ――3・11その悲しみを乗り越えるために』佼成出版社

二〇一一　『世界一わかりやすい「論語」の授業』PHP文庫、PHP研究所

二〇一二　『図解でわかる！　ブッダの考え方』中経の文庫、中経出版

二〇一二　『礼を求めて――なぜ人間は儀式を必要とするのか』三五館

二〇一二　『無縁社会から有縁社会へ』（共著）水曜社

二〇一三　『徹底比較！　日中韓しきたりとマナー――冠婚葬祭からビジネスまで』祥伝社黄金文庫、祥伝社

二〇一三　『命には続きがある――肉体の死、そして永遠に生きる魂のこと』（矢作直樹氏との共著）PHP研究所

二〇一三　『死が怖くなくなる読書――「おそれ」も「かなしみ」も消えていくブックガイド』現代書林

二〇一三　『即効！　ビジネス成功法則――伸びる会社が実践するこの発想と戦略！』じっぴコンパクト新書、実業之日本社

二〇一三　『即効！　ビジネス心理法則――仕事の現場で応用自在！』じっぴコンパクト新書、実業之日本社

二〇一三　『慈を求めて――なぜ人間には祈りが必要なのか』三五館

二〇一四　『慈経　自由訳』三五館

二〇一四　『決定版　冠婚葬祭入門』実業之日本社

二〇一四　『ミャンマー仏教を語る――世界平和パゴダ

の可能性』（共著）現代書林
二〇一四　『じぶんの学びの見つけ方』（共著）フィルムアート社
二〇一四　『決定版　終活入門――あなたの残りの人生を輝かせるための法則』実業之日本社
二〇一四　『超訳　空海の言葉』ベストセラーズ
二〇一四　『永遠の知的生活――余生を豊かに生きるヒント』（渡部昇一氏との共著）実業之日本社
二〇一五　『決定版　おもてなし入門――ジャパニーズ・ホスピタリティの真髄』実業之日本社
二〇一五　『永遠葬――想いは続く』現代書林
二〇一五　『唯葬論――なぜ人間は死者を想うのか』三五館
二〇一五　『墓じまい・墓じたくの作法』青春新書インテリジェンス、青春出版社

鎌田 東二（かまた・とうじ）
1951年生まれ。宗教哲学者、神道ソングライター。 京都大学こころの未来研究センター教授。國學院大學大学院文学研究科博士課程神道学専攻修了。岡山大学大学院医歯学総合研究科博士課程社会環境生命科学専攻単位取得退学。京都造形芸術大学芸術学部教授を経て現職。近著に『神と仏の出逢う国』（角川選書）『超訳　古事記』（ミシマ社）『古事記ワンダーランド』（角川選書）『歌と宗教』（ポプラ新書）『講座スピリチュアル学全7巻』（BNP）など。

一条 真也（いちじょう・しんや）
1963年生まれ。作家、経営者、平成心学塾塾長。株式会社サンレー代表取締役社長。早稲田大学政治経済学部卒業後、大手広告代理店勤務を経て、大手冠婚葬祭会社サンレー入社。2001年より現職。全国冠婚葬祭互助会連盟会長。九州国際大学客員教授、京都大学こころの未来研究センター連携研究員、冠婚葬祭総合研究所客員研究員。近著に『唯葬論』（三五館）『永遠葬』（現代書林）『永遠の知的生活』（共著、実業之日本社）など。

満月交遊 上
ムーンサルトレター

二〇一五年十月六日　初版第一刷

著　者　鎌田東二・一条真也
発行者　仙道弘生
発行所　株式会社 水曜社
〒160-0022 東京都新宿区新宿一-一四-一二
電　話 〇三-三三五一-八七六八
ファックス 〇三-五三六二-七二七九
www.bookdom.net/suiyosha/
印刷所　日本ハイコム株式会社

 ISBN978-4-88065-370-9 C0014